《中国道路的深圳样本》系列丛书

深 圳
改革创新之路
（1978—2018）

陶一桃　魏建漳　等　著

Shenzhen Gaige Chuangxin Zhilu（1978-2018）

中国社会科学出版社

图书在版编目（CIP）数据

深圳改革创新之路：1978—2018/陶一桃等著 . —北京：中国社会科学出版社，2018.11（2023.6 重印）
ISBN 978 - 7 - 5203 - 3104 - 3

Ⅰ.①深… Ⅱ.①陶… Ⅲ.①改革开放—研究—深圳—1978 - 2018 Ⅳ.①D619.653

中国版本图书馆 CIP 数据核字（2018）第 204732 号

出 版 人	赵剑英
责任编辑	王 茵 马 明
责任校对	胡新芳
责任印制	王 超

出　　版	中国社会科学出版社
社　　址	北京鼓楼西大街甲 158 号
邮　　编	100720
网　　址	http://www.csspw.cn
发 行 部	010 - 84083685
门 市 部	010 - 84029450
经　　销	新华书店及其他书店

印刷装订	北京君升印刷有限公司
版　　次	2018 年 11 月第 1 版
印　　次	2023 年 6 月第 3 次印刷

开　　本	710×1000　1/16
印　　张	19
字　　数	302 千字
定　　价	78.00 元

凡购买中国社会科学出版社图书，如有质量问题请与本社营销中心联系调换
电话：010 - 84083683
版权所有　侵权必究

《中国道路的深圳样本》系列丛书编委会

主　　任　李小甘

副 主 任　吴定海

编　　委（以姓氏笔画数为序）

　　王为理　王苏生　车秀珍　陈少兵
　　吴　忠　杨　建　张骁儒　陶一桃
　　莫大喜　路云辉　魏达志

《中国道路的深圳样本》系列丛书序言

编委会

今年是中国改革开放40周年。前不久,习近平总书记视察广东时强调,改革开放是党和人民大踏步赶上时代的重要法宝,是坚持和发展中国特色社会主义的必由之路,是决定当代中国命运的关键一招,也是决定实现"两个一百年"奋斗目标、实现中华民族伟大复兴的关键一招。① 40年前,我们党团结带领人民进行改革开放新的伟大革命,坚持解放思想、实事求是、与时俱进、求真务实,不断革除阻碍发展的各方面体制机制弊端,开辟了中国特色社会主义道路,取得世人瞩目的历史性成就。40年来,中国发生了翻天覆地的变化,GDP年均增长约9.5%,对外贸易额年均增长14.5%,成为世界第二大经济体、第一大工业国、第一大货物贸易国、第一大外汇储备国,在经济、政治、文化、社会、生态文明、党的建设等各个领域取得了长足进步。实践证明,改革开放是推进社会主义制度自我完善与发展的另一场革命,是当代中国发展进步的活力之源,为实现中华民族伟大复兴提供了强大的历史动力,成为中国当代波澜壮阔历史的精彩华章。

---

① 参见《习近平在广东考察时强调:高举新时代改革开放旗帜 把改革开放不断推向深入》,2018年10月25日,中华人民共和国中央人民政府网(http://www.gov.cn/xinwen/2018-10/25/content_5334458.htm)。

谈及改革开放，就不能不提到深圳。因为深圳经济特区本身就是改革开放的历史产物，也是改革开放的伟大创举和标志性成果。短短40年，深圳从落后的边陲农业县迅速发展成为一座充满魅力和活力的现代化国际化创新型大都市，GDP年均增速达22.2%，2017年为2.24万亿元，居国内城市第三位、全球城市三十强；地方财政收入年均增长29.7%，2017年为3332.13亿元，居国内城市第三位；2017年外贸出口总额达1.65万亿元，连续25年位居国内城市首位；人口规模从30多万人迅速扩容为实际管理人口超过2000万人。可以说，深圳经济特区创造了世界工业化、城市化、现代化的奇迹，也印证了中国改革开放伟大国策的无比正确性。在深圳身上，蕴含了解读中国、广东改革开放之所以成功的密码。就此而言，对深圳的研究与对中国、广东改革开放的研究，形成了一种历史的同构关系。作为一座年轻城市，深圳在近40年来的快速发展中，一直致力于对中国现代化道路的探索，这既包括率先建立和发展社会主义市场经济体制，从而对全国的经济改革和经济发展发挥"试验田"的先锋作用；也包括其本身的经济、政治、文化、社会、生态文明、党的建设等各个方面所取得的长足进展，从而积累了相当丰富的城市发展和社会治理经验。

在改革开放40周年之际，全面总结深圳改革开放以来的发展道路及其经验模式，既有相当重要的当下价值，对中国未来改革开放的进一步深化也具有非常深远的重要意义。2018年10月，习近平总书记在视察广东时专门强调："党的十八大后我考察调研的第一站就是深圳，改革开放40周年之际再来这里，就是要向世界宣示中国改革不停顿、开放不止步，中国一定会有让世界刮目相看的新的更大奇迹。"① 总结好改革开放经验和启示，不仅是对40年艰辛探索和实践的最好庆祝，而且能为新时代推进中国特色社会主义伟大事业提供强大动力。要不忘改革开放初心，认真总结改革开放40年成功经验，立足自身优势、创造更多经验，在更高起点、更高层次、更高目标上推进改革开放，提升改革开放质量和水平，把改革

---

① 《习近平在广东考察时强调：高举新时代改革开放旗帜 把改革开放不断推向深入》，2018年10月25日，中华人民共和国中央人民政府网（http://www.gov.cn/xinwen/2018-10/25/content_5334458.htm）。

开放的旗帜举得更高更稳。

为深入贯彻习近平新时代中国特色社会主义思想和党的十九大精神，贯彻落实习近平总书记重要讲话精神，庆祝改革开放40周年，总结深圳改革开放以来先行先试、开拓创新的经验和做法，系统概括深圳发展道路、发展模式及其对全国的示范意义，在深圳市委常委、宣传部部长李小甘同志的亲自部署和直接推动下，市委宣传部与市社科联联合编纂了《中国道路的深圳样本》丛书。这套丛书由《深圳改革创新之路（1978—2018）》《深圳党建创新之路》《深圳科技创新之路》《深圳生态文明建设之路》《深圳社会建设之路》《深圳文化创新之路》《未来之路——粤港澳大湾区发展研究》7本综合性、理论性著作构成，涵盖了经济建设、科技创新、文化发展、社会建设、生态文明建设、党的建设、粤港澳大湾区建设等众多领域，具有较高的学术性、宏观性、战略性、前沿性和原创性，特别是突出了深圳特色，不仅对于讲好改革开放的深圳故事、全方位宣传深圳有相当重要的作用，而且对于丰富整个中国改革开放历史经验无疑也具有非常重要的价值。

深圳改革开放的道路是中国改革开放道路的精彩缩影，深圳改革开放取得的成功也是中国成功推进改革开放伟大事业的突出样本。深圳的发展之路及其经验表明，坚持中国特色社会主义道路，不断深化改革开放，既是广东、深圳继续走在全国前列的重要保障，也是党和国家在新形势下不断取得一个又一个成果，实现中华民族伟大复兴的根本保证。而深圳作为践行中国特色社会主义"四个自信"的城市样本，它在改革开放40年所走的历程和取得的成果，是一个古老民族和国家在历经百年磨难之后，凤凰涅槃般重新焕发青春活力的一种确证，是一个走向复兴的民族国家从站起来到富起来、强起来伟大飞跃的生动实践。

站在改革开放40周年的历史节点，重温深圳改革开放的发展道路与国家转型的当代历史，在新的形势下，不忘初心、牢记使命，以新担当新作为不断开创深圳改革开放事业新局面，正是深圳未来继续坚持中国特色社会主义道路、继续为国家改革开放探路的历史使命之所系。正如广东省委常委、深圳市委书记王伟中同志所提出的，要高举新时代改革开放旗帜，大力弘扬敢闯敢试、敢为人先、埋头苦干的特区精神，把走在最前列、勇当尖兵作为不懈追求，推动思想再解放、改革再深入、工作再落实，打造新时代全面深化改革开放的新标杆，把经济特区这块"金字招牌"擦得更亮，朝着建设中国特色社会主义先行示范区的方向前行，努力创建社会主义现代化强国的城市范例。这一新目标也是深圳在新时代、新征程中肩负的重大历史使命，因此，应勇于担当、凝心聚力，奋发有为、开拓创新，继续深化改革、扩大开放，努力为实现中华民族伟大复兴中国梦作出新的更大贡献。

  是为序。

2018 年 10 月

序言　把历史写在记忆里

　　40年弹指一挥间，那些历史的时刻与事件还崭新地存留在人们难以忘怀的记忆里和从未平静过的澎湃的心中，然而我们的国家，我们的城市，我们的生活却如同凤凰涅槃，浴火重生般地在神奇中富裕强盛起来了。那个为期40天的酝酿中国社会改革开放的京西会议的艰难与沉重；那个确立中国改革开放制度变迁方向，决定中国社会命运的十一届三中全会的震撼与激荡；那个振聋发聩，如春雷般滚过中国大地的大胆诠释市场经济实质的口号——"时间就是金钱，效率就是生命"的冲击与感动；那个来自南方谈话的力量与信念……这一切虽仿如昨日，但今天却要被庄重而真实地写进中国改革开放的历史中。我们是在记载、书写一个伟大国家的伟大而不平凡的变革的历史，更是在记载着一个国家、民族从站起来到富起来、强大起来的辉煌历史。

　　可以说，作为中国最成功、最典型的经济特区，在中国的改革开放史上恐怕还没有哪一座城市能像深圳那样，以其自身的产生预示着一个时代的开始和另一个时代的结束；也没有哪座城市能像深圳那样，以其自身的发展体现、引领着整个国家的制度变迁的方向，并创造着一种崭新的富有绩效的社会发展模式；更没有哪座城市能像深圳那样，以其自身的不断变革书写着社会转型的奇迹，并在创造财富的同时创造着新的观念、精神和理念。

　　因此，深圳成长的历史，不仅只是一座城市的发展岁月，更是一个转型国家制度变迁与发展道路的探索轨迹，以及一个民族寻求富裕的奋斗历程。她以年轻的历史记载着中国近40年的改革开放的实践，而这38年的历程不仅是对以往近半个世纪传统体制的反思与批判，更是对未来中国发展目标与方向的确定；她以近 40 个岁月的历程为转型的中国提供了许多有价值的思想，然而那些富有冲击力和挑战精神的思想与观念，摧毁的不仅仅是桎梏改革的精神枷锁，更是在传统体制下一直被视为绝对真理的那些"神圣"的东西。

今年，深圳经济特区已经走过辉煌的 38 年的历程了。我们记住、回顾历史不仅仅因为那是我们曾经走过的岁月，更在于这段历史给了我们许多财富。这些财富有成功的奇迹，也有难以忘怀的失败和教训。我们回顾过去，不仅仅是因为过去给我们留下了深刻而激荡人心的记忆和回忆，更在于那些我们曾经拥有过的精神、情怀和意志是今天无论如何都不能丧失的东西。我们尊重历史，不仅仅因为历史是厚重而无法复制的，更在于一座城市由开拓者所锻造出来的品格是应该被珍视并传承下来的。我们记住历史，不仅仅是要记住曾经的岁月，更在于要永远记住在那曾经不平凡的岁月里创造、书写历史的人们。因为对任何国家而言，人永远都是历史的主角，最强大的力量是一颗无所畏惧的心！我们歌颂曾经的岁月，绝不是要陶醉在曾经的辉煌与奇迹之中，而在于我们应如何理性并同样充满激情地面向未来。深圳不可能永远成为中国改革开放的经验"批发商"，但深圳永远都不应该，也不能失去伴随她一同产生、成长的敢闯精神和创新品格。因为这既是这座城市立足之本，又是这座城市的开拓者所留下的最宝贵的东西。一个社会不会因为缺少奇迹而枯萎，但却会由于缺乏创造奇迹的思想而失去生命力。敢闯、创新精神曾经是，今天是，未来依然是深圳这座城市的生命力与魅力之所在。我们记载、记住历史，就是要为自身与人类的文明进步留下能够创造奇迹的思想与能够创造财富的财富。

陶一桃

2017 年 12 月 1 日于桑泰丹华府

目　　录

第一篇　历史重托与改革历程

第一章　深圳：历史的重托 …………………………………………（3）
第一节　国家的视角：深圳改革创新的宏观背景 …………………（3）
第二节　广东再开放：深圳改革创新的历史机遇 …………………（6）
第三节　港澳的影响：深圳改革创新的外部借鉴 …………………（9）
第四节　改革创新的起点：深圳经济特区的设置 …………………（11）

第二章　深圳改革创新的历程 ………………………………………（14）
第一节　启动与全面推进改革创新时期（1978—1992） …………（15）
　　一　以市场为导向启动改革创新 …………………………………（15）
　　二　全面推进市场经济体制改革创新 ……………………………（18）
　　三　邓小平两次视察深圳并给予高度评价 ………………………（21）
第二节　体制确立改革创新时期（1993—2002） …………………（24）
　　一　确定社会主义市场经济体制的目标 …………………………（24）
　　二　建立社会主义市场经济体制基本框架 ………………………（25）
　　三　率先确立社会主义市场经济体制 ……………………………（28）
第三节　推进科学改革创新时期（2003—2011） …………………（30）
　　一　新阶段，新挑战 ………………………………………………（30）
　　二　推进科学改革和科学发展基本内容 …………………………（30）
　　三　经济特区初步实现科学发展 …………………………………（34）

第四节　新时代全面深化改革创新（2012—2018） (35)
  一　新时代改革背景 (35)
  二　习近平视察深圳 (36)
  三　全面深化经济体制重要领域的改革 (38)
  四　全面深化社会体制重要领域的改革 (41)
  五　十八大以来深圳改革创新成果总结 (44)

第二篇　改革实践与历史贡献

第三章　劳动力市场改革 (53)
第一节　劳动力市场初建 (53)
  一　用工制度改革 (54)
  二　工资制度改革 (57)
  三　社会保险制度改革 (58)
  四　改革成效：率先建立劳动力市场 (60)
第二节　创造劳动力市场新优势 (62)
  一　进一步完善用工制度 (62)
  二　分配制度改革及完善社保体系 (63)
  三　户籍制度改革 (66)
  四　人才合理引进 (68)
  五　改革成效：形成竞争协调的劳动力市场 (71)
第三节　科学面对新挑战 (74)
  一　推进人才机制创新，加大人力资本投入 (75)
  二　开启户籍制度探索，推广积分入户制度 (77)
  三　完善各项保险制度，率先实现"全民医保" (80)
  四　主动解决人民就业，建设和谐劳动关系 (82)
  五　评价与展望：劳动力市场国际化 (84)

第四章　资本市场改革创新 (88)
第一节　深圳资本市场萌芽 (88)
  一　发行新中国第一张股票 (89)

二　成立全国第一个外汇调节中心（1985） …………………（93）
　　三　创办第一家区域性股份制银行（1987） ………………（96）
第二节　深圳资本市场的建立与发展 ………………………………（97）
　　一　深圳证券交易所成立 ……………………………………（98）
　　二　建立有色金属期货交易所 ………………………………（101）
第三节　资本市场改革进一步探索 …………………………………（104）
　　一　打造创业板 ………………………………………………（104）
　　二　进一步发展科技金融 ……………………………………（107）
　　三　深港通正式开通 …………………………………………（108）
　　四　评价与展望：现代金融服务实体经济 …………………（112）

第五章　土地市场改革 ……………………………………………（116）

第一节　早期深圳土地改革探索 ……………………………………（116）
　　一　20世纪80年代："用地生钱"创造改革的第一桶金 …（117）
　　二　20世纪90年代："统征"开始大规模地筹地 …………（119）
　　三　21世纪00年代："统转"实现全部土地国有化 ………（120）
　　四　简评：确保工业化和城市化发展 ………………………（121）
第二节　新一轮深圳土地改革探索 …………………………………（121）
　　一　背景：土地空间瓶颈 ……………………………………（122）
　　二　重要政策：六项政策 ……………………………………（125）
　　三　实践经验：五个创举 ……………………………………（133）
　　四　改革成效：助推经济高速增长和城市现代化建设 ……（137）
第三节　未来深圳土地改革探索 ……………………………………（141）
　　一　背景：城市转型发展挑战 ………………………………（142）
　　二　改革方向：盘活存量土地资源以满足城市转型需求 …（144）
　　三　2017年改革实践：强化土地公共服务属性 ……………（146）
　　四　展望：建设成为具有国际竞争力的创新型城市 ………（147）

第六章　国有企业改革 ……………………………………………（149）

第一节　探索集中管理和发展国有资产 ……………………………（149）
　　一　成立深圳市投资管理公司 ………………………………（149）

二　建立三个层次的国有资产管理体系……………………（151）
三　改革成效：政企职责分开…………………………………（152）
第二节　初涉国有企业现代企业制度……………………………（153）
一　第一部股份经济法规………………………………………（153）
二　现代企业制度第一次试点…………………………………（154）
三　改革成效：现代企业制度初步建立………………………（156）
第三节　国有企业改革新阶段……………………………………（158）
一　建立两层次监管运营体制…………………………………（158）
二　发展混合所有制经济………………………………………（159）
三　国企改革创新发展…………………………………………（163）
四　展望：面向开放、创新、市场化…………………………（166）

第七章　创新创业体制改革……………………………………（169）
第一节　"经济特区"与南方谈话助推创业………………………（169）
一　第一个外向型经济开发区——蛇口工业园………………（170）
二　我国内地第一个科技园区——深圳科技工业园…………（171）
三　"三来一补"政策的发展提升………………………………（174）
四　改革成效：培育出世界"五百强"企业……………………（175）
第二节　WTO下的新创业机遇……………………………………（175）
一　深圳研究机构的建立………………………………………（176）
二　深圳大学城成立……………………………………………（179）
三　自主创新发展战略…………………………………………（181）
四　改革成效：战略性新兴产业兴起…………………………（183）
第三节　新时代下的创业浪潮……………………………………（184）
一　首个国家自主创新示范区…………………………………（185）
二　建立特色学院与新型科研机构……………………………（187）
三　南山众创模式………………………………………………（190）
四　展望：建设国际科技产业创新中心………………………（193）

第八章　开放型经济体制改革…………………………………（195）
第一节　"引进来"开放体制探索…………………………………（195）

一　创办蛇口工业区的改革探索 …………………………（195）
　　二　创办保税区的改革探索 ……………………………（199）
　第二节　"走出去"开放体制探索 …………………………（205）
　　一　背景："走出去"的条件初步成熟 …………………（205）
　　二　探索：成为城市重点发展战略 ……………………（206）
　　三　评价：国际市场接轨的急先锋 ……………………（207）
　　四　展望："走出去"与创新中心建设互动 ……………（208）
　第三节　"国际化"开放体制探索 …………………………（209）
　　一　前海改革：从"深港现代服务合作区"到"自贸区" …（209）
　　二　湾区经济：从深圳湾区到粤港澳大湾区 …………（214）

第九章　行政体制改革 …………………………………………（218）
　第一节　围绕市场经济体制建设的行政改革 ……………（219）
　　一　去计划经济体制化的行政改革 ……………………（219）
　　二　深化市场经济体制的行政改革 ……………………（224）
　第二节　提高城市竞争力的行政改革 ……………………（228）
　　一　"新特区时代"的行政体制改革概况 ………………（228）
　　二　"新特区时代"行政体制改革的评价 ………………（236）
　第三节　建设服务型政府的行政改革 ……………………（237）
　　一　十八大以来的行政体制改革及成效 ………………（237）
　　二　深圳行政体制改革的方向及展望 …………………（248）

第三篇　继往开来、走进新时代

第十章　深圳改革创新成就 ……………………………………（255）
　第一节　构建了竞争性的市场体制 ………………………（255）
　　一　面向创新的多层次资本市场 ………………………（255）
　　二　联通国内外的劳动力市场 …………………………（257）
　　三　配置灵活的立体式土地市场 ………………………（258）
　　四　高效转化的技术创新市场 …………………………（259）
　第二节　建立了开放包容的营商环境 ……………………（260）

一　鼓励创新支撑型文化 …………………………………………（260）
　　二　立体化双创政策体系 …………………………………………（262）
　　三　高效平等的政府服务 …………………………………………（263）
　　四　持续引领的国际平台 …………………………………………（264）

第十一章　新时代先行者 …………………………………………（266）
　第一节　深圳发展面临的新机遇与新挑战 …………………………（266）
　　一　中国特色社会主义进入新时代 ……………………………（266）
　　二　粤港澳大湾区有望成为世界增长极 ………………………（269）
　　三　深圳双重新使命：勇当改革和发展的先锋 ………………（271）
　第二节　深圳引领现代化的基本特征 ………………………………（272）
　　一　实力特征：综合质量效益实力强大 ………………………（272）
　　二　富民特征：人民生活水平显著提高 ………………………（273）
　　三　开放特征：拥抱世界文明交融共生 ………………………（274）
　　四　和谐特征：维护社会主义公平正义 ………………………（274）
　　五　美丽特征：绿水青山就是金山银山 ………………………（275）
　第三节　迈向全球领先的新时代 ……………………………………（276）
　　一　以改革创新精神引领深圳发展新格局 ……………………（276）
　　二　立足粤港澳大湾区，建设国际科技产业创新中心 ………（278）
　　三　升级创新型特区模式，构建开放发展新局面 ……………（279）

附录　1980—2017 年深圳市国民经济主要指标增长情况 …………（283）

参考文献 ………………………………………………………………（284）

后记 ……………………………………………………………………（289）

第一篇

历史重托与改革历程

第一章　深圳：历史的重托

深圳经济特区的建立及其改革创新是党和国家在 1976—1978 年徘徊前进中酝酿和起步，是十一届三中全会确立改革开放政策基本国策的结果，为中国改革开放创造了坚实的实践和理论基础。党的十八大后，习近平总书记离京视察"第一站"就来到深圳，对深圳 30 多年的发展成就给予高度评价，"深圳是我们国家最早实施改革开放的城市，也是影响最大、建设最好的经济特区。深圳的发展是中国改革的一个代表作，是一个中国奇迹，也是一个世界奇迹"①。在改革开放 40 年之际，深圳应牢记伟人的嘱托，历史的重托。

第一节　国家的视角：深圳改革创新的宏观背景

深圳经济特区的建立及其改革创新具有深刻的国内政治经济背景。

随着解放战争的结束，新中国成立初期，中国共产党从全力领导革命战争转向全力领导和平建设，要求各项工作必须以生产建设为中心，为恢复国民经济而斗争。社会主义改造期间，党制定了改造与建设并举的过渡时期总路线，明确提出了建设社会主义，成功地领导了所有制改造，建立了社会主义的基本制度。社会主义改造基本完成以后，1956 年党的八大实际已做出了把党的工作重心转移到经济建设上来的战略决策，开始探索中国自己的社会主义道路。但是，由于党对全面建设社会主义的思想准备不

---

① 肖意：《南海之滨又东风——习近平总书记在深圳考察纪实》，《深圳特区报》2012 年 12 月 14 日。

足，八大提出坚持以经济建设为中心的任务没有能够在实践中坚持下去，从 20 世纪 50 年代后期开始，党内"左"的错误倾向开始抬头并越发严重。1957 年开始反右派斗争，1958 年开始连续 3 年的"大跃进"，1966 年开始"文化大革命"。这些运动产生严重的后果，使国民经济遭受巨大损失和党内民主政治生活受到极大破坏，严重影响了社会主义现代化建设的进程。究其根本原因，1981 年通过的《关于建国以来若干历史问题的决议》中指出，"我们过去所犯的错误，归根结底，就是没有坚定不移地实行这个转移"①。

1976 年 10 月，党中央果断粉碎"四人帮"，结束"文化大革命"，为实现党的工作重心转移提供了契机。这一阶段，我们基本的定位是"在徘徊中前进和走向历史转折"，虽然没有完全跳出"文化大革命"的影响，但情况已发生很大变化。1980 年 1 月 16 日，在中共中央召集的干部会议上的讲话中，邓小平指出，"粉碎'四人帮'以后三年的前两年，做了很多工作，没有那两年的准备，三中全会明确地确立我们党的思想路线、政治路线，是不可能的。所以，前两年是为三中全会做了准备"②。这一阶段发生的大事有很多，如 1977 年恢复邓小平领导职务，邓小平所具有的威望、经验和智慧对党和国家所做出的抉择具有至关重要的作用，为全党全国实行改革开放战略提供了一个强有力的、众望所归的领导核心；1978 年 5 月 11 日，《光明日报》以头版位置发表了经胡耀邦亲自修改、邓小平亲自审定的特约评论员文章《实践是检验真理的唯一标准》，它冲破"两个凡是"的束缚，引发了全党关于真理标准问题的大讨论，为党的十一届三中全会的召开和实行改革开放做了充分的思想理论准备；1978 年 7 月至 9 月的国务院务虚会，以及大规模出国访问与交流，使得实施改革开放战略和加快现代化建设逐渐成为全党共识。总之，这一阶段领导集体的调整、关于真理标准的大讨论、大规模出国交流等领域改革和开放的尝试，为党的 1978 年中央工作会议及十一届三中全会的工作重心转移做了准备，为

---

① 《中国共产党历次全国代表大会数据》，2017 年 11 月 10 日（http：//cpc.people.com.cn/GB/64162/64168/64563/index.html）。

② 《邓小平文选》第 2 卷，人民出版社 1994 年版，第 242 页。

十一届三中全会后的大规模改革开放提供了很多有益的启示和借鉴。

1978年11月10日至12月15日，中共中央在北京召开工作会议，会议历时36天。中央工作会议原定议题是，讨论农业生产及1979年和1980年的国民经济计划安排等经济工作。但是，根据邓小平同志提议，中央政治局决定，会议先用两到三天时间讨论一个问题，这就是从1979年1月起，把全党的工作着重点转移到社会主义现代化建设上来。与会同志纷纷表示，工作重心的转移，是代表了全国人民的迫切愿望和根本利益的重大战略决策。在中央工作会议闭幕会上，邓小平同志做了《解放思想，实事求是，团结一致向前看》的主题发言。在讲话中，围绕思想解放和历史遗留问题，完整地、准确地理解和掌握毛泽东思想的科学原理，发扬党内外民主，实现全党工作重心的转移，实现四个现代化目标，促进经济管理体制改革等议题，邓小平阐释了自己的观点。有学者表示，十一届三中全会之所以如此顺利，是因为中共中央工作会议全面酝酿了党的思想路线、政治路线、组织路线、党的建设等问题，为两天后召开的党的十一届三中全会做了充分准备。

1978年12月18日至22日，中国共产党第十一届中央委员会第三次全体会议在北京京西宾馆举行。这次会议主题是讨论并确定把全党的工作重心转移到社会主义现代化建设上来。会后，发布十一届三中全会公报，汇报了全会讨论的关于党工作重心的转移、关于经济管理体制改革、关于思想的解放、关于加强党内和国家政治生活的民主四大主要内容。其中，一是关于思想领域的解放。会议坚决批评和否定了教条主义和"两个凡是"的错误方针，高度评价"实践是检验真理的唯一标准"问题的讨论，从而对全党同志和全国人民解放思想，端正实事求是的思想路线，具有深远的历史意义。二是关于工作重心的转移。全会决定，对"文化大革命"期间"以阶级斗争为纲"的政治路线进行了公平的评价，明确提出把全党的工作重心和全国人民的注意力转移到社会主义现代化建设上来，为后续的广东改革开放和深圳改革创新提供了政治保证。三是关于经济建设的问题。全会明确做出了实行改革开放的新决策，面对当时计划经济管理体制的弊端提出要重视经济规律的作用，要推行经济管理体制转变，从而为后续深圳改革创新提供了方向指导。四是十一届三中全会对组织路线的拨乱反正，使大批领导人员、专业人才、知识分子获得了解放，为他们投身经济建设消除了思想包袱，为改革开放和深圳改革创新提供了人才和组织保证。

总之，党的中央经济工作会议及十一届三中全会胜利召开，成为中国社会经济实现改变的重大历史转折点。

第二节　广东再开放：深圳改革创新的历史机遇

新中国的成立，揭开了广东历史的新篇章。在社会主义革命和建设时期，广东既是国防前线和战备前沿，又是中国与资本主义世界打交道的"橱窗"，其作用独特而重要。改革开放前，广东面临着和全国同样的问题，经济体制模式是计划经济体制模式，以行政命令手段配置各种社会经济资源，对内高度集中、对外封闭统一，忽视价值规律，排斥市场机制作用。具体而言，财政体制实行"统收统支"，基本建设体制实行"统规统投"，银行信贷体制实行"统存统贷"，外贸体制实行"统进统出"，劳动制度实行"统包统配"，工资制度实行"统分统吃"，等等。地方没有行政自主权，企业没有独立经营自主权。广东的经济状况好比学者所描述的：改革开放前中国大陆经济体制＝公有制＋计划经济＋按劳分配＋全能政府＋对外封闭。①

这些矛盾引发的结果是，到20世纪70年代广东经济在全国居中下游水平，全省主要经济指标增长速度处于全国平均线以下，在国家发展大局中无足轻重。1978年，GDP 185亿元，排在全国各省区市第7位；全省人均国内生产总值为365元（当年价），低于全国平均水平12元；人均工业总产值395元（当年价），低于全国平均水平45元；财政收入39亿元，排在全国各省区市第8位；② 从1965年到1978年的14年中，广东有13年是货币净投放，出现明显的高通货膨胀。概括起来讲，这一时期广东经济

---

① 王利文、李金亮：《先行一步的探索：广东经济学者关于改革开放的思考》，广东人民出版社2008年版，第2页。

② 中共广东省委党史研究室编：《中国共产党广东历史大事记》，广东人民出版社2005年版，第280页。

社会呈现的主要特征是，工业低速增长，农业发展缓慢，市场通货膨胀，国民经济停滞不前。

广东社会和经济的这种不利局面，引起了广东干部和群众的深思。在1978年11月中央工作会议上，习仲勋指出："情况确实是令人焦急的。在祖国的南大门，群众却吃不饱肚子，怎能说明社会主义制度的优越性？怎么能安定团结呢？""粉碎'四人帮'以后，党内外的议论中，集中地、尖锐地提出：广东自然条件得天独厚，局势又比较稳定，为什么农业和各项工作长期上不去？"① 究其原因，习仲勋指出，"在一部分干部中，思想有点僵化，有一种'老大思想'，缺乏朝气，缺乏雷厉风行的作风。这些同志，思想上的束缚还很厉害，框框很多，左顾右盼，因循守旧，墨守成规，'等因奉此'，照抄照转。有的同志自己思想不解放，还处处卡别人，使得一些本来可以并且应当早日办成的事，也一拖再拖，落实不了"②。"如果不学习，不解放思想，我们今后前进的步子就不可能大，甚至可能寸步难行。"③

确认问题、分析原因是制定政策的首要环节。党的十一届三中全会以后，我国决定对外实行开放政策，这一政策为广东实行改革开放"先走一步"奠定了思想政治基础。正如习仲勋所说，"有了十一届三中全会的精神，如果广东还是慢步或原地踏步，我们心里也不安"④。十一届三中全会之后，广东省委逐步形成了"先走一步"的思路和要求。

早在中央工作会议和党的十一届三中全会上，广东省委领导积极主动向中央提出，期待中央给予广东省可自行处理"来料加工、补偿贸易"等业务的权力，中共中央从原则上同意了广东省委领导提出的改革开放要求。实际上，广东省委向中央提出这些改革要求，就是要求中央批准广东改革开放先走一步。1979年4月，广东省委领导赴北京参加中央工作会议，会议期间习仲勋向邓小平建议，广东省委希望中央给点权，让广东先走一步，放手干。邓小平以他在延安那片并不大的土地上创造了中国革命

---

① 习仲勋：《在中央工作会议上的发言》，1978年12月。
② 同上。
③ 同上。
④ 齐风：《习仲勋主政广东：改革开放天下先》，《文史博览》2014年第3期。

的伟大事业的经历，以他特有的惊人胆略和非凡智慧一锤定音，在全国的统一方案没有拿出来之前，可以先从局部做起。习仲勋的建议得到了邓小平的支持。

根据邓小平的倡议，1979年5月中共中央、国务院派遣以谷牧为代表的工作组赴广东、福建调查研究改革开放及设办出口工业区问题。在中央工作组指导下，广东、福建两省党委分别制定《关于发挥广东优越条件，扩大对外贸易，加快经济发展的报告》和《关于利用侨资、外资，发展对外贸易，加快福建社会主义建设的请示报告》。7月15日，中共中央和国务院批准两省的报告，以中发〔1979〕50号文件形式发布。该文件同意广东省委提出的各项改革要求，指出，"中央确定，对两省的对外经济活动实行特殊政策和灵活措施，给地方更多的自主权，使之发挥优越条件，抓住当前有利的国际形势先走一步，把经济尽快搞上去"[①]。中央的这项重大决策，备受广东人民的热烈欢迎，在港澳同胞和海外侨胞中也引起强烈的反响。

1980年3月24日至31日，受中共中央、国务院的委托，谷牧率领国务院工作组到广东广州、深圳等地检查工作。在广州召开广东、福建两省会议，检查总结两省关于中发〔1979〕50号文件实行特殊政策和灵活措施的指示的贯彻执行情况，以及研究如何进一步贯彻中央关于两省实行对外开放方针的指示。5月16日，中共中央、国务院以中发〔1980〕41号文件发布《广东、福建两省会议纪要》，该纪要更加明确对广东实行特殊政策和灵活措施，赋予广东省更大的自主权，促进广东更加大胆地先行一步去干去闯。

广东是中国的南大门，是中国对外开放的一个橱窗。中发〔1979〕50号文件与中发〔1980〕41号文件，是指导并推动广东改革开放先行一步的纲领性文件，加快了广东改革开放的进程。

---

① 钟坚、郭茂佳、钟若愚：《中国经济特区文献资料》第1辑，社会科学文献出版社2010年版，第18页。

第三节　港澳的影响：深圳改革创新的外部借鉴

"文化大革命"结束之后，全国都面临着重新发展的难题，经济低迷的广东地区发生了大量的"逃港"事件，既影响了广东当地的经济发展，也对社会稳定产生了很大冲击。1977年11月，刚刚恢复中共中央领导工作的邓小平与叶剑英委员长来到广州，广东省委负责人在汇报工作中指出了广东经济发展面临的各种挑战，包括深圳、珠海等地社会经济发展水平同毗邻的香港、澳门相差甚大，边境地区的农民逃往香港生活等问题。对于粤港两地的经济发展水平差距太大现象，习仲勋在逃港最严重的宝安县调查时指出，"解放30年了，香港那边很繁荣，我们这边却很荒凉"[1]；针对"逃港"的治理问题，邓小平直接指出，"看来最大的问题是政策问题。政策对不对头，是个关键"[2]。邓小平的话，引起了广东省委的反思。"逃港"事件强化了中央和地方政府实行改革开放的决心，也促成了内地对港澳思想观念乃至政策的转变。

为解决居民"逃港"问题和使广东经济早日走出困境，中央与广东都提出利用"毗邻港澳"有利条件，采取多种措施推进粤港澳三地经济、文化交流合作，来缩短粤港两地发展差距。

1978年1月，广东召开侨务工作会议，开始系统清理侨务工作中的错误，着手落实党的侨务政策。3月底，广东召开了全省侨务工作会议和第二次归侨代表大会，强调要正确认识华侨的地位和作用，吸取历史经验教训，彻底肃清"左"的影响，全面贯彻落实各项侨务方针政策，充分调动华侨、港澳同胞和归侨、侨眷建设家乡的积极性。

上述邓小平提出"最大的问题是政策问题"，那么当时到底有哪些政策问题呢？1978年，习仲勋在宝安县调查时说："当前存在的问题，主要是旧的框框多……许多本来是正确的东西也不让搞，不敢搞，比如过境耕作问题，让香港资本家进设备采砂石出口、收入两家分成问题，吸收外资

---

[1] 中共广东省委党史研究室编：《广东改革开放决策者访谈录》，广东人民出版社2008年版，第443页。
[2] 冷溶、汪作玲：《邓小平年谱》（1975—1997）（上），中央文献出版社2004年版，第238页。

搞加工业问题，恢复边境小额贸易问题。"① 这就从根本上提出了解决"偷渡外逃"这一困扰广东乃至中央老大难问题的新思路。

从1977年春，国内出现了一股到港澳及出国的考察热潮，至1978年达到高潮。据当时的国务院港澳办公室统计，仅从1978年1月至11月底，经香港出国和到港考察的人员就达529批，共3213人，其中专程到港考察的就有112批，共824人。② 这些人员多数经停广东，多数拜会广东的领导并介绍有关情况，这就给正处于徘徊和迷茫之中的广东吹来了一股清新之风，捎来了外部世界的信息。

1978年4月，中央派出由国家计委和外贸部组成港澳经济贸易考察组，对香港和澳门进行了实地调研，这是新中国成立以来少有的对港澳进行的大型考察活动，引起港澳舆论界乃至世界舆论界的强烈关注。不久，考察团向中央递交了《港澳经济考察报告》（以下简称《报告》）。考察组指出，香港、澳门虽然资源匮乏但其经济实现快速起飞，其原因是利用本地廉价劳动力引进国外大量资本和先进技术发展起来的。考察组提出，利用和引进港澳资金、技术、设备，迅速发展沿海经济。《报告》引起中央领导的重视，中央领导人专门听取汇报，表示对"港澳经济考察报告"建议总的肯定，要求"说干就干"，"把它办起来"。③

1978年11月，广东省委领导积极主动向中央提出，希望中央赋予广东吸收港澳资金，引进国外先进技术，自行处理"来料加工、补偿贸易"等业务的权力。中央从原则上同意广东省引进香港资本、技术及与香港发展加工贸易合作的要求。与此同时，香港招商局希望在宝安县的蛇口地区建立出口工业区，广东省委立即表示同意。广东省和交通部联合向国务院提出《关于我驻香港招商局在广东省宝安县建立工业区的报告》，要求在蛇口建立出口工业区，由招商局"参照香港特点，照顾国内情况"进行管理。1979年2月，中共中央、国务院赋予香港招商局建设权，决定把深圳建成相当水平的工农业结合的出口商品基地，建成吸收港澳游客的游览

---

① 中共广东省委党史研究室编：《广东改革开放决策者访谈录》，广东人民出版社2008年版，第443页。
② 曹普：《谷牧与1978—1988年的中国对外开放》，《百年潮》2001年第11期。
③ 中共中央党史研究室第三研究部：《中国改革开放史》，辽宁人民出版社2002年版，第93页。

区，建成新型的边防城市。这是争得深圳向香港正式开放政策的突破口。

十一届三中全会确立改革开放政策之后，香港工商界对回国投资表达了浓厚的兴趣，此时，香港回归问题也提上了党中央的议事日程。① 1984年2月，中英签署《联合公报》，正式确定1997年7月1日香港回归中国。香港回归事宜的确定，极大地鼓舞了香港工商界的信心，也加速了香港来内地投资，特别在深圳经济特区建设之初，大批香港企业进入蛇口工业园，为深圳经济特区的发展做出了重要贡献。

第四节 改革创新的起点：深圳经济特区的设置

十一届三中全会确定了改革开放的方针，把党的工作重心转移到社会主义现代化建设上来，成为全党、全国人民的共识。为发挥广东靠近港澳、资源丰富等有利条件，中央决定对广东实行特殊政策和灵活措施，试办经济特区，并把其作为实行改革创新的重大尝试。

1979年4月在参加中央工作会议期间，由习仲勋向党中央和邓小平提出在深圳、珠海、汕头创办"贸易合作区"，并得到大力支持。邓小平将这一局部优先发展地区定名为"特区"。由此，深圳经济特区成为我国建立最早的经济特区，成为我国实施改革开放的"窗口""试验地"。

当然，经济特区的酝酿可以追溯到1977年邓小平和叶剑英委员长到广东视察，其成立取决于中国经济发展战略转变的1978年12月中国共产党十一届三中全会。1977年11月，刚刚恢复中共中央领导工作的邓小平与叶剑英委员长来到广州，广东省委负责人在汇报工作中指出了广东经济发展面临的各种挑战，包括深圳、珠海等地社会经济发展水平同毗邻的香港、澳门相差甚大，边境地区的农民逃往香港生活等问题。针对"逃港"事件，邓小平明确指出，政策对不对头，是个关键。这可以追溯为后来创办深圳经济特区并实施创新改革的动因。

1978年10月，广东省革委会向国务院上报了《关于宝安、珠海两县外贸基地和市政规划设想》的报告，这为中央同意创办经济特区提供了方

---

① 吴志菲：《邓小平与撒切尔夫人在香港回归上的较量》，《党史纵横》2013年第6期，第4—7页。

案设想。

1978年11月到12月,广东省委领导积极主动向中央提出,希望中央赋予广东吸收港澳资金,引进国外先进技术,自行处理"来料加工、补偿贸易"等业务的权力。从原则上,中共中央同意了广东提出的改革开放要求,"在全国体制未改革前,要求对广东作些特殊规定,放给更大的权力……"广东省向中央提出这些改革要求,就是要求中央批准广东改革开放先走一步,这为创办深圳经济特区和经济特区的体制改革做了政策准备。

1979年1月,广东省委决定改组宝安县为深圳市,行政建制为省辖市,起初,这是广东为加强出口加工区建设而实行行政区划体制改革,最终却成为创办经济特区做的行政体制改革的准备。

香港招商局希望在宝安县的蛇口地区建立出口工业区,广东省委立即表示同意。广东省和交通部联合向国务院提出《关于我驻香港招商局在广东省宝安县建立工业区的报告》,要求在蛇口建立出口工业区,由招商局"参照香港特点,照顾国内情况"进行管理。同年2月,中共中央、国务院赋予香港招商局建设权,决定在深圳市建立"出口商品基地"。这是争得创办经济特区权的突破口。

根据邓小平的倡议,1979年5月,以谷牧为中央代表的工作组赴广东、福建考察,同两省的负责同志共同研究设办出口工业区问题。习仲勋等人向谷牧及其率领的中央工作组汇报时,提出试办出口特区,进行单独管理,利用外商资金、技术和设备发展我国出口产品。谷牧对广东以及深圳、珠海的体制改革,深圳、珠海的城市规划和边防向后撤等问题,做了明确的指示。6月,省委向中央呈送的《关于发挥广东优越条件,扩大对外贸易,加快经济发展的报告》中,专门列出"试办出口特区"一节,提出了特区管理原则、特区引进外资及技术、对特区实行优惠政策等意见。7月15日,中共中央和国务院批准福建、广东两省报告,以中发〔1979〕50号发布明确规定,"关于出口特区,可先在深圳、珠海两市试办,待取得经验后,再考虑在汕头、厦门设置的问题"[①]。

---

① 钟坚、郭茂佳、钟若愚:《中国经济特区文献资料》第1辑,社会科学文献出版社2010年版,第19页。

同年9月21日，谷牧到广东视察地区贯彻执行中发〔1979〕50号文的若干问题，同广东省委领导习仲勋、杨尚昆、刘田夫、王全国、吴南生等人谈话。谷牧就特区怎么建设的问题提出两点建议：一要搞立法；二要有实际行动，要搞活，要步子大，城市规划要抓紧搞。① 随后，成立了以吴南生为主任的广东省经济特区管理委员会，负责广东深圳、珠海、汕头三个特区的管理工作。

为了给举办经济特区提供一个基本的章程，1979年末广东省人民代表大会第二次会议审议并通过了《广东省经济特区条例草案》。1980年5月中共中央听取广东省委的意见，将"出口特区"改为涵盖内容更宽的"经济特区"。从此，深圳正式定为"经济特区"。1980年8月26日全国人大第十五次常务委员会通过并颁布了《广东省经济特区条例》，该条例包括总则以及关于注册经营、优惠办法、劳动管理、土地等具体规定。该条例指出，"为发展对外经济合作与技术交流，促进社会主义现代化建设，在广东省深圳、珠海、汕头三市，分别划出一定区域，设置经济特区"②。这是特区建设的纲领性文件，至此中国第一个经济特区——深圳经济特区诞生。

全国人大常委会通过的决议，代表了深圳经济特区建设从计划讨论阶段走向立法决策阶段，该条例为深圳经济特区建设从法律上提供了有力的保障，也说明在当时社会条件下，国家在经济特区建设方面仍然非常慎重，通过立法手段为经济特区扫除障碍，为广东省开展经济特区建设注入了非常大的支持力。深圳经济特区后续的蓬勃发展，也得益于国家在规划决策层面的谨慎和周全，避免了国外经济特区发展过程中产生因制度不健全导致的失败结果。

1984年和1992年春天邓小平两次南巡，对经济特区取得的成绩非常满意，并在多种场合强调了经济特区建设决策的正确性，并鼓励经济特区大胆地搞下去。

---

① 卢荻：《谷牧与广东改革开放》，《广东党史》2010年第2期，第10页。
② 钟坚、郭茂佳、钟若愚：《中国经济特区文献资料》第2辑，社会科学文献出版社2010年版，第4页。

第二章 深圳改革创新的历程

2018年是中国改革开放40年，深圳改革创新在中国40年改革开放的大潮中推进。在建立社会主义市场经济体制的改革创新实践中，深圳特区以"杀出一条血路"的勇气充分发挥了"试验场""窗口""排头兵"和"示范区"的作用，为全国改革开放和现代化建设做出了历史性的探索和贡献，创造了世界工业化、城市化、现代化史上的奇迹。回顾深圳特区近40年建立市场经济体制的改革创新历程，显然具有深远的历史意义。

关于深圳经济特区发展历程的分期，不同的学者有不同的理解。钟坚从改革开放角度，将深圳特区的发展历程分为改革开放局部推进与初创奠基时期（1978—1985）、改革开放全面推进与经济转型时期（1986—1992）、增创新优势与跨越式发展时期（1993—2002）、深化改革开放和全面发展时期（2003—）四个阶段，① 这是一种比较常见的分期方法。深圳经济特区研究会和深圳市史志办公室合编的《深圳经济特区三十年（1980—2010）》一书中将深圳经济特区改革历程分为奠基开创时期（1980—1992）、增创新优势时期（1993—2002）和率先实践科学发展时期（2003—2010）三个阶段，② 与钟坚的分期方法比较类似。陶一桃、鲁志国主要从经济发展阶段特征角度将深圳特区发展历程分为经济特区的成立前期、初创时期、奠基时期（1980—1985），发展时期之一（1986—

---

① 钟坚：《深圳经济特区改革开放的历史进程与经验启示》，《深圳大学学报》（人文社会科学版）2008年第4期。

② 深圳经济特区研究会、深圳市史志办公室：《深圳经济特区三十年》（1980—2010），海天出版社2011年版。

1995），发展时期之二（1996—2000），发展的新时期（2001—2007），这是一种非常细致的分期方法，能较好地阐释深圳发展的阶段特点。这些学者和研究机构从不同角度对深圳特区发展的历史分期进行了深入的思考，取得初步成果。

我们借助上述学者关于深圳特区发展的历史分期的研究成果，将深圳改革创新40年的发展历程分为启动与全面推进改革创新时期、体制确立改革创新时期、推进科学改革创新时期、全面深化改革创新时期四个发展阶段。第一阶段为启动与全面推进改革创新时期，从1978年提出建立外贸基地到1986年初国务院在深圳召开中央特区工作会议前，为深圳局部推进改革创新时期；从1986年初国务院要求深圳经济特区转型到1992年初邓小平视察深圳前后，为全面推进改革创新时期。笔者将这两个阶段合为一节中并分开撰写。以邓小平发表南方谈话和党的十四大为标志，深圳进入了确立社会主义体制改革创新时期。党的十六大后，党中央提出全面建成小康社会的目标和科学发展观战略思想。2003年4月，胡锦涛视察深圳并要求深圳促进区域协调发展、实施可持续发展等，由此深圳进入了科学改革创新阶段。党的十八大提出了继续深化经济体制改革的任务，党的十八届三中全会通过了《中共中央关于全面深化改革若干重大问题的决定》，深圳开始实施全面深化改革创新攻坚，由此进入新时代全面深化改革创新阶段。

第一节　启动与全面推进改革创新时期（1978—1992）

改革开放初，我国的经济体制改革在试验和探索中不断前进。这一时期，深圳改革创新可分为两个阶段，从1978年至1985年是深圳启动市场经济体制改革试验阶段；从1986年至1992年是深圳全面推进改革创新阶段。对于这两个阶段的发展成就，邓小平于1984年1月首次视察深圳特区和1992年春再次视察深圳特区时都给予了高度评价。

一　以市场为导向启动改革创新

从1978年至1985年，深圳改革创新的主要特点是启动市场经济体制改革。为了摆脱传统计划经济体制的束缚,深圳经济特区坚持以市场为导向,以放开价格和改革基建体制为突破口,围绕改革基建体制,实行招标承包;改革价格制度,推行市场调节;改革劳动制度,实行竞争就业机制;改革外贸体制,扩大外贸自主权;改革计划调控体系,加强宏观决策和协调服务职能等领域,大胆进行了经济体制改革试验,对明显阻碍特区建设的计划经济体制进行局部的改革,为特区初创时期的快速建设扫除了许多障碍。正如傅高义所言:"80年代中期,当改革在全国展开之际,深圳已基本上完成了作为引进外资、现代城市规划和建筑,以及其他关键性的体制改革试验的使命。"①

(一)改革基建体制,实行招标承包

特区成立初,深圳市开始大规模的城市及工业园区基础设施建设。由于国家只给政策不给钱,这就需要在基建中引入市场机制筹集基建资金。为打破传统国家投资、企业开发的基建模式,深圳市政府采取的改革措施有:一是通过贷款集资筹措建设资金,依靠回收土地使用费用来偿还开发费用;二是于1981年制定《房地产公司工程招标试行办法》,实行工程招标制,由开发公司承担项目;三是在施工单位实行定额超产奖励制。在基建工程上采取招标制,是深圳早期的一项重要改革,也是全国基建体制的重大改革,不久在全国范围得到推广。1980年底,深圳特区房地产公司和香港中发大同地产公司合资兴建深圳国际商业大厦,实行公开招标,结果出现了三天一层楼的建设速度,后来成为"深圳速度"的标志。在总结建设国商大厦的经验上,市政府于1982年9月颁布《深圳经济特区工程施工招标投标暂行办法》和1985年4月颁布《深圳市建设工程招标暂行办法》,进一步规范深圳的工程招标工作。

(二)改革价格制度,推行市场调节

价格对市场供需的反应最灵敏,价格也是市场经济最重要的经济杠杆之一。1982年,深圳市政府率先提出"以调为主,调放结合,分步理顺价格体系与价格体制"的物价改革方针,逐步建立起市场调节物价的机制。该方针大致是,第一步为提高主要农副产品收购价格,放开部分商品

---

① 傅高义:《先行一步:改革中的广东》,广东人民出版社2008年版,第127页。

价格，允许存在价格浮动和市场竞争；第二步为放开粮油价格管制，初步取消粮油限量配售制；第三步，放开日用工业产品价格，使商品由国家定价改为依据市场供求关系定价，逐步理顺价格关系。至1984年11月1日，在深圳特区范围内，粮油敞开供应，取消一切票证。同时，取消国家对粮油、菜、肉、水、电、煤气等补贴，由凭证定量改为议价购销，顺应市场的供求关系。通过改革，深圳特区价格体制初步形成在国家宏观计划指导下以市场调节为主的价格模式，较好地发挥了价格机制的作用，给特区带来更大的活力。

（三）改革劳动制度，实行竞争就业

在劳动制度改革方面，深圳打破传统"统包统配"的就业制度，引进"双向选择"的市场竞争就业机制，改传统固定工为合同工、临时工、固定工并存的适应多种所有制企业需要的用工制度。工资制度改革也起步于蛇口，分阶段进行。1981年前是基本工资加补贴工资，这并没有摆脱"平均主义"分配制度。1981年至1983年10月，实行"1+1.15"工资方式，这项改革相当地消除了"平均主义"因素，但仍留下许多传统工资制度的弊病。1983年10月起，实行工资制全面改革，由企业决定分配方式，将企业经营绩效和员工劳动贡献结合起来，进一步调动劳动者的积极性。1984年8月，在政府部门和事业单位实行工资制度改革，推行"基本工资+职务工资+年功工资"制度，这项改革为1985年7月全国实行结构工资制改革提供了经验。随着用工及工资制度改革，至1985年，每年进入深圳企事业单位工作的内地劳动者约有4万人，这催生了深圳劳动力市场，成为特区发展的主力军。

（四）改革外贸体制，扩大外贸自主权

1978年以前，我国在对外经贸领域实行所有权、管理权和经营权的高度集中管理体制，不能适应深圳特区对外开放和发展商品市场经济的要求。改革开放后，1981年开放蛇口码头，1984年6月开放赤湾码头，1985年4月兴建深圳妈湾港，拓展开放口岸促使工业区引进物资和发展工业。在下放引进项目和物资审批权方面，1984年8月广东省政府扩大深圳蛇口工业区包括引进项目和进口物资审批权等在内的自主权；1985年3月，国务院批转《关于广东、福建继续实行特殊政策、灵活措施的会议纪要》，规定特区可适当自行组织采购进口商品和签发许可证。在涉外经济法规上，1984年1月广东省人大常委会批准《深圳经济特区技术引进暂行规定》，就深圳特区引进技术原则、范围、方式、优惠等进行规定；为保障涉外经济合同当事人的合法权益，同一时期广东省人大常委会批准《深圳经济特区涉外经济合同规定》。同时，深圳特区政府下放对外经贸的管理权和经营权，实行外贸承包经营责任制和股份制，组建大批外贸公司，采取多种措施鼓励出口，从而推动外贸事业发展。

（五）改革计划调控体系

1979年11月，邓小平说，"社会主义也可以搞市场经济"[①]。这预示着我们将进行市场经济改革。1982年9月8日，党的十二大正式提出"计划经济为主、市场调节为辅"的改革思路，这是对传统计划经济的一次重大突破。从1980年到1985年，深圳市政府逐步推进计划管理职能的转换，在缩减计划管理范围的同时改革计划管理方式，加强宏观决策和协调服务职能，集中力量制订经济社会发展计划，注意做好国家计划与外向型经济的衔接等领域。1981年8月，深圳市政府推进行政机构改革，撤销工业局、商业局、物资局等18个专业经济管理局，按外向型经济要求组建各类公司，公平参与市场竞争经营。1984年4月深圳市委颁布《深圳市机构改革方案》，撤销市委内部与市政府重叠的机构，党委负责抓好党的路线、方针、政策的贯彻，实现中央和省委关于办好特区的战略目标；规范简化政府职责，加强计划、财政、银行、审计等经济管理部门，以强化政府的宏观调控职能。总之，深圳进行的计划体制改革，有效地促进了整个宏观经济体制和微观经济体制改革的进程。

二 全面推进市场经济体制改革创新

1984年10月，十二届三中全会通过了《中共中央关于经济体制改革的决定》，该决定着重阐明了经济体制改革的宏伟目标和基本政策，标志着我国经济体制改革进入了逐步全面展开的新时期。随后，为落实中央会议精神，深圳市召开全市改革会议，提出从局部改革转向全面改革，从单

---

① 《邓小平文选》第2卷，人民出版社1994年版，第231页。

项改革转向系统改革，从初步改革转向深入改革。今后的发展趋势，要逐步向配套、综合、全面的方向发展。① 1986年1月，市委市政府确定经济特区发展以工业为主的外向型经济。为完成任务，深圳率先推进国企股份制改革、金融市场化改革、土地市场化改革、住房商品化改革等市场经济体制在特区内先期试验，初步完成计划体制向新市场体制转换的任务和形成以工业为主导的外向型经济格局。

（一）国企股份制改革，民企稳步地发展

1986年10月，深圳市政府率先颁布《深圳经济特区国营企业股份化试点暂行规定》，开始实施产权多元化、企业股份制、产权转让和破产等多项国企股份制改革试验。1987年11月，市政府在6家集团（总）公司中实行董事会领导下的总经理负责制，这项国企股份制改革为实现政企分开和所有权与经营权分离，企业决策权与控制权、监督权分离迈出突破性的一步。基于前期国企股份制改革经验，经国务院批准，深圳市政府于1992年3月实施《深圳市股份有限公司暂行规定》，这是我国第一部企业股份经济法规。

深圳的民营企业是从个体经济逐步发展壮大的。1980年特区成立时，只有6家个体户，年营业额不达3万元。到1985年底，全市个体户发展到2118户，部分个体户在经营规模、雇工人数等方面已突破个体经济的界限，开始向民营企业转变。为稳步、健康地发展私营经济，1988年6月国务院出台《中华人民共和国私营企业暂行条例》。随后，深圳市政府颁布《关于发展特区个体私营企业的若干规定》，为民营经济创造有利法制条件。

（二）外汇规范化改革，证券市场化发展

为解决企业用汇难题和根绝"炒买炒卖"外汇，1985年11月市政府颁布《外汇调剂暂行办法》，成立外汇调剂中心，为建立外汇交易市场奠定基础。1986年11月外汇调剂中心扩大调剂范围，放开调剂价格，将市场管理和业务经营分开。1988年5月，国家外汇管理局正式批准设立深圳

---

① 深圳市讨论特区内部管理体制改革试行方案：《从局部改革转向全面系统改革》，《人民日报》1984年10月12日。

市外汇调剂中心。1990年3月深圳外汇调剂中心推行外汇经纪人制度、公开竞价交易化、交易手段电子化等相关管理改革，使外汇调剂中心更加规范化和市场化。

1987年5月，深圳发展银行首次公开募集75万元股金，创立起深圳股票发行市场。此项改革为全国第一，从此中国便有了直接融资的资本市场。1990年12月1日深圳证券交易所试营业，1991年4月16日中国人民银行正式批复建立深圳证券交易所。同年5月颁布《深圳市证券发行和交易管理暂行办法》，这是我国第一个股票市场管理条例。截至1991年7月，深圳有上市公司6家、上市股票5亿多元，总市值40多亿元，在深圳市建立证券机构14家、证券商12家，共有16个网点，初步建立起深圳证券市场。

（三）土地市场化改革，住房商品化发展

为更加有效开发使用国有土地资源，深圳市政府通过协议、招标、拍卖等多种方式将土地使用权作为商品推进市场，将国有土地划拨制改为土地有偿使用转让制。其中，1987年12月1日，市政府以公开拍卖方式将一幅地块使用权公开拍卖，引起全国人民的极大反响，迅即在全国许多城市得到推行。1988年3月全国人大会议通过《中华人民共和国宪法修正案》，增加"土地使用权可以依照法律的规定转让"的条款，表明国家肯定特区的土地使用权市场化改革试验。1990年5月国务院出台《城镇国有土地使用权出让和转让暂行条例》和《外商投资开发经营成片土地暂行管理办法》，至此我国新的土地使用制度初步形成框架。

特区允许土地有偿出让、转让等，也从根本上促进了住房制度的改革和刺激了房地产业的兴起。1988年10月1日，市政府正式颁布并实施《深圳经济特区住房制度改革方案》及其9项配套细则，该方案规定，鼓励职工购买住房，逐步实现住房的商品化和市场化。随后，深圳建立起独立的住房基金系统，加快商品住房建设。

（四）劳动用工市场化，社保改革统筹化

随着早期制定合同到期、合同制工人技术状况及所在企业经营状况发生变化，1986年前后出现合同制工人流动问题。面对新情况，深圳市劳动局依靠主管部门、企业和个人努力相结合办法，较好地解决了合同制工人的合理流动问题。1988年3月国务院批准广东为综合改革试验区，允许广东省内开放劳务市场，实行劳动（聘用）合同制，把用人权交给企业经营者，由企业自主决定工资分配，进一步促进特区劳动用工市场化。

随着不同用工形式的快速发展，1985年深圳开始对全民所有制职工实行退休养老基金社会统筹，相继颁布临时工社会劳动保险、集体企业退休基金统筹等试行办法，使得覆盖各类劳动者、社会化程度较高的新型养老保险制度基本形成。1989年深圳被定为全国社会保险制度综合改革试点地区之一，实施《深圳特区社会保险制度改革方案》，该方案是实行自我保障和社会共济相结合的新型保障制度。1990年4月市政府颁布《深圳经济特区工伤保险暂行规定》，在全国率先推进工伤保险制度。至此，深圳初步建立起覆盖不同类劳动者、项目比较齐全、社会化水平高的社保体系，为后来的深圳社保体系的综合改革奠定基础。

（五）对外开放扩大化，工业外向型发展

1985年12月底至翌年1月初，国务院在深圳召开中央特区工作会议，要求深圳特区"以工业为主、工贸技结合、综合发展"，发展成为以工业为主的外向型经济特区。为完成任务，深圳采取四项主要措施，一是利用外资兴建蛇口油库、沙角B电厂、市话工程等基础设施，实现从支持城市基础设施建设向以支持工业生产为主的基础设施建设转变。二是从政策上开放多处口岸和机场，例如1990年开放妈湾码头、1991年开放皇岗口岸、1992年开放盐田港口岸，为发展转口贸易和远洋贸易创造条件。与此同时，市政府对口岸管理体制进行改革，系统提升对外贸易服务效率和水平。三是利用境外资本和技术合作组建现代化骨干企业，从事自行设计、工业生产及出口销售。四是从政策上支持蛇口工业区到扩大支持保税工业区，促进外向型工业发展。1987年12月市政府批准创办沙头角保税工业区，是中国创办最早的保税区。1991年5月国务院批准创立福田保税工业区，是国内发展比较成功的保税区之一。

三 邓小平两次视察深圳并给予高度评价

从1980年到1985年，深圳经济特区成为我国发展最快的地区。深圳利用中央给予特区的优惠政策，吸引大量外资企业到深圳落户，为深圳产业的兴起奠定了初步基础，也为深圳发展积累了原始资本。这一阶段，深圳GDP从1980年2.7亿元提高到1985年33.24亿元；全市GDP中三产业构成比率分别从28.9%、26%、45.1%调整到1985年的7.9%、46.8%、45.3%，① 产业结构有了明显的变化。

深圳经济特区进行市场经济体制探索。1979年11月，邓小平说，"社会主义也可以搞市场经济"②。这预示着深圳经济特区是在社会主义制度下进行的市场经济体制改革。尽管在深圳经济特区建立初期，建立社会主义市场经济体制的目标尚未明确提出，但经济特区借鉴境外发展经济的经验，按照国际上通行的原则，充分发挥了市场经济的作用，所以，深圳经济特区经济体制改革的取向从一开始就是朝着市场经济探索的。这些改革试验对明显阻碍特区建设的计划经济体制进行局部的改革，逐步推进计划管理职能的转换，有效地促进了整个宏观经济体制和微观经济体制改革的进程，为全国推进市场经济体制改革产生了重要的示范效应。

1984年1月，邓小平同志首次视察深圳经济特区，对深圳经济特区的探索发展做出了"深圳的发展和经验证明，我们建立经济特区的政策是正确的"③ 这一历史性判断，既是对经济特区初创阶段的肯定，也明确了经济特区的未来发展方向。同年10月，党的十二届三中全会确定了实行"有计划的商品经济"的改革方针，对于中国的改革开放，尤其是经济特区的率先发展是在经济理论领域的历史性突破。随着特区建设的大规模开展，资金、物资、人才的匮乏以及与计划经济的碰撞，经济特区也开始主动突破传统的经济模式，在更大范围内进行大刀阔斧的改革。

从20世纪80年代中期至90年代初，深圳经过战略调整，经济开始起飞。经济实力实现大幅提升，地区生产总值以年均30%以上的速度增长，由1986年35.5亿元提高到1992年的284.96亿元。④ 外向型工业经济发展迅猛，成为特区经济快速增长的强劲动力。其中，1991年深圳出口商品

---

① 深圳市统计局：《深圳统计年鉴（1995）》，中国统计出版社1995年版，第48—49页。
② 《邓小平文选》第2卷，人民出版社1994年版，第231页。
③ 《邓小平文选》第3卷，人民出版社1993年版，第51、52页。
④ 深圳市统计局：《深圳统计年鉴（1995）》，中国统计出版社1995年版，第48页。

额激增到 34.46 亿美元，是 1980 年的 305 倍；① 从 1992 年开始，进出口贸易总额一直居全国大中城市第一。这有力地印证了邓小平的预言，"由内向型转为外向型，就是说能够变成工业基地，并能够打进国际市场。这一点明确以后，也不过两三年的时间，就改变了面貌"②。实际上，深圳走向市场经济体制改革是同外向型经济的发展相伴随的。从客观上说，在引进外资和发展对外贸易过程中，直接产生了引入市场机制的客观要求。围绕发展外向型经济这一目标，进行市场取向改革；以市场取向改革促进外向型经济发展，这是深圳发展市场经济的一个重要特点。

深圳经济特区大胆探索推进市场取向的经济体制改革。深圳围绕市场企业制度、市场要素体制、市场保障体制、对外开放体制、产业结构制度等领域，率先推进国企股份制改革，证券市场化发展，土地市场化改革，劳动用工市场化，社保改革统筹化，工业外向型发展机制等市场经济体制在特区内先期试验，初步完成计划经济体制向新的市场经济体制转换的任务。结果是，经过近 8 年以市场为取向的改革探索，深圳已经初步形成了在国家宏观调控下使市场在资源配置中起基础性作用的新的经济运行机制。从企业制度改造、市场体系发展、政府职能转变和分配制度改革等几个主要环节上，可以说，深圳已建成社会主义市场经济体制基本框架的雏形，从而为今后在全国率先建立社会主义市场经济体制打下了较为坚实的基础。

从 20 世纪 80 年代中叶到 90 年代初，关于市场经济和特区姓"社"还是姓"资"等问题的争论，一直纠缠不清。这些论调严重干扰了改革开放基本国策的贯彻实施，深圳乃至全国的经济发展速度出现了明显下降。面对经济特区建设和改革开放的各种争议及现实问题，1992 年 1 月 19 日，邓小平再次视察深圳经济特区，充分肯定了深圳建立社会主义市场经济体制的探索。同年 2 月，中共中央将邓小平在武昌、深圳、珠海、上海等地的讲话要点作为中央 1992 年第 2 号文件下发，在国内外引起了强烈的反响。邓小平南方谈话科学地总结了党的十一届三中全会以来的基本实践和

---

① 深圳市统计局：《深圳统计年鉴（1995）》，中国统计出版社 1995 年版，第 398 页。
② 《邓小平文选》第 3 卷，人民出版社 1993 年版，第 239 页。

基本经验，从理论上深刻地回答了长期困扰和束缚人们思想的许多重大认识问题，冲破了"姓资姓社"的思想束缚。"市场经济"一词终于获得合法地位。邓小平南方谈话，完全确立了社会主义市场经济的发展目标以及全面改革开放的发展走向，推动了深圳经济特区更推动了全国现代化经济和市场经济制度的建设进程。

深圳，又一次走在中国改革开放历史的前列。

第二节　体制确立改革创新时期（1993—2002）

一　确定社会主义市场经济体制的目标

邓小平同志的南方谈话明确指出，要加快改革开放的步伐，不要纠缠于姓"资"还是姓"社"的问题讨论，这标志着经济特区创办的启动经济体制改革创新阶段基本结束，开始进入确立社会主义市场经济体制改革创新阶段。1992年6月江泽民同志在中央党校省部级干部进修班的讲话中，首次提出建立社会主义市场经济体制。同年10月12日，党的十四大指出，我国经济体制改革的目标是建立社会主义市场经济体制。1993年11月党的十四届三中全会通过《关于建立社会主义市场经济体制若干问题的决定》，对我国建立社会主义市场经济进行了全面部署。1994年6月国家主席江泽民视察深圳经济特区时重申："中央对发展经济特区的决心不变；中央对经济特区的基本政策不变；经济特区在全国改革开放和现代化建设中的历史地位和作用不变。"他指出："经济特区不仅要办下去，还要办得更好。"①

根据党的十四大和十四届三中全会精神，1994年初深圳制定《建立社会主义市场经济体制总体规划》，提出率先建立社会主义市场经济体制的目标，到1997年初步形成以"十大体系"为主要内容的社会主义市场经济体制基本框架。围绕率先建立比较完善的社会主义市场经济体制这一目标，深圳大力推进国企改革，建立现代企业制度；培育和完善要素市场，建立现代市场体系；深化分配体制改革，完善社会保障制度；对标国

---

① 《江泽民文选》第1卷，人民出版社2006年版，第374页。

际惯例，构建开放市场经济体系；切实简政放权，推进政府职能转变等多项改革。

二 建立社会主义市场经济体制基本框架

（一）推进国企改革，建立现代企业制度

在建立社会主义市场经济体制的过程中，深圳国有企业改革一直走在全国前列。这一阶段，深圳特区提出要建立现代企业制度，具体包括建立企业法人制度、企业产权制度、激励分配机制、现代企业法规制度等制度，真正实现政企分开和资产所有权与经营权的分离。一是建立现代企业法人制度。1994年8月深圳实行企业无行政主管部门、取消企业的行政隶属关系等改革，从而完成由行政管理向企业法人管理、产权管理的转变。二是探索企业内部激励机制。1994年开始实行内部员工持股试点的办法，使其利益与企业利益紧密地联结在一起；1999年7月探索期权股份等改革方式。专利和技术可以作价入股，知识和管理可参与企业的收益分配。三是建立现代企业法规制度。1993年1月市政府颁布"准则登记制"的商事改革措施，这项改革一出台，即充分显示出它的活力。与此同时，深圳市人大利用特区立法权，通过《有限责任公司条例》《股份有限公司条例》《合伙条例》等法规，为国有企业改革和各种企业的生产经营活动创造良好的法制环境。

（二）培育完善要素市场，建立现代市场体系

这一阶段，深圳重点完善人才、土地、技术、资本等要素市场，构造现代商品市场经济。

发展人才劳务市场。1993年6月深圳推进劳动人事制度改革，使深圳市193万名企业职工不分干部、固定工、合同制工、临时工，统称为"企业员工"。这是深圳市由试点到全面推行全员劳动合同制，确立新型的劳动关系，向国际惯例又迈出的重要一步。

创设土地交易市场。1994年7月深圳市人大常委会公布《深圳经济特区土地使用权出让条例》，就经营性土地使用权出让的"拍卖招标办法"，以法规形式由市政府颁令施行。2001年3月市政府通过《深圳市土地交易市场管理规定》，是我国土地有形市场交易正式立法的地方性规章，在

全国起了示范作用。深圳的土地改革实践证明：遵循市场规律配置土地资源，已成为深化土地制度改革、促进社会经济可持续发展的必然选择。

创设技术交易市场。1999年10月经国务院批准，深圳市人民政府与多家单位在深圳共同主办首届中国国际高新技术成果交易会。首届深圳高交会成交项目为1030项，成交额达64.94亿美元，成为中国最大的国际高新技术成果交易市场。时任深圳市委书记张高丽说，深圳将努力建设成为高新技术的研究开发基地、产业基地、成果交易中心和产品出口基地，为我国的产业升级和结构调整继续发挥示范和带动作用。[①]

发展证券交易市场。1993年4月深圳证券交易所借助卫星通信手段传送股市行情获得成功，这为异地开办深圳股票业务、开拓股票交易市场创造了条件。1994年4月日本证券业协会决定，认定深圳证券交易所为日本"指定外国有价证券市场"，促进证券融资国际化。为规范证券交易市场，深圳市制定多个法规和实施细则，使证券市场发展有法可依。

（三）深化改革分配体制，完善社会保障制度

深化分配制度改革。劳动力要素参与分配，在深圳特区主要是以工资形式实现的，这是一种主要的分配形式。1987年深圳开始进行股份制改革试点，允许国有企业员工持有本企业股份，员工除获得劳动报酬外，还可以按股分红。1997年9月市政府颁行《深圳市国有企业经营者年薪制暂行规定》，经营者年薪制推行，使企业管理人员的收入与企业经济效益直接挂钩。1998年9月市政府出台《深圳经济特区技术成果入股管理办法》，明确科技人员可以获取包括专利成果和非专利技术成果的收益，允许以技术成果作价入股，为技术要素参与分配提供了规范。至此，深圳建立起按劳分配和按生产要素分配相结合的分配制度。

对社会保险制度进行综合配套改革，相继实施医疗、养老、工伤、失业等各项社会保险制度改革，进行社会统筹与个人账户相结合的医疗改革试点和养老保险改革试点。1992年8月市政府颁布《社会保险暂行规定》，率先探索"社会共济与自我保障有机结合"的新型社会保障制度，并将深圳社会保障制度的建立纳入法制化轨道。1995年市委市政府决定对

---

① 何加正：《看高新技术怎样托起深圳》，《人民日报》1999年8月22日。

社会保险管理体制进行改革，组建新的社会保险管理局，统一管理全市养老、医疗、工伤、生育保险，逐步建立起高度社会化的保险管理制度。在失业保障上，1998年6月深圳市财政局多方筹集再就业基金，重点用于下岗、失业员工的基本生活保障、再就业培训补贴等。至此，深圳初步建立起新型的社会保障体系，为建立市场经济体制创造了稳定的社会环境。

（四）对标国际惯例，构建开放经济体系

深化口岸管理体制改革。这一阶段，口岸管理体制改革是由时任副总理国务院李岚清直接抓的一项改革试点，旨在按国际惯例推进口岸体制改革，为全国口岸管理体制改革探索道路。1994年实现文锦渡、皇岗、沙头角口岸统一报关。1995年改进口岸查验方法，取消进出车辆通道申报查验环节。同年7月国务院批准《深圳口岸管理体制改革试点方案》，旨在为全国口岸管理体制改革探索道路，积累经验。2001年深圳海关开始推广加工贸易 EDI 联网监管模式。2003年7月深圳海关正式启动电子账册出口加工区监管新模式，实现出口加工区企业"一次申报、一次审单、一次查验"式通关便利。

拓展国际投融资与经贸合作。经中国人民银行深圳分行批准，1993年4月深圳证券交易所改用美元做 B 股挂牌货币，此举拓宽了外资融资渠道，提高了深圳证券市场的国际知名度。1994年4月日本证券业协会认定深圳证券交易所为日本"指定外国有价证券市场"，为日本投资者购买深交所上市的 B 股票提供了条件。1998年2月市政府发布《关于对在深外商投资企业和在深外籍人员逐步实行国民待遇的通知》，提出适度放开外商投资企业自产产品内销市场，并对在深外商统一有关服务标准。据统计，截至2001年11月，深圳有700多家企业通过中国进出口质量认证中心的产品质量认证，意味着相关企业突破发达国家在国际贸易中设置的"技术壁垒"。2002年改革大型国企国际招标制度，将国企推向国际化竞争行列。

（五）切实简政放权，推进政府职能转变

大幅减少行政审批事项。1997年深圳市开始着手实施政府审批制度改革，1998年1月正式实施《深圳市政府审批制度改革方案》，1999年2月市政府发布《深圳市审批制度改革若干规定》，开创国内行政审批制度改革的先河。通过减少审批项目、规范审批行为、简化审批手续等方式，有效地促进依法行政，提高行政效率。

推进干部人事制度改革。2001年6月深圳市委颁布《关于进一步深化干部人事制度改革的意见》，对干部公开选拔、竞争上岗、任前公示、试用期、退出、集体议事等事项进行详细的规定。此项改革重点是健全干部任职试用制，完善领导职务任期制，试行聘用制和建立辞职制，最终使干部人事工作实现依法运作。

推进政府采购制度改革。随着市场经济的繁荣，政府采购成为政府经济行为中的重要一环。深圳率先推进政府采购制度改革，逐步实施集中公开采购制度，提高政府消费质量。1997年1月深圳实行公务用车统一投保，11月首次对政府公务用车招标。1998年10月市人大常委会通过《深圳经济特区政府采购条例》，推进政府采购制度走向法规化。

三 率先确立社会主义市场经济体制

这一阶段，深圳特区经济实现跨越式发展，主要经济指标全面攀升。经济继续保持年均20%的增长速度，地区生产总值由1993年的453.14亿元增至1996年的1000余亿元，2000年的2000余亿元，到2002年近3000亿元的跨越。[1] 仅"十五"期间就累计向中央财政上交3663亿元，综合经济实力跃居全国大中城市前列。产业结构实现优化，三次产业结构比由1993年的2.4∶53.4∶44.2转变为2003年的0.6∶49.3∶50.1，[2] 经济发展质量稳步提高。外贸进出口持续快速增长，进出口总额由1993年282.04亿美元增至2002年872.31亿美元，增加了2倍多；[3] 吸引外资环境明显改善，2002年实际利用外资达49亿美元。[4] 经济的快速增长带来财政收入的增长，整体来看，深圳不仅实现了综合经济实力跃居全国各大城市前列，还实现了经济质量的提升和经济活力的增强。

---

[1] 深圳市统计局、国家统计局深圳调查队：《深圳统计年鉴（2017）》，中国统计出版社2017年版，第26页。
[2] 同上书，第28页。
[3] 深圳市统计局：《深圳统计年鉴（2003）》，中国统计出版社2003年版，第203页。
[4] 同上书，第198页。

更为重要的是，通过一系列的经济制度改革，深圳率先确立了比较完善的社会主义市场经济体制。1992年春，邓小平发表南方谈话后，"市场经济"一词终于获得合法地位。1992年11月，中国共产党第四次全国代表大会正式提出了建立社会主义市场经济体制的改革目标。1997年3月，国家体改委组织调查组到深圳和上海两地进行调查，全面总结了两市建立社会主义市场经济体制的改革经验。不久，国家体改委调查组在向国务院提交的《关于上海、深圳建立社会主义市场经济体制进展情况的报告》中指出，"深圳市作为改革开放以来新兴的城市和经济特区，在建立市场经济体制方面起点较高，新体制的框架已初步形成"。同年5月，全国城市综合配套改革试点工作会议在上海召开，国家体改委主任李铁映在会议上指出，经过党的十四大以来5年的探索和实践，社会主义市场经济体制的框架已经显现出来。其中，上海、深圳等市已经走在全国的前面。① 在这次会议上，深圳市市长李子彬代表深圳市委、市政府，第一次系统地介绍了深圳建立以十大体系为主要内容的市场经济体制基本框架以及推进改革的经验，② 引起与会者的极大兴趣和强烈反响。

深圳经济特区已经探索出了一条从计划经济走向市场经济的发展模式，从计划经济体制转变为市场经济体制的转轨路径，这为中国经济转型提供了实践基础，为中国制度变革贡献了一个"新体制"。随后，在2000年11月14日举办的深圳经济特区建立20周年庆祝大会上，江泽民高度评价了深圳等经济特区20年来的发展成就，他指出，深圳和其他经济特区、浦东新区的发展，是改革开放以来我国实现历史性变革和取得伟大成就的一个精彩缩影与生动反映，也是对党的正确领导和社会主义制度优越性的一个有力印证。③

---

① 《李铁映在全国城市综合配套改革试点工作会议上指出，抓住机遇加快建立新体制步伐》，《人民日报》1997年5月24日。
② 李子彬：《深圳初步形成社会主义市场经济十大体系》，《上海改革》1997年第8期，第4—8页。
③ 《深圳经济特区建立20周年庆祝大会举行——江泽民强调经济特区要继续当好改革开放和社会主义现代化建设的排头兵》，《人民日报》2000年11月15日。

第三节　推进科学改革创新时期（2003—2011）

一　新阶段，新挑战

2001年中国正式加入WTO，基本完成了社会主义市场经济的探索实践。党的十六大以来，以胡锦涛同志为总书记的党中央提出全面建设小康社会、构建社会主义和谐社会和推动科学发展等执政理念，我国改革开放和现代化建设事业进入科学改革及全面、协调、可持续发展的新阶段。2003年4月胡锦涛总书记视察深圳，要求深圳加快发展、率先发展、协调发展，继续走在全国的前列，要"结合新的实际和新的条件，努力增创新优势，开拓新局面，实现新发展"，特别要通过完善发展思路、制度创新、扩大对外开放、科技创新等方式方法，实现全面发展、统筹发展、区域协调发展和可持续发展。[①] 他的讲话蕴含了"全面、协调、可持续"的科学发展思想精髓。

进入21世纪，深圳经济特区面临的土地、能源、人口、生态环境等问题日益突出，"四个难以为继"促使深圳谋求新的改革开放思路，努力破解发展难题，走出一条科学发展新路，为全国提供新的示范和借鉴，这是中央赋予深圳的新的重大使命，也是深圳实现科学发展的内在要求。按照党的十六大和十七大的落实科学发展观和构建社会主义和谐社会的要求，深圳重新确立发展目标和发展思路，提出了建设国际化城市的发展战略目标，确定了建设"和谐深圳""效益深圳"的发展思路，始终把体制改革和扩大开放作为重要使命，先后实施自主创新和特区扩容等战略，以此为标志，深圳进入实践科学发展的新阶段。

二　推进科学改革和科学发展基本内容

（一）着力推进科技创新，建设国家创新型城市

着力推进科技创新，促进可持续发展。2004年1月深圳市委市政府颁布《关于完善区域创新体系推动高新技术产业持续快速发展的决定》，明

[①] 《胡锦涛文选》第2卷，人民出版社2016年版，第39—45页。

确完善区域创新体系、推动高科技产业发展的方向。2007年1月颁布《关于加快深圳市高端服务业发展的若干意见》，明确深圳高端服务业发展策略和发展重点。据统计，2008年第三产业比重为50.3%，开始超过第二产业的49.6%，表明深圳产业升级取得突破，经济质量、效益得到大幅度提升。

实施国家创新型城市战略。2006年1月深圳市委市政府出台《关于实施自主创新战略建设国家创新型城市的决定》，率先提出建设国家创新型城市，把创新提升为城市发展的主导战略。为配合自主创新战略，深圳先后制定20个配套政策文件，形成自主创新的"1+20"政策框架。2008年2月国家发改委授予深圳为综合性国家高新技术产业基地，2008年6月国家发改委批准将深圳列为国家创新型城市试点。同年9月深圳发布《关于加快建设国家创新型城市的若干意见》以及全国第一部自主创新规划《深圳国家创新型城市总体规划（2008—2015）》等一系列政策文件，全面部署建设国家创新型城市的总体规划和各项措施。

（二）推进国资国企体制改革，加快民营经济发展

根据党的十六大报告提出"积极推行股份制，发展混合所有制经济""调整国有经济的布局和结构"等要求，深圳对国有资本进行退出与整合、产权主体多元化、股权分置等一系列改革。2003年深圳市属5家国有企业通过国际招标形式公开转让部分股权，引进优质战略投资者，实现产权主体多元化。2004年主要依据《深圳市上市公司重组方案》，通过减持部分国有产权、出让股权、内部整合重组和清理退市等方式推动重组，至2006年完成市、区属国有控股上市公司股权分置改革工作。2006年7月党政机关事业单位所属企业、转企事业单位开始划转，至2009年基本完成5个板块共92家划转单位的整合重组。

2003年4月深圳市委市政府出台《关于加快民营经济发展的意见》，提出从财政和金融、税收支持力度、合法权益保护、公平竞争环境等方面支持民营企业发展。为解决民营企业融资难的问题，2004年1月市政府制定《深圳市民营及中小企业发展专项资金管理暂行办法》，推动民营企业担保体系的建立。2006年8月出台《关于进一步加快民营经济发展的若干措施》，规定对民营企业实行梯度扶持和重点培育，从多种融资手段、

扩展用地空间、政府服务水平等方面着力解决民营企业面临的问题。

(三) 特区外农村城市化,特区内城市现代化

继特区内城市化后,深圳加快推进特区外城市化进程,为实现城市内部协调发展和加快国际化城市建设创造条件。1992年宝安撤县设立宝安、龙岗两区,为农村城市化创造条件。2003年10月市委市政府出台《关于加快宝安、龙岗两区城市化进程的意见》,明确两区行政管理、市政建设、城市管理、社会保障等加快城市化十多项重点工作。为解决农村城市化土地问题,2004年6月出台《深圳市宝安、龙岗城市化土地管理办法》,明确集体土地转为国有土地的适当赔偿标准、实施程序以及土地储备等问题。2004年底宝安、龙岗两区顺利完成"撤镇建街",村集体土地转为国有、27万居民实现"农转非"。结果是,深圳成为全国第一个没有农村行政建制和农村社会体制的城市。

"城中村"、旧城改造是城市化进程中的最突出问题之一。2004年10月市政府颁行《深圳市城中村、旧城改造暂行规定》和《关于深圳市城中村(旧村)改造暂行规定的实施意见》,开始对城中村进行综合整治和旧城全面改造。2005年5月22日福田区渔民村16栋总面积5.1万平方米的居民自建住房被定向爆破,拉开大规模改造城中村的序幕。2009年9月国家住房和城乡建设部与市规划和国土部门确定以"部市共建"的方式,将深圳建设成为国家城市更新试点城市。同年9月,市政府常务会议通过《深圳市城市更新办法》,提出全市将更新240平方公里用地。这是国内首部系统、全面规范城市更新活动的规章。

(四) 加强深港紧密合作,全面创新对外合作机制

2003年6月,中央政府和香港特别行政区政府共同签署《内地与香港关于建立更紧密经贸关系的安排》(即CEPA),推动深港开展合作新局面。继CEPA之后,2004年6月深港两地政府签署《关于加强深港合作的备忘录》及投资合作、经贸推广、法律服务、旅游与科技等8个合作协议(即"1+8"协议),提出深化两地互惠互利、优势互补的合作。2007年5月两地政府签署《"深港创新圈"合作协议》;2009年3月签署《深港创新圈三年行动计划(2009—2011)》,就两地共建创新基地、服务平台、重大研究专项进行规划。2007年7月深圳湾口岸正式开通,胡锦涛主席出

席口岸开通仪式。同年 12 月深港两地政府签署《关于近期开展重要基础设施合作项目协议书》及其他 6 个协议，围绕跨境大型基础设施、城市规划、环保、医护等领域展开合作，推动深港合作步入历史新纪元。

自从中国加入 WTO 后，深圳对外开放进入深化拓展阶段。深圳全面启动"走出去"服务平台，如开展境外投资环境信息库和境外合作项目库的建设，截至 2004 年 10 月，深圳共有经批准设立的境外企业和机构 252 家，累计境外投资总额 8.93 亿美元。2008 年 10 月国务院批准设立深圳前海湾保税港区，这是国务院批准的国内第九个保税港区。按照规划，深圳前海湾保税港区拥有国际中转、配送、采购、转口贸易和出口加工等业务功能，享受保税区、出口加工区相关的税收和外汇管理政策。探索建立境外经济贸易合作区，搭建企业走出去平台，如 2008 年 10 月深圳和越南海防市签署兴建中国越南（深圳—海防）经济贸易合作区。

（五）完善社会保障体系，提升民生福利水平

完善社会保障体系。一是完善养老保险制度。2006 年 7 月修订《深圳经济特区企业员工社会养老保险条例》，率先实施户籍人口"延缴延退"制度；2008 年 8 月颁布《深圳市调入人员缴纳超龄养老保险的规定》，对超龄调入深圳人员实行统一标准缴纳超龄养老保险费。二是完善医疗保障制度。2006 年 5 月市政府颁布《劳务工医疗保险暂行办法》，是全国首个劳务工医疗保险办法；2008 年 3 月正式颁布《深圳市社会医疗保险办法》，该办法整合全市医保政策，建立首个"全民医保"制度体系。三是完善住房保障体系。2007 年市政府相继出台《深圳市廉租住房管理办法》《深圳市公共租赁住房管理办法》等文件；至 2010 年 1 月颁布《深圳市住房保障条例》，在国内率先出台地方性住房保障法规制度。

出台民生福利指标体系。2006 年 12 月市委会议通过《民生净福利指标体系》，该指标体系包括收入分配与公平、社会保障水平、公共服务水平、人的全面发展水平、安全水平共 5 大类 21 项指标。2007 年 11 月市政府首次公布民生净福利体系的统计结果：2006 年民生净福利总指数为 107%。民生净福利指标体系作为政府改善、发展民生的"指挥棒"，显示了较强的可操作性和现实意义。

三 经济特区初步实现科学发展

加入WTO后的十余年，围绕科学发展主题，深圳改革创新取得巨大的经济成就。经济综合实力实现新跨越，地区生产总值首次跨越"万千亿元"台阶，至2012年达12950.06万亿元。① 经济结构调整迈上新台阶，三次产业结构比由2003年的0.6:49.3:50.1转变为2012年0.1:44.3:55.6。其中，2008年第三产业比重为50.3%，超过第二产业0.7%，② 成为深圳经济的主导产业，这有助于提升经济发展质量。经济竞争力显著增强，科技创新驱动经济发展的作用凸显，具有自主知识产权的高新技术产品产值从2003年954.48亿元增加到2012年7888.41亿元，增加7倍多。③ 人民生活水平明显提高，居民人均可支配收入居内地大中城市首位。科技创新在促进经济发展的同时改善城市的生活环境，万元GDP能耗由2005年0.59吨标准煤下降到2012年0.45吨标准煤，④ 2012年相当于全国平均水平的1/2。可以说，深圳实现了科学发展和经济转型的目标，探索了新的发展模式，实现了新的历史性跨越。

深圳进一步完善了社会主义市场经济体制。在中国加入WTO后的十余年，深圳经济特区通过国家综合配套改革试验区、前海深港现代服务业合作区等新的制度安排，是赋予深圳经济特区的新使命，是拓展经济特区的新形式。依托经济特区新形式，深圳进一步完善科学发展的体制机制，实现重点领域改革开放和区域合作新的突破，率先构建起富有活力的社会主义市场经济体制。从国家战略高度来看，探索经济特区的新形式，就是要把经济特区打造成体制机制的创新区、区域合作的先导区、产业升级的先行区和经济结构调整引领区，为推动整个经济体制改革的深入和突破提供引领示范作用。

可以说，这是深圳自20世纪90年代确立社会主义市场经济体制后，

---

① 深圳市统计局、国家统计局深圳调查队：《深圳统计年鉴》（2013），中国统计出版社2013年版，第22页。
② 同上书，第22、23页。
③ 同上书，第341页。
④ 同上书，第113页。

迈向了更加成熟的发展阶段，开始了由政策开放逐步走向制度开放的改革创新深化进程，同时，也标志中国社会进入了深化改革和完善社会主义市场经济体制的时期。从单项突破到综合配套整体推动，从侧重经济体制改革到经济社会效益全方位纵深推进，深圳经济特区成为我国改革创新的重要试验田，对完善社会主义市场经济体制发挥了引领示范作用。2010年9月6日，在深圳经济特区建立30周年庆祝大会上，时任中共中央总书记胡锦涛表示，30年来，深圳经济特区坚持锐意改革，敢闯敢试、敢为天下先，勇于突破传统经济体制束缚，率先进行市场取向的经济体制改革，在我国实现从高度集中的计划经济体制到充满活力的社会主义市场经济体制的历史进程中发挥了重要作用。不仅如此，胡锦涛总书记对特区表达了更高的期许，希望经济特区在改革开放和社会主义现代化建设中取得新进展、实现新突破、迈上新台阶，努力为推动科学发展提供制度保障和动力源泉。①

第四节 新时代全面深化改革创新（2012—2018）

一 新时代改革背景

2012年11月8日至14日，中国共产党第十八次全国代表大会在北京召开，提出全面建成小康社会和全面深化改革，赋予了深圳经济特区新的使命。2012年12月，习近平在深圳考察时强调，现在我国改革已经进入攻坚期和深水区，我们必须以更大的政治勇气和智慧，不失时机深化重要领域改革。2013年11月中共十八届三中全会审议通过《中共中央关于全面深化改革若干重大问题的决定》，提出让市场在资源配置中起决定性作用和更好地发挥政府作用。2017年10月18日上午，中国共产党第十九次全国代表大会在北京人民大会堂开幕，习近平做了《决胜全面建成小康社会——夺取新时代中国特色社会主义伟大胜利》的报告，指出"中国特色社会主义进入新时代，我国社会主要矛盾已经转化为人民日益增长的美好

---

① 《深圳经济特区建立30周年庆祝大会举行——胡锦涛讲话》，新华社，2010年9月6日。

生活需要和不平衡不充分的发展之间的矛盾"①。这个重大判断，为新时代谋划发展、推动发展指明了正确方向。

为紧扣党的十八大、十八届三中全会精神和深入贯彻落实中央对特区改革发展的指示要求，2013年5月深圳市委、市政府公布《深圳市全面深化改革总体方案（2013—2015年）》，提出未来3年将推进加快前海体制机制创新、深化商事登记制度改革、推动收入分配制度改革、建立健全权力运行制约和监督制度及创新基层服务管理体制五项重点领域改革。2013年12月深圳市委会议首次明确提出以"市场化、法治化、国际化和前海开发开放"为重点，实施改革攻坚，牵引和带动全局改革。随后，市人大先后颁布《关于加强深圳经济特区标准建设若干问题的决定》（2014）、《深圳经济特区质量条例》（2017）等文件，确定深圳从"深圳速度"向"深圳质量"转变，实现工业深度化和创新高端化。市委市政府确定2016年为深圳"城市管理治理年"，2017年为"城市质量提升年"，这就确立了深度城市化的发展思路。

二 习近平视察深圳

十八大召开后，2012年12月7日至8日，习近平来到深圳视察，深入科研院所、企业和社区进行调研。习近平表示，这次到深圳，就是再一次回顾总结改革开放的伟大历程。深圳是我们国家最早实施改革开放的城市，也是影响最大、建设最好的经济特区。深圳经济特区的建设，意义重大、影响深远。

7日下午3时，习近平前往前海考察。在前海规划建设用地展厅，前海管理局局长郑宏杰、市外办主任汤丽霞、省发改委主任李春洪分别介绍了深圳市发展现代服务业、深港合作、粤港澳合作三大平台及重大产业布局等情况。听完汇报，习近平充分肯定了前海开发开放的成绩，"前海过去一片滩涂，现在是一片繁忙的建设景象。可以预期，前海发展将会实现新的沧桑变化，这个前景令人期待。希望前海一年一个样"。习近平指出，

---

① 习近平：《决胜全面建成小康社会——夺取新时代中国特色社会主义伟大胜利》，中国共产党第十九次全国代表大会，2017年10月18日。

深圳经济特区之所以能够建设好,除了有国家的政策支持外,还有一个独特的优势,就是毗邻香港地区。"你们就是要依托好香港,继续做好这篇文章。"告别前海时,习近平不忘叮嘱。

离开前海,习近平先后到光启高等理工研究院、腾讯公司等科研机构、企业进行调研。在参观光启并接见光启研究团队时,光启研究院院长刘若鹏介绍,目前光启已有来自全世界近40个国家和地区的近300名外国专家;光启是一个年轻人的团队,在职员工中95%都是35岁以下,科研人员占比超过80%。刘若鹏的介绍赢得大家热烈的掌声。习近平说:"在改革开放的年代,在新时期,你们为了实现中华民族伟大复兴的同样目的,为了实现伟大的中国梦,回到祖国,回到深圳,致力于创新创业,而且脚踏实地在这里起步、在这里发展,我看了很欣慰。希望你们的事业不断发展,不断创造新业绩。"

离开光启,习近平前往腾讯公司,参观腾讯产品体验区和信息安全技术中心。在腾讯QQ实时在线人数显示屏前,习近平问海外是否也有QQ用户?马化腾介绍说:"QQ用户主要还是在国内,但中国互联网具备国际竞争力,现在我们也积极利用新一代软件走向世界,海外近年来用户不断增加。希望下次您来时,我们能够向您展示全世界的用户。"马化腾对中国互联网行业全球化发展的自信赢得大家一阵赞赏的笑声。习近平说,人类社会已进入互联网时代。互联网时代对人类的生产、生活,对发展生产力都有很大推动作用,但也确实带来一些问题,主要还是表现在社会管理方面,我们要学会怎么去适应它。你们有海量信息,做出分析也比较客观、精准。在互联网未来发展与建设中,希望腾讯继续探索,积极建言献策。

8日上午,习近平前往渔民村考察。在社区广场,习近平参观渔民村发展变迁展览,详细询问社区居民人口数、收入状况等。他进入社区党代表工作室,社区党群服务中心组织员张宇介绍工作室的职责、日常活动、老百姓的参与情况以及反映问题的解决方式等。深圳目前在全市600多个社区全部建立党代表工作室,党代表定期进社区接待党员和群众代表。习近平充分肯定深圳党建创新,表示党代表、人大代表、政协委员的工作室都是密切与群众联系的渠道、履行职责的平台,强调工作室负责人要有一定的基层工作经验，才能把工作室建设好。

8日上午9时许，莲花山公园，游人如织，冬日阳光下，山顶广场上的邓小平同志塑像熠熠生辉。在山顶广场，习近平与欧广源、李灏、梁广大、陈开枝四位当年曾陪同邓小平同志视察南方的老同志握手问好，并一同来到邓小平同志铜像前敬献花篮。站在山顶，习近平俯瞰不远处的深圳市容市貌，听取规划建设情况介绍，并与四位老同志亲切交谈。习近平感慨地说，我们来瞻仰邓小平铜像，就是要表明我们将坚定不移推进改革开放，奋力推进改革开放和现代化建设取得新进展、实现新突破、迈上新台阶。离开前，习近平挥锹铲土，种下一棵高山榕树。

三 全面深化经济体制重要领域的改革

（一）深度市场化

金融市场化改革。金融市场化改革是深圳这一时期市场化改革的"主旋律"。2014年1月市政府以1号文件颁布《关于充分发挥市场决定性作用全面深化金融改革创新的若干意见》，提出促进创新金融产品和服务模式，规范互联网金融发展。2014年12月深圳前海微众银行正式开业，成为全国第一家落地的民营银行和互联网银行。2015年12月全国人大常委会通过股票发行注册制改革相关授权决定，在上海证券交易所、深圳证券交易所上市发行股票实行注册制度。2016年12月"深港通"正式开通，标志着资本市场对外开放又迈出坚实一步。总之，深圳金融改革创新，为构建和完善我国的资本市场体系提供实践经验。

资源性产品定价市场化。十八届三中全会明确提出，推进电价、水价、地价等领域价格改革，放开竞争性环节价格。2013年1月市政府颁布《关于优化空间资源配置促进产业转型升级的意见》，确定原农村集体经济组织拥有的工业用地可通过申请进入市场流通，为全国工业用地市场化改革指明方向。2014年11月国家发改委发布《关于深圳市开展输配电价改革试点的通知》，在深圳开展输配电价改革试点，对电网企业实行总收入监管模式，并公布独立的输配电价。输配电价改革是电力体制改革的重要组成部分，核准电力输配环节的真实成本与收益，为输配电价市场化定价提供可能。2017年8月深圳市发改委实施水价改革方案，将自来水价格简化为居民生活用水、非居民生活用水和特种用水三类，调整一二三级阶梯水价比例关系，有利于及时理顺上下游水价，更好地发挥价格杠杆的调节作用。

营改增税制改革。2012年8月国务院决定扩大交通运输业和部分现代服务业营业税改征增值税试点，在前海注册的符合规定条件的现代物流企业享受现行试点物流企业按差额征收营业税的政策。实施营改增税制，一方面达到简化和规范税制的要求，体现税改的方向；另一方面对企业从事工业生产和研发、设计、营销等内部服务业实行统一征税，体现公平税负，是推进制造业升级、促进工业领域专业化分工和解决服务业发展滞后的重要举措。

总之，在全面深化改革阶段，深圳在金融、税制、资源性产品定价等领域取得市场化改革突破。

（二）深度工业化

深圳的每次产业转型，都在用好"无形之手"的同时，挥动"有形之手"抢先布局，实现深度工业化也是这样。2011年10月市政府颁布《关于加快产业转型升级的指导意见》，提出着力构建以"高、新、软、优"为特征的现代产业体系，进一步增强产业核心竞争力。为实现工业与其他产业的融合，深圳先后出台促进产业融合的规划政策：一是从2011年至2012年底深圳制定新一代信息技术、科技金融、文化创意、高技术服务业等新兴产业规划政策，促进互联网、信息技术与服务业的深度融合，如颁布《深圳新一代信息技术产业振兴发展政策》（2011）和《关于促进文化与科技融合的若干措施》《关于促进科技和金融结合的若干措施》（2012）等。二是2013年后抢先布局未来产业，出台智能装备、航空航天、海洋经济等产业规划，打造可持续的产业竞争力。2013年12月市政府颁布《深圳市未来产业发展政策》，提出重点航空航天产业、海洋产业、生命健康产业领域，引导产业高端发展，实现有质量的稳定增长。2014年11月市政府颁布《深圳市机器人、可穿戴设备和智能装备产业发展规划（2014—2020年）》，引导制造业向现代制造业转型。2016年1月，市政府印发《中国制造2025》深圳行动计划，该行动计划提出，深圳要努力建成国内制造业的先锋城市、国际知名的高端制造业城市。

（三）深度国际化

加快推进前海深港合作。2010年8月26日，在深圳经济特区30岁生日当天，国务院批复同意的《前海深港现代服务业合作区总体发展规划》提出，前海要在"一国两制"框架下，进一步深化粤港紧密合作，为我国构建对外开放新格局。2012年12月，习近平在前海考察时指出，前海开发开放是深圳经济特区发展的新契机、转型升级的新推力、改革开放的新起点、粤港深港合作的新平台。在2013年5月出台的《深圳市全面深化改革总体方案（2013—2015年）》中，提出加快推进前海深港现代服务业合作区体制机制创新。2015年4月国务院批准《中国（广东）自由贸易试验区总体方案》，指出前海（蛇口）片区重点发展金融、现代物流、信息服务、科技服务等战略性新兴服务业，建设我国金融业对外开放试验示范窗口、世界服务贸易重要基地和国际性枢纽港。

参与"一带一路"建设。2013年9月、10月国家主席习近平在出访中亚和东南亚国家期间，先后提出共建"丝绸之路经济带"和"21世纪海上丝绸之路"的重大倡议。2014年12月市委市政府颁布《关于大力发展湾区经济建设21世纪海上丝绸之路桥头堡的若干意见》中指出，深圳经济特区是我国改革开放的窗口，地处粤港澳大湾区和海上丝绸之路战略要冲，与"一带一路"沿线国家交流合作紧密。2016年12月国家环境保护部和深圳市政府共同主办"一带一路"生态环保国际高层对话会，会议发布《履行企业环境责任，共建绿色"一带一路"》倡议和成立"一带一路"环境技术交流与转移中心。2017年5月深圳市首列中欧班列从盐田港出发，班列试运营初期直达明斯克，正式运营后双向直达德国汉堡。深圳中欧班列的开行，有利于拓展深圳物流渠道和开拓深圳外贸新路径。

（四）创新高端化

创新高端化是衡量深圳成为现代化国际化创新型城市和世界科技、产业创新中心的关键标志。创新高端化，意味着深圳将从以模仿创新和集成创新为主要方式转变为以原始创新、源头创新为主要模式，使深圳能够在世界科技创新中占据一席之地。

为实现创新高端化：一是深化科技创新体制改革。2012年11月市政府颁布《关于深化科技体制改革提升科技创新能力的若干措施》，就经费分配投入机制、组建新型科研机构等提出指导性改革意见。随后，市政府、市科创委等单位分别制定科技项目管理与验收、科研资金管理、高新技术项目认定等改革配套政策。二是引进高端技术人才。2011年4月市委市政府颁布《关于实施引进海外高层次人才"孔雀计划"的意见》，提出从2011年起的未来5年重点引进并支持50个以上海外高层次人才团队和1000名以上海外高层次人才来深创新创业，吸引带动10000名以上各类海外人才来深工作，推动人才队伍结构高端化。为调动科技创新者的积极性和规范特区人才管理工作，2016年市政府颁布《深圳市科学技术奖励办法》和2017年市人大颁布《深圳经济特区人才工作条例》。三是培育高端研发机构。2012年11月市政府通过《深圳市促进科研机构发展行动计划（2013—2015年）》，提出推动科研机构的科学布局、加快发展和优质发展，到2015年力争建成20家创新能力强的科研机构，50家以上国家级工程中心、重点实验室，800家市级及以上重点实验室、工程实验室和企业技术中心等创新平台。四是提升特区技术标准。为进一步巩固和强化质量竞争优势，2014年10月市人大颁布《关于加强深圳经济特区标准建设若干问题的决定》，提出要借鉴国际标准，组织制定深圳标准。2017年4月市人大常委会颁布《深圳经济特区质量条例》，是国内首部宏观层面的质量地方法规，为建设"质量强国"提供创新实践。

四 全面深化社会体制重要领域的改革

（一）深度城市化

推进城市更新工作。为规范城市更新活动和完善城市功能，2009年10月市政府就已经出台《深圳市城市更新办法》，成为深圳市实施城市更新的基本法律依据。2012年1月市政府发布《深圳市城市更新办法实施细则》，就城市更新定位、计划管理、更新单元、实施主体和项目、项目监管和综合整治等内容进行规定，成为促进城市更新工作的指导性文件，推动全市城市更新工作再上新台阶。深圳城市更新工作经验得到国家职能部门的认同，2013年4月国土资源部印发《开展城镇低效用地再开发试点指导意见》，试点推广深圳城市更新经验做法。2016年6月，市委市政府决定成立深圳市城市更新局，以便进一步统筹推进全市的城市更新工作，将其作为促进土地资源循环利用、推进产业结构调整升级的关键举措。

推进城市治理工作。2013年10月市常委会公布施行《深圳经济特区城市管理综合执法条例》，规定城市管理中执法职责范围，涉及道路、环境保护、食品安全、安全生产等诸多方面，就城市管理中执法措施和规范、执法保障和监督等进行明文规定，使城市管理执法行为更加规范。2013年11月市政府公布《〈深圳经济特区物业管理条例〉实施若干规定》，对物业管理招投标活动、业主委员会换届选举和供水、供电、供气等极易引发矛盾的焦点问题予以具体规定。2014年市政府在《政府工作报告》中提出"注重完善功能，推进有质量的城市化"，着力创新社会治理方式，加快城市信息化发展和增强城市保障能力等建设。2016年是"十三五"开局之年，也是深圳"城市管理治理年"，安排了健全安全生产监管机制、前海蛇口自贸片区综合执法体制创新、深化环境污染治理体制机制改革等项目。2017年被市委市政府确定为"城市质量提升年"，着力推进城管执法体制改革，着力提升智慧城管建设水平，改进深圳城市环境品质和加快建设现代化国际化的城市环境。

（二）服务均等化

社保均等化。一是公务员养老制度改革。2007年深圳率先开展公务员聘任制改革，对聘任制公务员探索建立"社会养老保险加职业年金"养老保障模式，实现聘任制公务员与企业员工社会养老保险制度的统一。2012年8月实施《深圳市事业单位工作人员养老保障试行办法》，深圳事业单位新聘员工将告别财政养老，试行"社会养老保险+职业年金"的养老保障制度。此项事业单位新聘员工养老保障制度的改革，是在前者成功经验基础上的深化。

住房均等化。通过保障房立法，推进住房保障服务均等化。目前，深圳市已基本形成以《深圳市保障性住房条例》《关于实施人才安居工程的决定》《深圳市住房保障制度改革创新纲要》3个法规政策为核心，《深圳市人才安居暂行办法》《深圳市安居型商品房轮候与配售办法》等20余个规章制度为配套的"3+N"住房保障法规制度体系。其中，在分配上建立保障房轮候库，缩短首次轮选时间，在申请受理、排队信息、审核分配、房源结果和政府管理上，面向社会实行"五个公开"，确保保障房的阳光分配机制形成。

医疗均等化。作为国家首批公立医院改革试点城市，深圳按照国家确定"管办分开、政事分开、医药分开"等改革试点要求，重点推进体制机制创新，初步构建一套符合深圳实际的现代公立医院管理制度。在管办分开上，成立市医管中心，代表市政府统一履行举办公立医院的职责；在政事分开上，2012年7月香港大学深圳医院投入使用，开始推行所有权与经营权分离，推动医院内部运行机制改革；在医药分开上，在全国率先取消公立医院药品加成费用，实行"零加成"销售，切断医院与药品生产经营间的利益关系。

教育均等化。2010年深圳市委市政府出台《关于推进教育改革发展率先实现教育现代化的决定》，先后出台教育中长期发展规划纲要、教育"十二五"规划等一系列配套行动计划，全力推进教育的均衡化、多元化、优质化发展。在"十二五"期间，财政教育投入累计1310亿元，是"十一五"时期的2.4倍；推进基础教育均等化发展，新建中小学学位13.2万个；在全国率先实施积分入学，义务教育学位72.5%提供给非深户学生。高等教育实现跨越式发展，5年内建成2所高水平大学并招生、获批筹建3所高水平大学。

（三）高度法治化

深圳在立法、司法、执法三个方面的创新中，创下诸多"全国之最"和"全国第一"。

健全特区法规体系。为与国际通行商业、经济规则对接，深圳加快制定商事法规、跨境金融、技术转移、质量标准、城市治理等一系列支持产业和城市发展的法规和制度。从2011年至今，深圳市人大及其常委会先后颁布《深圳经济特区前海深港现代服务业合作区条例》（2011）、《深圳经济特区商事登记若干规定》（2012）、《深圳经济特区技术转移条例》（2013）、《深圳经济特区绿化条例》（2016）、《深圳经济特区质量条例》（2017）等，为特区全面深化改革和加快发展现代市场经济提供法律保障。

推进司法体制创新。一是2013年9月22日深圳国际仲裁院挂牌运作。2012年11月市政府通过《深圳国际仲裁院管理规定（试行）》，该院以特区立法的形式进行法定机构改革，引入国际商事仲裁的先进制度，实行以理事会为核心的法人管理模式，是全国唯一以专门立法形式确定管理运行模式的仲裁机构。二是成立前海法庭和前海法院。2013年9月13日成立前海法庭。在借鉴香港法治运作成功经验基础上，前海法庭试行港籍陪审机制和启动港籍调解，筹备创设香港法律和判例资料库。2014年12月2日最高人民法院批准成立深圳前海合作区人民法院。前海法院在全国首创"港籍调解"与"港籍陪审"制度，设立金融、物流、保险、证券、期货、知识产权等不同类型的审判团队，打造专业化的审判机制。

推进执法体制创新。在借鉴香港廉政公署成功经验的基础上，2013年5月8日深圳前海廉政监督局挂牌成立，是深圳探索基层廉政监督体制机制的创新产物。前海廉政监督局在全国首创将公安的经侦、纪检、监察、检察、审计五种监督力量和工作职能实现整合，按照"人员统一管理、职权依法行使、监督形成合力"的模式运作，以建设"廉政示范区"为目标，致力打造廉洁、高效、公平、公正的法治化营商环境，为前海开发开放保驾护航。

五　十八大以来深圳改革创新成果总结

党的十八大以来，深圳围绕"三个定位、两个率先"目标，坚持"三化一平台"改革主攻方向，牢固树立"深圳质量"新理念，实现重点领域改革取得重要的阶段性成果、深圳经济实力显著增强、经济结构转型并持续优化、发展动能转换并持续增强、城市统筹发展并走深度融合，取得全面深化改革创新的巨大成就，为迈向"四个全面"新征程打下了坚实基础。

（一）初步完成全面深化改革创新的顶层设计，重点领域改革取得重要的阶段性成果

2012年11月8日，党的十八大提出"全面深化改革开放的目标"及"加快完善社会主义市场经济体制"的任务。2013年11月12日，党的十八届三中全会审议通过《中共中央关于全面深化改革若干重大问题的决定》，就全面深化改革做出系统部署。随后，围绕国企改革、投融资体制、分配制度改革、创新体制改革、自由贸易区建设、资本市场制度等领域，中共中央、国务院及相关部委先后印发了相关指导改革的意见或者方案。

为紧扣党的十八大、十八届三中全会精神和贯彻落实中央对特区全面深化改革创新的要求，2013年5月深圳市委市政府公布《深圳市全面深化改革总体方案（2013—2015年）》，提出未来3年将加快推进五项重点领域改革。随后，颁布《关于深化科技体制改革提升科技创新能力的若干措施》（2012）、《关于优化空间资源配置促进产业转型升级的意见》（2013）、《关于充分发挥市场决定性作用全面深化金融改革创新的若干意见》（2014）等方案，就创新体制改革、用地体制改革、资本市场开放等领域提出改革举措和推进步骤。整体而言，深圳的改革方案与中央对深圳全面深化改革要求结合一起，初步构成了深圳全面深化改革创新的顶层设计。

重点领域改革取得重要的阶段性成果。十八届三中全以来，深圳主动承接中央和省242项改革试点，继续努力种好改革开放"试验田"。前海深港合作提速，近2000家港企落户；与港澳在科技教育、文化创意、检验检疫等领域合作进一步加强。深圳蛇口自贸片区成立，自贸新城建设日益呈现新面貌。对外开放再上新台阶，深圳被纳入落实"一带一路"倡议，粤港澳大湾区纳入国家"十三五"规划。对口支援和区域合作取得新进展，深汕特别合作区加快建设，深河、深汕共建产业园区累计投产项目300多个。同时，深圳在强区放权中下放城市更新、产业用地出让等改革中迈出新步伐；制定深化医药卫生体制改革实施意见和社会办医政策措施，优化调整公立医院医疗服务价格；社会保障、服务教育、户籍制度、地税征管方式、警务辅助人员管理等改革加快推进，并取得初步成效。

新时代的深圳经济特区，已经从政策导向走向制度导向，建立健全社会经济发展的体制机制成为经济特区新时代发展的重要内容。经济特区在社会主义市场经济体制和构建开放型经济新体制领域继续起到全国带头作用，尤其是前海蛇口自由贸易试验区探索了很多全国可复制可推广的制度与政策。前海蛇口自由贸易试验区作为传统经济特区的延展，作为中国社会全面深化改革的产物，是由政策性开放转向制度性开放的产物，也是由外向型经济向开放型经济转变的产物，作为一种承担新使命和新功能的新型经济特区存在，预示着一个新的发展时代的升华和开始。前海蛇口自由贸易试验区以开放促改革促发展，特别是以开放倒逼深层次改革和经济结构调整,在对外开放和体制机制创新中发挥着全国试验和示范的重要作用,在经济发展新常态和供给侧结构性改革中激发经济特区创新和发展的活力,将深圳乃至中国改革和开放推向深化。

(二)积极适应经济发展新常态,有效应对经济下行压力,深圳经济实力显著增强

面对世界经济复苏乏力、外需市场低迷不振、经济下行压力的严峻形势,深圳着力打好政策"组合拳",从供给侧结构性改革、精准化支持政策、降低企业税负等方面发力供给侧,有效应对经济下行压力,实现经济稳定增长。供给侧结构性改革精准发力。制定实施供给侧结构性改革总体方案和5个专项行动计划,进一步在提高供给质量上下功夫,在增强供给能力上出实招,不断增创供给侧新优势。精准化支持政策激发供给活力。突出供给侧关键环节,出台科技创新、企业竞争力、人才优先发展等政策,设立重大产业、军民融合、中小微企业发展等系列基金,引导更多优质资源向有效供给配置降成本补短板释放供给潜力。实施"营改增"、调整"五险一金"、取消多项涉企行政事业性收费以及政府回购多条高速公路并免费通行等举措,着力为企业减负。高标准高质量提升供给水平。继续推进标准、质量、品牌、信誉一体化建设,实施"深圳标准"认证标识,创建"标准国际化创新型城市",积极主导或参与制定国际标准。

在平稳增长中实现结构更优、质量更高、效益更好。6年来,全市地区生产总值年均增长率为9.3%,全国生产总值年均增长率为7.3%,深圳高于全国2%,表明深圳能有效应对经济下行压力,经济实力显著增强。三次产业结构比由2012年的0.1:44.3:55.6变为2017年的0.1:41.3:58.6,表明深圳经济结构由以第二、第三产业为主导转变为以第三产业为主导,结构更优、质量更好。一般公共预算收入由2012年1482.08亿元增至2017年3332.13亿元,年均增长率为20.75%,领先全国水平。随着前海蛇口自贸区的建设和营商环境的改善,实际使用外商直接投资从2011年52.3亿美元增至2016年67.32亿美元,增幅达28.72%。至2017年深圳全社会固定资产投资增至5147.32亿元,相比2012年2194.43亿元增长了近1.35倍。居民消费价格涨幅平均控制在

2.42%以内。发展的"绿色含量"显著提升，空气质量继续处于国内城市领先水平，实现经济质量和生态质量"双提升"。

（三）实施创新驱动，着力转型发展，初步实现经济动能转换和经济结构转型升级

实施创新驱动，初步实现了经济动能转换。5年来，深圳将创新作为城市发展主导战略，率先提出并积极构建综合创新生态体系，推动创新从"跟跑"向"并跑""领跑"转变，科技进步贡献率超过60%，初步实现了创新成为深圳经济发展的主要动能。科技创新能力显著增强。至2016年底全社会研发投入超过800亿元，占GDP比重提高至4.1%。国家省市级重点实验室、工程实验室等创新载体累计达1493家，国家级高新技术企业累计达8037家。PCT国际专利申请量增长约50%，占全国一半。其中，华为短码方案成为全球5G技术标准之一，石墨烯太赫兹芯片、无人机、柔性显示等技术处于全球领先水平。创新创业活力全面激发。至2016年底境内外上市公司累计达346家，VC/PE机构累计近5万家、注册资本约3万亿元。成功举办全国"双创"周主会场活动，吸引35个国家和地区50万人次参加。建成深圳湾创业广场，成为全国创新创业的新名片；南山区、招商局集团入选首批国家级"双创"示范基地，深圳成为国家小微企业创业创新基地示范城市。2017年6月，世界知识产权组织、美国康奈尔大学和英士国际商学院共同发布2017年全球创新指数的排名，在全球前100个创新集群中，最密集的是东京—横滨地区，其次是深圳—香港地区，最后是圣荷西—旧金山地区。这表明，深圳创新创业支持经济发展得到了国际认可。

充分发挥转型升级的先行优势，初步构建起强大的现代产业体系和实现经济结构转型升级。制定实施新一代信息技术、科技金融、文化创意、高技术服务业等新兴产业规划政策，促进互联网、信息技术与服务业的深度融合；布局未来产业，出台机器人、智能装备、航空航天、新能源汽车、海洋经济等产业规划，打造可持续的产业竞争力；出台《中国制造2025》深圳行动计划，产业结构加快向高端化迈进。结果是，经济转型实现了"三个为主"。经济增量以新兴产业为主，新兴产业对GDP增长贡献率提高至53%左右；工业以先进制造业为主，先进制造业占工业比重超过75%；三产以现代服务业为主，服务业占GDP比重的60.5%，现代服务

业占服务业比重提高至70%以上。

（四）统筹特区内外发展，城市一体化建设取得重大成就，城市现代化国际化水平凸显

城市一体化建设取得重大成就。认真落实国家新型城镇化战略，出台提升城市发展质量决定和国际化城市建设行动纲要，推动有质量的深度城市化，城市综合服务功能进一步提升。自2010年7月1日深圳经济特区范围开始扩大到全市以来，深圳市委、市政府先后实施了两轮特区一体化建设3年实施计划，原特区外投资占全市比重达73%，并且四大新区固定资产投资增长率呈上升趋势（见图2-1），着力推进规划布局、基础设施和基本公共服务等"六个一体化"，原特区外发展水平显著提升。2017年2月，深圳市政府常务会议审议并通过《深圳经济特区一体化建设攻坚计划（2017—2020年）》，提出深圳将进一步加大政策、资源等向原特区外地区的倾斜力度，加快提升原特区外地区城市建设软硬件水平，2020年基本实现深圳特区一体化。

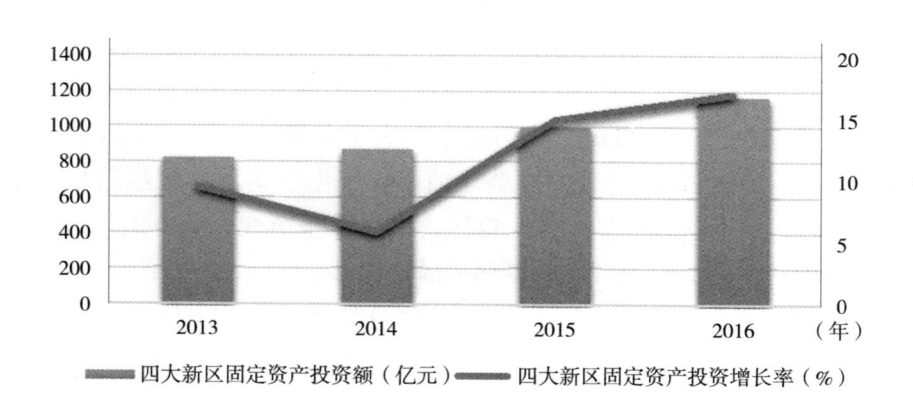

图2-1 2013—2016年深圳四大新区固定资产投资额及增长率

城市现代化水平凸显。完善城市现代交通设施，打通对外战略通道，加快建设深中通道、外环高速等。轨道交通建设成绩显著，7号、9号、11号线开通，地铁运营里程达285公里。道路交通网络不断优化，原二线关口交通改善项目完工，南坪快速三期、坂银通道等建设有序推进。2016年开通

427条定制化巴士线路和46条社区微巴线路。更加完善信息基础设施。蝉联国内"最互联网"城市，成为国家首批"宽带中国"示范城市和信息惠民试点城市，主要公共场所实现Wi-Fi免费上网。提高城市资源保障能力。全市自来水普及率达100%；西气东输二线正式供气，清林径引水、公明供水调蓄工程、抽水蓄能电站等进展顺利。提高城市精细化管理水平。率先发布实施城市公共安全白皮书，推进平安深圳建设。全面实行安全生产"一岗双责"，加快完善隐患排查治理体系，开展道路交通、泥头车、地面塌陷、易涝点等专项治理。大鹏半岛国家地质公园建成开放，盐田区成为国家水土保持生态文明区，光明新区成为国家绿色生态示范城区。

城市国际化水平凸显。据统计，2016年深圳机场新开及加密国际客运航线19条，国际及地区旅客量达到285.93万人次，其中国际旅客量达到222.68万人次，同比提升34%，深圳机场客运业务由过去主要依靠国内客流增量的"单轮驱动"正逐渐转变为国内、外客流双向增长的"双轮驱动"模式。太子湾国际游轮母港开港运营，有助于提升深圳海滨城市形象。联合国教科文组织在深圳设立高等教育创新中心，荣获联合国教科文组织"全球全民阅读典范城市"称号，《人文颂》在联合国教科文组织总部成功演出。国际低碳城建设加快，成功举办首届国际低碳城论坛。成立"深圳市国际交流合作基金会"，拓展深圳国际交流与合作。举办"深圳国际友城圆桌会议"，至2017年8月新增海法市、明斯克市、伯尔尼州等8个国际友好城市，新增圣彼得堡市、雅典市、赫尔辛基、科伦坡市等40个友好交流城市，国际友好城市和友好交流城市累计达84个。

这几年，深圳改革创新取得的成就也得到中央认可。2015年1月，李克强总理视察深圳，在与深圳市干部群众交流时，他表示："2009年在国际金融危机冲击最显著的时候，我来深圳考察盐田港，虽然压力巨大、困难重重，但深圳挺过来了。这次来深圳，感受到深圳又发生新的巨大变化。"他还表示，深圳在创新发展、简政放权、政府机构改革、商事登记制度改革、司法体制机制改革等方面走在全国前列，激发了市场巨大活力。2016年10月，李克强总理再次视察深圳，并出席2016年全国大众创业万众创新活动周。在大族激光科技产业集团考察时，他称赞在这里看到了中国制造转型升级的路径和希望。

第二篇

改革实践与历史贡献

第三章　劳动力市场改革

十九大报告中明确提出，要提高就业质量和人民收入水平，就业是最大的民生。要坚持就业优先战略和积极就业政策，实现更高质量和更充分就业。要破除妨碍劳动力、人才社会性流动的体制机制弊端，使人人都有通过辛勤劳动实现自身发展的机会。要完善政府、工会、企业共同参与的协商协调机制，构建和谐劳动关系。要坚持按劳分配原则，完善按要素分配的体制机制，促进收入分配更合理、更有序。同时还要加强社会保障体系建设，全面建成覆盖全民、城乡统筹、权责清晰、保障适度、可持续的多层次社会保障体系。全面实施全民参保计划。深圳从改革开放开始就对劳动力市场改革做出了积极探索，以求能为国家探索出可行的经验。

第一节　劳动力市场初建

在改革开放的最初，全国劳动力市场空白，深圳初步探索建立全国性劳动力市场。在劳动力市场建立后，深圳的改革之路上出现了管理体制障碍。于是，在一系列的政策之下，深圳大胆创新，开始推动劳动力市场体制改革。正如曾参与深圳劳动和社保改革的原深圳市劳动局局长张文超所说："要'砸铁饭碗'、'破大锅饭'，就要对工资制度、劳动用工制度、社会保险制度进行全面改革。"

一 用工制度改革

（一）改革背景

1. 全国用工制度改革必由之路

在改革开放初期，纵览全国，我们在用工制度上一直都是以"计划"为主，正如"铁饭碗""大锅饭"等词汇所描述的那样，劳动力固定并且工资及分配制度整齐划一，国家作为调配安排的主体去调整劳动力的聘用、工资等事宜。这种模式较为死板，会引发诸如降低员工积极性导致发展停滞不前等问题，因此用工制度亟须调整，而深圳作为改革的先驱之地必然担此试点重任，率先踏上用工改革之路。

2. 深圳建设之路招工困难重重

在经济特区建立之初，为了快速发展，深圳的外资引进计划很快就被提上了日程。但在外资引进的过程中有些问题暴露了出来，劳动力不能满足市场的需求便是其中一个亟待解决的问题。从香港引来的企业沿用它们之前惯用的方法去招收工人，而私招工人是非法的行为，但是由于没有办法可以解决用工困难的问题，故深圳市委只能任其行之。这是因为在1979年后，宝安县农村实行承包责任制，原本耕种的农民虽然不再受土地的束缚，但是也并没有其他可以就业的地方，所以当时很多人宁愿选择"逃离"宝安，而引进外资则解决了就业的难题。物质得到满足就不会再想着"逃离"，这对于保持社会的稳定与维护人民的生活安宁来说是一件好事，政府也为此省了不少心。但是这并不是一劳永逸的方法，引进的港商数量越大、工厂与劳工越多，影响也就越大，而恰恰这种方式并未合法化，更有人将"深圳私自招工，破坏国家劳动人事制度"的说辞反映上报，故深圳用工改革迫在眉睫。

（二）探索之道

深圳引进外资后的用工状况迫切要求中央下达深圳可以向内地公开招收人才的指令。在十一届三中全会后，我国农村的组织形式已与往日大不相同，而对于深圳来说，承包责任制无疑是改变农民命运的制度。在宝安县实行该制度后，农民都在寻求自己可以胜任的其他工作，于是深圳市劳动局于1979年3月开始设立劳动管理站，主要负责招工管理等事务。全国多个地方也从人民自发组织演变成政府成立官方劳务组织，主动为深圳解决劳动力稀缺的问题。中央放出深圳特区在招工的消息后，农民们正如久旱后等来了一场甘霖，大批的民工涌入深圳，4年后，广东省也在深圳设立了劳动管理站。因此，在劳工数量庞大的情况下，管理又变成了一个新的问题，故深圳市政府采取了一些新的做法。

1. 竹园宾馆用工改革先行

从1980年开始，深圳正式进行劳动用工制度改革，率先砸"铁饭碗"、破"大锅饭"。1980年3月，劳动局在经过一系列的调研后，决定召开与港商的座谈会。该会议上港商提出了改掉内地一贯招固定工的惯例，砸掉"铁饭碗"的改革方法。他们认为老一套的招工习惯会造成员工工作的怠惰，在缺乏竞争机制的情况下，企业就会变得没有活力。这是因为当时深圳第一家中外合资宾馆竹园宾馆在开业时生意很好，但久而久之由于缺乏竞争机制，宾馆员工工作敷衍、服务跟不上，顾客便越来越少，所以竹园宾馆的港资方刘天就给出了一个新的思路，即雇佣双方签订合同，可根据被雇用者的工作情况来决定其去留，也就是说工作不再是固定的，"铁饭碗"将被打破。这个建议受到外商的大力支持。内地原先的"计划型"用工制度并不能完全适应深圳引进的外资企业的用工需要，因此省劳动部门在经过调研后愿意支持深圳去试行新的用工制度，于是竹园宾馆成为试验点。在对用工制度的选择上，深圳准备实行合同制，让竹园宾馆的员工与老板签订劳动合同（这也是新中国第一份劳动合同），员工干得不好可以被老板辞退，竞争机制得以建立。这一试验改变了宾馆生意不好、服务水平低、用人自主权低、缺乏激励机制等情况。同时，合同制的实施也强调了另一条劳动用工原则，即老板与员工"双向选择"，双方皆有自主选择权利，员工可选择工作，老板亦可选择满意的员工。这样的开放性用工政策吸引了大量劳动力来深。

2. 《深圳市实行劳动合同制暂行办法》的颁布

在劳动合同制初步实行后，深圳市根据国务院下发的相关文件，于1982年决定在"三资企业"中也实施劳动合同制。1983年8月底，深圳市政府颁布《深圳市实行劳动合同制暂行办法》，规定深圳所有国营企业、事业单位和国家机关、团体以及县以上集体所有制单位新增的工人，都应实行劳动合同制。① 1984 年,全市已有 300 多个单位实行了劳动合同制,招收合同制员工一万多人。一年后,劳动合同制逐步渗透至集体企业,制度施行也越来越完善。最初的招工条件比较简单,一般都是通过简单的问询与笔试确定是否录用,而后来深圳务工的人越来越多,用人企业便主动与劳动站联系,说明企业的用人需求,经过劳动站的筛选后再录用,这也是深圳发展初期的劳务派遣用工方式。对外招工的先河一开,深圳很快就拥有了充足的劳动力,他们为深圳的基建工程做出了巨大的贡献。劳动管理计划体制被改变,深圳的招工改革就这样稳步进行。

3. 劳动合同制合法化

1987 年,劳动合同制才真正开始普及并合法化。当时深圳经济特区首届劳务交流大会开幕,深圳综合性劳务市场正式开办。② 根据当时的政策要求,国企的改革暂不开始,先在引来的外资企业上试点。于是,这些企业在全国范围内着手招工,珠海试点也紧随其后。

深圳的用工制度创新改革路径并不是一帆风顺的。国内有不少人都发出了质疑,更有人在看到深圳的改革情况后上报中央,要求劳动部对深圳的改革进行调查。然而数字是不会说谎的,在加大用工数量之后效率也上去了,1983 年后,不到 5 年的时间,深圳的工业总产值从 72000 万元增加到 50 多亿元。深圳想要高速发展就必须拥有大量的劳动力,当时的情况是每年需要 5 万的新劳动力,特区人口并不能满足其需求,故调查人员反馈深圳只能继续施行该政策。

20 世纪末,国家按计划统一分配的大中专毕业生中在特区企事业单位工作的也都"入乡随俗"施行合同制。1993 年,市政府颁布《关于打破干部、工人身份界限,实行全员劳动合同制的意见》。企业也最终实现员工劳动合同制,彻底破除"大锅饭",自此,企业劳动力改革也成功实施,企业领导与员工之间身份界限被打破,"企业员工"的概念也打消了各个用工形式下员工之间的身份差别。

---

① 深圳市政协文史资料委员会:《深圳文史》1999 年第 1 辑。
② 《深圳率先砸破"铁饭碗"》,《晶报》2008 年 4 月 17 日(http://jb.sznews.com/html/2008-04/17/content_137752.htm,2017 年 8 月 20 日)。

二 工资制度改革

（一）改革背景

当时的深圳急需大量人才，为了招贤纳士，深圳进行了用工制度改革，为了与劳动用工制度相配套，深圳当时的工资制度也必然需要改变，以招纳更多的人才。① 当时深圳所采用的工资标准与内地一般无二，还是国家在1956年制定的工资标准。当时的广东省广州工资最高，大概是10类工资，每月62元钱。深圳属7类工资，大概每月57元。深圳的收入水平很低，对外面的人才并没有吸引力，这是深圳招纳人才道路上的一个大问题，如何提高工资标准是当时劳动局所要考虑的。由于当时的政策原因，基本工资不能改变，因此只能从增加补贴入手进行改革，这个补贴被称为"边境补贴"。

（二）探索之道

1. "四部分"分解工资制度

最开始，深圳上报要进行工资制度改革时遇到了一些阻碍，劳动部并不同意增加工资，但是省厅领导却提出先补20元的做法，深圳宝安县内部解决了"边境补贴"的资金问题，两年后劳动部终于给予了明确批示。但是问题并没有完全被解决，20元的补贴对港商来说还是很少，在他们看来这依然不能起到作用。于是在1981年的座谈会上，他们提出按企业的效益去定工资，也就是说工人的工资是上下浮动的，工人工作越积极，企业效益越好，那么他们就赚得越多。当时的劳动局表示同意并采用了这种方式，将员工的工资划分为两个部分，即固定工资与浮动工资。

企业改完后，机关事业单位等工资制度的改革也被提上日程。当时，中央对此表示担忧，怕其他地区会有微词，因此深圳的工资改革被暂停。1983年8月，劳动局提出要继续改革，于是就被要求拿出新的改革方案，当时的劳动局局长张文超便提出了"180元（科员）的标准，一职分四

---

① 深圳市政协文史资料委员会：《深圳文史》1999年第1辑。

级"的方案。① 劳动部在仔细研究过后决定深圳可以试行该方案,虽然对于180元的标准颇有担忧,但还是让深圳大胆地尝试。同年9月,深圳按照新的标准发放工资,共包括四个部分,即基本工资、工龄工资、职务工资、级别工资。② 1985年,工资制度又进一步完善,在国家机关事业单位上又增加了职级,于次年实行最高490元(高过国家领导人),最低60元(试用期)的标准。高薪之下,劳动者的积极性得到充分调动,企业效益得到提升,深圳发展迅速向前,新的政策逐渐被人们所接受。

2. "一职多薪级,小级差"

而后,1987年5月,深圳市政府继续推进工资改革,将基本工资并入职务工资内,将"一职一级"标准工资改为"一职多薪级,小级差"的职务工资标准,将年功工资改为工龄津贴,加了教龄、护龄津贴,建立正常化的考晋级和加薪制度。1993年,《深圳经济特区国家机关事业单位现行工资制度调整方案》出台。③

深圳当时推进的工资改革给予了个人与企业充分的自主权利,尤其调动了双方的积极性。工资改革将员工表现与企业效益挂钩,克服了员工原先怠惰性格的养成问题,也破除了以往的平均主义做法。同时,工资制度改革也改变了原来低收入的情况,并且将工资、补贴作为整体支付给员工,也就是将原来的直接、间接补贴都划入工资范围之内。由于深圳改革的成功试验,1985年7月,全国范围内开始以深圳改革为蓝本,沿用其做法,进行结构工资制的改革。

三 社会保险制度改革

(一) 改革背景

深圳劳动用工制度与工资制度的改革进一步推动了社会保险制度的改革。

首先,我国当时的社会保障制度并不完善,社保没有严格的统筹制

---

① 《深圳率先砸破"铁饭碗"》,《晶报》2008年4月17日(http://jb.sznews.com/html/2008-04/17/content_137752.htm,2017年8月20日)。

② 同上。

③ 同上。

度，因此可能会有一部分保险金被某些企业吞掉。除此之外，我国分配制度中福利性项目没有进入个人货币收入的部分，这就会导致政府与社会将替企业承担责任等问题的出现。深圳作为我国改革的先锋，必然要在这一方面进行尝试。其次，深圳通过新的用工制度与工资制度招徕了大量人才，在合同制之下，员工社保如何确立的问题亟待解决，改革社会保险制度能够留住人才，因此对于深圳自身来说，社保制度仍需投入改革实践。

（二）探索之道

1. 《深圳市实行社会劳动保险暂行规定》的颁布

深圳从 1980 年开始收社保费，这项举措依然领先全国。最初，深圳员工的社保费是由他们自己缴的，许多员工表示不愿出钱参保，因为工资确实比较低，缴完社保费后可能生活都不能保障，当时劳动局逐个去给员工做思想工作。而后，为解决合同制下员工社保的问题，许多港商表示愿意出钱，并将这笔钱放入政府，由政府安排部门去统一管理，并且新老员工是有社保费差异的，员工退休后就去政府领取自己的养老金，以此实现社保统筹制度。

1982 年，深圳开始探索新的社保制度改革路线，改革主要分为单项、综合、深化三个步骤。新的社保综合改革包括医保、养老保险、住房公积金等几个部分。在合同制下，深圳市想要解决引进外资后员工养老问题，翌年 11 月，《深圳市实行社会劳动保险暂行规定》出台，该规定统筹规划了合同制工人的退休金，规定在外商投资企业工作的职工、由企业每月按劳务费的 25%，向社会劳动保险公司投保。[1] 而后，临时工等也逐渐被纳入养老保险制度作用范围内，新型的、高覆盖的深圳养老保险制度雏形至此形成。1985 年，深圳开始对全民所有制职工实行退休养老基金社会统筹，并相继建立了职工待业保险制度、劳动争议仲裁制度、劳动合同见证制度等，为劳动力的合理流动创造了有利的环境。[2] 正是这一改革，大大

---

[1] 中共深圳市委对外宣传办公室：《深圳经济特区 30 年 100 件大事》，2010 年 9 月 3 日，深圳政府在线（http://www.sz.gov.cn/cn/xxgk/xwfyr/wqhg/fbh_20100903/fbg/201009/t20100903_1564074.htm）。

[2] 深圳经济特区研究会、深圳市史志办公室：《深圳经济特区 30 年》，2011 年 4 月。

加快了深圳劳动力市场的形成速度,并为我国劳动力专门管理机构提供了范本。

2. 深圳市劳动服务公司的建立

社会保险制度改革之后,深圳接收到一大批来自内地的新的打工者,此时,劳动力管理变成了一个新问题,这都催生着特区的下一个改革战略。1985 年,市政府拍板设立了专门的劳动力市场管理公司,即全国第一家企业化经营的劳动服务公司——深圳市劳动服务公司。我国在特区试点社保制度改革,相关部门决议建立员工的个人专户,并且对重大疾病采取"共济"方式,以进一步规范劳动力的流动。从 1978 年开始,政府允许外来务工人员参保,附加条件即连续交 15 年的社保费,退休之前还应续交 3 年,退休后才可获得养老金,这是出于对劳务工人出来工作的后续生存的考量。该政策提高了劳务工的积极性,并在经过劳动部的考察后于全国范围内推广实施。今天,深圳养老保险参保人数已突破 660 万人。

四 改革成效:率先建立劳动力市场

20 世纪 80 年代,深圳经过近 10 年的探索,初步完成了包括劳动力市场在内的社会主义市场经济框架的搭建任务。

(一)破除原先计划体制下的劳动用工制度

深圳在实行开放性的劳动用工制度后迎来了大规模的流动性劳动力,我国的经济体制改革必然需要与之相适应的劳动力市场,深圳的改革使市场充分发挥了自身的作用,这完全冲破了之前由国家计划安排调度的用工体制,使劳动力市场自主运转充满活跃性。据统计,深圳市在该阶段每年维持 20 亿元左右的基建规模,并需要 10 万—15 万人的建筑队伍(高峰年 1984 年达 17 万人);新建成的企业、工厂每年需要近 2.5 万人职工,平均每年使用区外、市外劳动力达 12 万人,高峰期达 44.3 万人。① 深圳劳动力市场的初步探索在劳动用工改革的推进下稳步向前,用工制度改革促使劳动力市场得以初现;同时,紧随用工制度改革之后的工资改革则促使劳动力价格更有弹性;与两者相配套的社会保障改革则成为用工制度的"保

---

① 深圳市计划局,李万寿:《深圳市劳动力市场日趋完善》,《计划经济研究》1989 年第 4 期。

护伞",用社会劳动保险来保障合同工的利益,用统筹保险保障固定工的利益,用社会保险保障临时工的利益,并附加待业保险。

(二) 改革实践促深圳劳动力市场初步成型

深圳由于其创新性与前瞻性,其市场化程度是其他地方所不可比拟的,在近10年的探索后,深圳劳动力市场初步成型。首先,深圳的市场体系相较国内其他地方更为全面。由于开放的用工政策吸引了许多外地人,深圳可谓人才的聚集地,其数量之多需要劳动管理公司来辅助协调。其次,深圳有公开与"私下"两种形式的市场。公开市场即从事劳动力匹配服务、促进供求平衡的专门场所,正如1987年深圳市劳动服务公司正式设立劳务市场那样;而"私下"市场则是满足许多劳工与工作单位之间于私下签订合同,此举并不经过劳动管理公司。公开市场的信息全面与"私下"市场的灵活机动相结合,两者互补,从而促进劳动力充分就业。最后,深圳的劳动力市场从地区上来看主要有三个,即市内市场、市外市场、海外市场。当市内市场不足以支持深圳基建时,市外市场便起到了重要作用,市外市场向深圳输送许多廉价但优秀的人才,这为企业与员工之间的双向选择创造了可能。为满足更高的劳动力需求,深圳通过引进外资、兴办合资企业向海外招纳了许多高级人才,开拓了劳动力的海外市场。

(三) 劳动力资源合理配置仍需继续探索

深圳在最初10年的探索中获得了许多喜人的成果,这为全国的劳动力市场改革做出了表率,但是不可避免地,在发展到一定程度时深圳必然会遇到新的问题。比如深圳市人才数量日渐庞大,每个方面的人才都有但结构并不合理,因此,很多企业依然有岗位空缺,急需符合要求的人才,由此可见,一味地追求数量是远远不够的。于是,深圳应当意识到在劳动力市场化的基础上仍需"计划"的控制,这体现在对劳动力要求的参数上,即需要对劳动力的基本信息及专长等要素进行约束,以保证所需劳动力的结构合理化。再如,劳动力数量增多就需要考虑到城市的承受能力,深圳还应对劳动力的总数进行评估,以此来确定城市管理、入户制度等方面的相关配套制度,以避免城市压力过大。因此,在后续的改革探索中,深圳应当努力创造新优势,健全劳动力市场的调节机制,加强管理,有目标地引进人才,并从引进人才、留住人才向创造人才的方向转变。这样才能继续为改革开放做出表率，也为其他地区改革提供有价值的经验与借鉴标准。

第二节　创造劳动力市场新优势

20世纪末、21世纪初，当技能劳动力市场和知识经济劳动力市场初现端倪后（劳动力市场分化和进阶），深圳市在完善原先改革制度的基础上大胆推进户籍制度改革，促进劳动力流动，使劳动力市场与城市化进程形成合力。作为改革的先锋之地，在劳动力市场初步建成之际，深圳在劳动管理体制优化上开始了一系列的尝试。通过各项制度的完善与新制度的制定，深圳为劳动力市场创造了新的优势。

一　进一步完善用工制度

（一）改革背景

在改革开放初步探索中，深圳劳动力市场形成，基本实现全员劳动合同制，这代表劳动力市场的雇用方与被雇用方地位相同，不存在高低，两者地位分化被打破意味着深圳劳动力市场上原先固有的体制障碍被清理干净。但此时，诸如劳动力结构不合理、劳工流动规范性等新的问题也随之产生，这些都是深圳在这一阶段所要解决的。

（二）探索之道

1. 完善人才市场

在劳动管理制度的初探中，深圳采取了一系列措施：1984年，市人才服务公司正式挂牌营业；1986年，市劳动力服务公司职业介绍所挂牌营业；1987年，综合性劳务市场正式开办。① 相关管理部门建立了政府劳务服务与其他劳务服务并行的交流活动方式，以满足劳动力的供求关系。1987年，市人才服务公司开始从事流动人才的管理工作，实行人才社会化管理。1991年，市人才智力市场获准成立，成为全国首家常设性人才市

---

① 深圳经济特区研究会、深圳市史志办公室：《深圳经济特区30年》，2011年4月。

场。① 而后，深圳进一步开拓海外劳动力市场，从间接引进变为直接招聘人才。从1992年开始，深圳政府不断赴境外招聘各领域人才，为全国海外招聘开辟了先河。21世纪初，深圳将美、英、法等国作为人才的来源地，并给予所招徕的人才丰厚的报酬及十分优惠的政策。从20世纪末开始，深圳劳动力市场开始全面向前推进。

2. 建立人才交流网络

从1995年开始，深圳便逐步建立起了人才交流的网络。1995年5月，市人才服务中心与市人才大市场被取消，之后成立了市人才交流服务中心。1996年，成立市企业高级经理人才评价推荐中心。1997年，市人才大市场正式开业（市人才智力市场成建制转入）。1998年，市高级人才市场投入使用。② 各大非官方的人才经纪中心变成了劳动力网络上的"基点"，人才经纪中心联结着政府人才大市场一并成为一张秩序优良的沟通交流"网"。

为保证"网"内部的秩序，深圳市政府首次成立监督小组去监督人才交流网，监督小组兼具监察与仲裁的职能，时刻监察企业的用工制度、工资制度与社保制度，以维护劳工的合法权利。1992年，为进一步改进用工制度，完善并维护人才交流网络的有序进行，深圳获得特区立法权以后，先后出台了《深圳经济特区劳动务工条例》《深圳经济特区劳动合同条例》《深圳经济特区最低工资条例》《深圳经济特区失业保险条例》等一系列法规、规章。③ 多年的实践经验让深圳形成了更加完善且开放的劳动力市场（包括普通劳工、高级人才、经纪三者同行）。

二 分配制度改革及完善社保体系

（一）改革背景

深圳经济特区成立至今，一直秉承实践出真知的理论，为延续上一阶段关于工资制度的改革，深圳坚持完善按劳分配为主体、多种分配方式并

---

① 深圳经济特区研究会、深圳市史志办公室：《深圳经济特区30年》，2011年4月。
② 同上。
③ 同上。

存的分配制度，并且，深圳对此做出了许多创新。通过实践，深圳出台政策要求实行企业、单位和个人都加入社会保险的参险制度。1979年后，深圳不断在政策上进行重组、优化，并决定推行消除工作惰性的浮动工资制，为了适应社会主义市场经济体系，深圳不断完善和实践新型分配制度和社保体系。

（二）探索之道

1. 建立新型分配体制

20世纪90年代，深圳最初实行了最低工资制度，其后颁布了《深圳市国有企业经营者年薪制暂行规定》，首先在深圳市国企中实施年薪制度，将企业效益与企业领导的工资捆绑，促进了企业的发展。1999年起，深圳的企业争先探索期权股份改革方式，提出技术入股的概念，在技术经济与知识经济即将到来的时代，率先将技术入股等先进超前入股的方式投入实践。例如深圳的一些大型公司率先同时采用按劳与按资两种分配制度，以企业员工的贡献率为指标，按基本工资、奖金、分红等方式来确定其工资多寡，相对而言这是一种更加科学的分配方式。2001年3月23日，深圳市政府颁布《关于进一步推行按劳分配与按生产要素分配相结合分配制度的指导意见》，① 在全国率先推行国有企业资本、管理和技术等要素参与分配的改革，建立有效的分配激励和监督约束机制以及良好的收入分配秩序。

同时，在引进劳动力的住房分配问题上，深圳并没有停下探索的脚步。1985年，市政府颁布《深圳经济特区行政事业干部职工住宅商品化试行办法》，可见深圳在很早的时候就已将住房分配制度改革纳入新型分配制度改革创新的范围。一直到21世纪初，政府为深圳户籍人才提供安居房、经济适用房等保障性住房，同时提高住房补贴，以解决人才居住难题。

2. 完善社会保障体系

深圳市劳动服务公司的创建是为了建立当时劳动力市场的社会保障体系，在此之后，深圳不断进行尝试，试图建立起政府、工作单位、员工三

---

① 深圳经济特区研究会、深圳市史志办公室：《深圳经济特区30年》2011年4月。

者权责统一、共担职责的新型保障体系。在探索过程中，社会保险相关制度制定如表3-1所示：

表3-1　　　　　　　　1983年以来深圳主要保险制度文件

时间	保险制度
1983—1990年	《深圳市实行社会劳动保险暂行规定》
	《深圳市全民所有制单位退休基金统筹实行办法》
	《深圳市临时工社会劳动保险实行办法》
	《深圳市区（县）以上集体所有制退休基金统筹实行办法》
	《深圳经济特区工伤保险暂行规定》
1991—1995年	《深圳市基本养老保险制度深化改革方案》
	《深圳市基本医疗保险制度深化改革方案》
1996年后	《深圳市城镇职工社会医疗保险办法》

如上表，1983年至1990年，深圳先后制定了多个社会保险制度；1991年至1995年，深圳进行社会保险制度综合配套改革。在不断的调研与数据验证的基础上，深圳决定采取个人与社会统筹串联的方式。于是以上表中所提到的《深圳市基本养老保险制度深化改革方案》与《深圳市基本医疗保险制度深化改革方案》为基础，深圳开始进行个人账户与社会统筹的串联试行，同时创建了配套的社保单位。1995年，两个方案颁布之后，从当年年鉴（见表3-2）上可以看出，保险制度深化改革卓有成效。

表3-2　　　　　　　　1995年深圳市社会保障成效

保险种类	养老保险	工伤保险	失业保险	住房公积金	医疗保险
参保人数（单位：万人）	39.9	64.5	49.93	16.71	14.23

资料来源：深圳市统计年鉴。

1996年之后，深圳致力于机关事业单位养老保险制度改革，使企业、机关事业单位的养老制度趋同。一直到 2003 年末，全市户籍职工（含公务员、职员）养老保险参保率达 99.8%、医疗保险参保率达 98%，户籍和劳务工工伤保险参保率 97%，失业保险率达 95%，城镇登记失业率控制在 3% 以内。① 保险服务体系越发完善，同年，深圳市内保险机构数量已破万，这些机构如同人才经纪中心一样，是人才社会保障制度上的"保护伞"。每一项制度的制定都为我国社会主义社会保障体系提供了宝贵的借鉴。

深圳在这十几二十年中，从更新用工制度到完善社保制度的尝试都走在全国前列，在经过一次次的验证之后，深圳初步完善了社会主义市场经济体制的框架体系。1997 年 5 月，在全国城市综合配套改革试点工作会议上，深圳市市长提出之后的体制创新，主要是深化、完善和配套改革。

三　户籍制度改革

（一）改革背景

从 20 世纪 80 年代开始，深圳市政府在对待劳工户籍问题的态度就显得十分慎重，关于这方面的整体改革也是一步一个脚印。原先的户籍制度是单纯地由政府管理，如今已发展至由市场经济限制，深圳首创"暂住证"的管理方法，将"城市化"纳入改革思路。深圳通过对城市承受能力与建设需求的估算，决定采用多样化的入户方式，以"合法固定的住所、稳定的职业或生活来源"为户籍准入原则，通过协调劳动力市场的资源配置来加快深圳的城市化进程。

（二）探索之道

1. 多样化入户方式

深圳特区建立之初，深圳户籍人口有 7.62 万户，常住人口共 31.41 万人，在经过二十几年的探索后，于 2003 年末，深圳的户籍人口达 47.55 万户，常住人口达 778.27 万人，期间人口数量走势如图 3－1 所示。

---

① 深圳经济特区研究会、深圳市史志办公室：《深圳经济特区 30 年》2011 年 4 月。

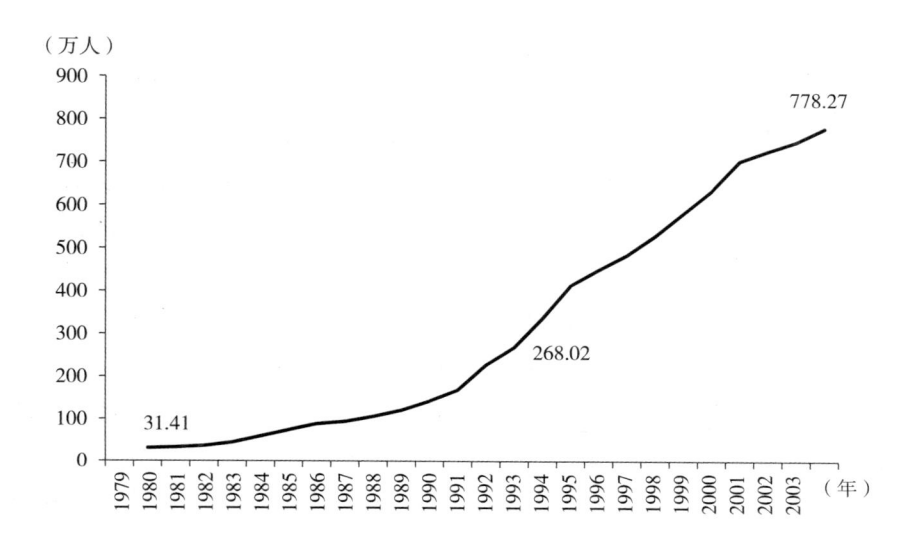

图 3-1 1979—2003 年深圳市常住人口数量走势

资料来源：深圳市统计年鉴。

用工制度改革所带来的影响从人口数量上得到了集中体现，但值得关注的是深圳人口数量虽大，但人才总量仅占常住人口数的 15%，也就是说人才规模依然偏小。因此，为了经济发展与人才结构相配套，深圳仍需做出一些改革。2003 年，深圳市发展计划局草拟了《深圳市招调迁户暂行规定》，在改迁户审批制为准入核准制并放宽学历入户的同时，推行技术入户、投资入户、大学生入户和纳税入户甚至美德入户等政策，同时打破农村户口不可招调入深的限制。① 从原先的硬性入户条件转变为导向性入户条件，以保证人才的数量稳增。该规定维持了深圳劳动力市场的数量平衡，将劳动力人数控制在城市的承受范围之内，也规范了深圳市内人口的正常流动，有利于深圳的稳定发展，并大大降低剩余劳动力的盲目流动风险。

2. 灵活化引才机制

深圳一直采用的都是相较其他地方更为机动灵活的人才引进方式，因

---

① 《深圳市招调迁户暂行规定》2003 年。

此在劳动力市场的开拓过程中获得了相当数量的优秀人才。从 1979 年开始的 6000 多名领导干部到 20 多年后的 80 多万人，从最初的 2 名工程师到 6 位院士、近 3000 位博士、3 万多位硕士以及 5000 多位海外留学人才，高级劳动者的集聚与劳动力结构的提升使深圳发展如虎添翼。深圳在选用人才的标准之上并不拘泥于学历或身份，深圳是一个开放的城市，是一个看中能力的城市，这正是深圳的创新之处。在吸引了大量的人才后，深圳所要考虑的是如何留住人才，才能建立一支精良的队伍来继续为之后的长期改革添砖加瓦，出于这一考量，深圳出台了包括住房在内的一些政策来安顿优质人才。人才是深圳发展脉络里流淌的血液，为留住人才，深圳采取刚柔并济的方式，弱化户口是否迁移、关系是否转接等机制，宣扬"来了就是深圳人"的开放性政策，给予人才丰厚的奖励，并关注人才的家庭关系，对精英人才更是允许家属随迁。

3. 战略化城市进程

宝安与龙岗很早就被划区，但其住民所拥有的仍然是农业户口。农业户口意味着他们无法获得深圳市居民的同等待遇，更不用提享有相同的社保，同时，他们也不能在市内自由搬迁，也就是说，划区对他们来说毫无意义。这是深圳城市化进程中需要解决的一个矛盾。然而这个问题被搁置了 10 年之久，虽然期间也有些措施，但依然无法直击根本，只能改变表面状态。一直到 2003 年，深圳城市化进程正式开始，事情才有了真正的转机。率先行动的还是宝安与龙岗，两地在新政策的支持下着手撤村，直到同年底，《深圳市宝安区、龙岗区城市化人员基本养老保险过渡办法》颁布，龙岗与宝安的成年居民都被纳入深圳市的社会养老保险系统，与原先深圳市区的户籍居民享受相同的保险政策。这种从农村无待遇到市区待遇的跳跃方式又开创了一个先例。翌年末，深圳市成为全国首个没有农村的城市，也就是说，深圳的现有居民都是"城里人"。

四　人才合理引进

（一）改革背景

很多真正有强大实力的人才，抓准了中国改革道路上难得的一个契机，在这块被国家给予特殊政策以及厚望的土地上开始了任重道远的探索之旅，这正是那段只属于深圳的发展史。

人才优势、地理优势、政策优势三位一体将深圳打造成一座发达的一线城市，其成就令人惊叹。1979年，深圳还只是个名不见经传的小渔村，在国家批准下得以建市。次年，这个海边小镇便成为国家的第一个经济特区，面积达300多平方千米。在开拓劳动力市场的过程中，深圳建立了市内市场、市外市场、海外市场，三者共同作用，为深圳提供人才，但是仍然不可避免地出现一些人才结构上的问题，深圳的高级人才依然稀缺，这也是全国面临的问题。

（二）探索之道

1. 内地人才促深圳迅速发展

深圳建市初期，由于有着中央及广东省特别的政策优待，尤其是在土地政策及国税、地税等方面提供了比较优惠的条件，这在当时内地其他地方政府而言是不可能有的。这造就了非常优秀的创业环境，是深圳特区吸引内地各层次人才的重要原因。

最初，内地还处于计划经济的制度时期，僵化的政策制度直接影响了人才的流动性和私企的发展，使创业成果和人才价值得不到充分体现。而特区对人才的求贤若渴和独特的优秀创业政策，就像聚宝盆一样高效地吸引着内地的优秀高新技术人员和管理者，而这些人来到深圳后，不但带来了知识和技术，也为特区源源不断地创造着财富。

例如飞亚达、天虹、南光工贸等深圳著名企业，就是中航集团利用深圳特区成立后的优秀环境，在自身还是一个小公司的前提下，发挥自己的人力和资本运作，在不到20年的时间里创立，使其在工业、进出口贸易、酒店餐饮、百货、房地产和金融等领域获得了巨大的发展。1999年底，中航集团的总资产已达60多亿元，员工8000多人，创造产值30多亿元，利润2亿多元，谁又能想到1983年时，它的总资产还不到5000万元，产值不足2000万元，利润才300多万元呢？由此可见深圳特区的经济在这二三十年间的飞速发展并非偶然，正是由其独特、优秀的政策吸引而来的大量优质人才创造的。

如表3-3所示，2003年深圳从内地引进人才数量达3万多人，另外深圳还有7000多位硕士及高级职称以上的人才办理了深圳居住证，再算上未入深圳户口的留深高级人才、华人华侨、外籍人才等,每年有四五万人才进入深圳发展。

表 3-3　　　　　　　　　　2003 年深圳市人才引进成效

人才类型	高级职称人才	博士后	博士	硕士	本科	其他人才	总计
数量(人)	938	24	223	3088	22587	3931	30791

资料来源:深圳市人力资源社会保障局。

2. 高校学生增加深圳发展活力

深圳不但欢迎内地专业人才,也大力支持优秀高校毕业生赴特区发展,并通过本地高校存储人力资本。特区成立初期几年,还是由用人单位提出要求,再由人事局挑选人才并分配,之后的几年中,特区政府对深圳大学的第一届毕业生采取了不包分配、双向选择的改革方式,不但符合市场经济的需要,并受到了用人单位和毕业生的欢迎,这项改革措施在当时对全国来讲都是一个启发和创新。

特区这块"试验场"对人才观念的改变起到了推动作用,特区政府对人才引进的力度更大了,由于特区经济的发展壮大和良好的就业环境,很多高校毕业生已将深圳作为就业首选地,也就是经常提到的"孔雀东南飞"现象。20多年来深圳已引进了国内高校应届人才近20万人,这批生力军组成了深圳人才队伍的重要部分,也为特区建设做出了巨大的贡献。

3. 留学生传递深圳高新技术

作为建设城市,发展技术,并缩短与国际发达地区城市差距的重要力量,留学人员通过在国外学习先进的管理技术和理念,超前的科学研究和实践,以此添砖加瓦。为了最大限度地吸引并留住这些归国宝贵人才,深圳政府大力推出一系列政策与措施。

首先,自20世纪80年代起,深圳市政府放出宽松政策,对留学人员在深的住深手续,出国手续,及其生活条件均从优考虑,并大力给予扶持照顾。其次,2000年初,遵循科教兴国原则,深圳市科技局为来深创业并成功创新的留学生给予经费嘉奖,并规定在高新科技项目中成绩优异者可获得大量经费补助。再次,深圳市政府在投资金额分配方面优先充足分配予来深留学人员,意在于鼓励其创业,为其建立创业园区,并对于留学人员的科研成果予以高度重视,并放宽留学人员的企业贷款利率。复次,深圳市政府在创业方面积极为留学人员留出大量空间,并大力支持开发新型留学人员创业孵化基地。最后,深圳市政府曾多次去欧美国家招揽"高、精、尖、缺"人才。在政府眼中,当时的留学人员都是在技术和研究上有超前远见之人,其思想更容易与深圳这座城市碰撞,产生新的火花,而在留学人员眼中,深圳亦是一座开放且充满活力的新兴城市,具有开放的思想观念和良好的创业环境,并具有一定的经济自治条件。

留学人员在国外学习到的先进的管理技术和前沿科学,是深圳快速发展高科技技术,缩短与国际发达城市差距的重要力量。他们对深圳的贡献巨大,例如留学人员与海外人才所创办的深圳迈迪特仪器有限公司就先后研制成功 1.5T 超导磁共振系统和世界首创的 0.35T C 型磁共振系统,这项成果填补了磁共振仪器的缺口。

五 改革成效:形成竞争协调的劳动力市场

自建市起,深圳每年的 GDP 增速皆高于 30%,一直到 2003 年底,已高达 35857235 万元(见表 3-4),在经济发展上完成了"五个 1000"的重大任务:外贸进出口总额突破 1000 亿美元,达到 1173.99 亿美元;港口集装箱吞吐量 1065.16 万标箱,跃居世界集装箱枢纽港第四位;机场旅客吞吐量 1084.28 万人次;年度新增工业总产值超过 1000 亿元;金融机构新增本外币存、贷款余额分别突破 1000 亿元。①

在短时间的发展过程中,深圳创造了许多奇迹,深圳的各方面也取得了令人瞩目的成就,综合经济实力已进入全国大中城市前列,初步形成了现代化城市的规模和格局。

20 多年的改革之路十分艰难,但深圳依然稳健地度过了这个阶段,劳动力市场改革不断深化,劳动力结构也越来越合理。

---

① 《2004 年深圳市政府工作报告》2004 年 2 月 24 日。

表 3-4　　1979—2003 年深圳市产业发展成效（单位：万元）

年份	本市生产总值	第一产业	第二产业	其中：		第三产业
				工业	建筑业	
1979	19638	7273	4017	2313	1704	8348
1980	27012	7803	7036	3726	3310	12173
1981	49576	13343	16019	8311	7708	20214
1982	82573	18960	31439	9540	21889	32174
1983	131212	22614	55848	22466	33382	52750
1984	234161	25932	106606	51820	54804	101623
1985	390222	26111	163586	102137	61449	200525
1986	416451	32907	163185	106606	56579	220359
1987	559015	46519	220463	164445	56018	292033
1988	869807	57005	359230	274787	84443	453572
1989	1156565	68615	505361	400579	104782	582589
1990	1716665	70220	796319	644947	124372	877126
1991	2366630	80836	1126084	928846	197238	1159710
1992	3173194	105914	1522432	1176087	346345	1544848
1993	4531445	108615	2420214	1810085	610129	2002616
1994	6346711	134152	3357972	2671299	686673	2854587
1995	8424833	124122	4221435	3370548	850887	4079276
1996	10484421	148796	5065924	4186130	879794	5269701
1997	12974208	147660	6174083	5193120	980963	6652465
1998	15347272	151764	7434976	6315047	1119929	7760532
1999	18040176	150445	9005486	7801018	1204468	8884245
2000	21874515	155656	10860852	9627492	1233360	10858007
2001	24824874	160413	12297665	11053418	1244247	12366796
2002	29695184	166587	14647171	13367060	1280111	14881426
2003	35857235	142048	18174235	16724227	1450008	17540952

资料来源：深圳市统计年鉴。

（一）为劳动力市场竞争机制奠定基础

人才劳动市场的成长情况可以从多个方面来调研，例如劳动者报酬的构成、劳动者和雇主的自主选择性、市场竞争的激烈程度和政府对该市场的宏观调控等方面。如今，深圳的人才劳动市场的发展正一步步走向完善。很多招聘单位提供的多元化岗位和应聘者的多样化选择之间相互协调。报酬的组成对劳动力的分配产生了影响。社会提供的良好住房的制度和其他一些保障制度的完善，使得社会劳动力不断流动。全体劳动者合同制的发展，为劳动力市场竞争机制的出现奠定了基石。

（二）有效保证劳动力市场的协调发展

同样地，深圳的用工市场经纪中心也在快速地完善，在这里有招聘人才的人才市场，有用工部门举办的岗位对口介绍中心，有组织单位所建设的高端人才评估遴选中心，还有社会上以其他形式所建立的机构。政府对用工市场的管理从一开始的放任自由不去干涉，到 1980 年后的总体数量控制，再至 1990 年后控制总体数量和调节市场结构并行的三大步骤。政府的人事相关部门对用工市场一并进行了大方向上的调整。并且政府劳动部门在很多方面都形成了较为完善的体制，比如工资、合同、劳动者就业下岗后培训、劳动保障、社会保险等。

在深圳经济特区建立后的 20 多年中，在职员工总人数限定在 20 万左右。深圳虽是经济特区，可过快的居住人口增长，会使深圳经济发生动荡，为了解决这一问题，深圳对外来务工人员户口的进出准入限定得十分严格，只有这样才能切实地保护深圳经济的稳定持续发展。由此可见，深圳所运用的 4 种劳力分配形式是由它得天独厚的区位要素条件和很多外界因素控制的。政府在这块"画了圈"的土地上进行了很多大胆的改革，使劳动者对于自己的岗位选择多了很多灵活性，并促进了劳动力的流动性，这些有助于打破传统的劳动形式，破除人们心中所谓的终身制和对固定企业的执着。并且，短期工所占份额过大必然要求我们有相应的对策，例如劳动者的保险制度的加强和不合法流动的整治等。

（三）仍需发挥各项优势弥补自身不足

在改革开放 40 年的时间里，深圳可谓是中国经济特区建设最成功的典范。深圳特区的成功有得天独厚的优势，从建立之初便有中央政府的政策支持与资金扶持,加上深圳人民和政府不畏艰险,大胆尝试,通过一系列的条令措施,积极吸纳人才,为深圳经济特区的腾飞夯实了人才基础。这才有了之后深圳的快速发展与繁荣,从一个落后小渔村发展成了 GDP 总量位居全国前五的国际化都市,更是以每年 30% 的增长速度令世界侧目。

深圳要想建设成为更高层次的现代化都市,大批具有创新理念,宽广视野,扎实理论和实践基础的高素质人才必不可少。不可否认,深圳以其特区发展优势和吸引人才的战略措施一度成为人才的聚集地,但是,也应该清醒地认识到,相比较于深圳的发展规模,前景规划以及担当的国家"窗口"任务等,其人才队伍的数量和层次都还存在不足,需要进一步引进高层次人才来弥补这一短板。

因为深圳虽然得到了长足的发展,但是在快速前进的过程中依然还存在一些不可忽视的问题,这些问题将会弱化深圳的"窗口""试验田""排头兵"等优势。我们可以看到深圳存在着高层次人才数量不足,不能形成规模优势;吸引人才的优惠政策相对而言不再"优惠";深圳的安家成本高昂,居住条件不能符合人才的需求等问题。从中能够看出,人口的增加带来了各种各样的问题,庞大的人口数量无时无刻不在从各个方面挑战着城市的承受能力,比如教育、医疗等问题就十分突出。出于对这些问题的考量,以"十一五"计划为指导,深圳依然还需引进 30 万的人才,尤其是高科技方面占其中的 30%,高技能方面占其中的 1/3。在知识经济的时代即将来临时,劳动力市场又有了转变的必要,这一问题是深圳在下一阶段的规划中所要考虑的。

第三节 科学面对新挑战

正如上文所说,当创新驱动发展的知识经济时代来临,劳动力市场发生更加根本性的变化,劳动力市场国际化(国内外劳动力市场统一的趋势出现)需求更趋明显,面对这些问题,深圳市推出"孔雀计划"等系列人才政策,改革国际人才流动难题。

一　推进人才机制创新，加大人力资本投入

（一）改革背景

深圳是一个年轻的城市，它的发展关键就在于"人才"二字，因为不断有新鲜的血液注入，深圳才能够创造出许多奇迹。这是深圳发展的优势所在。

现阶段，国家提倡全面深化改革，《中共中央关于全面深化改革若干重大问题的决定》指出全面深化改革需要有力的组织保证和人才支撑。深圳依然任重道远，因为新阶段的改革需要人才去"披荆斩棘"。在国家给出明确方向的前提下，深圳首先就要大力推进人才机制的创新，通过加大人力资本投入去吸引更多人才，争做全面深化改革队伍中的先锋。

（二）探索之道

1. 新引进方式促人才集聚效应

为了提高对人才的吸引度，深圳市政府改进了引进人才的措施。比如2011年开始实施的"孔雀计划"便是为了吸引高层次人才来深圳工作而创建的。其中更是针对海外人才颁布了《海外高层次人才评审办法》来对海外人才及项目进行评估遴选，根据人才申请的领域，经过专家的鉴证评估，审核通过后，便可拥有百万元左右的政府补贴，同时享受居住，入户，亲属随迁等待遇，对于世界尖端团队更是发放不超过8000万元的研究补助。为进一步保持吸引人才的优势，政府拟出台一系列相关条例，加大人才工作力度。《关于进一步加强党管人才工作的实施意见》对工作实施的运行机制和具体方法都有明确要求；《深圳市海外高层次人才孔雀计划资金管理暂行办法》对计划的资金补助规模和奖励标准做出了针对性的规定。截至2015年，深圳的孔雀计划团队达到了59个，其中24个是广东省创新科研团队，占全省1/4，为深圳的进一步发展提供了智力支撑。

例如，深圳市光峰光电技术有限公司在几年前还是一个仅有几名研发人员、办公面积不足170平方米的默默无闻的小微企业，如今已成长为具有几百名研发人员、创造了数百个发明专利的激光显示行业的引领者。"这其中，最大的转折点是入选深圳'孔雀计划'，得到政府千万元的资助。"深圳市光峰光电技术有限公司董事长李屹说，之后几年的发展，使

我们在深圳这个国家创新型城市，深切感受到政府对人才的重视和对创新型企业的扶持。

2. 引市场机制为人才培育载体

在人才载体培育机制上，深圳也大胆创新，以市场化运作机制大力发展新型人才载体，以公助民办模式先后设立了华大基因研究院、光启研究院等新型研发创新机构，培育了一批以市场为导向、研发与产业化一体推进的特色源头创新平台。

市场，成了深圳创新人才最好的"锻造台"。以光启研究院为例，研究院成立仅3年多，就从仅有5名海归人才的一个小团队，发展成为有来自30多个国家超过300人的科研团队，申请发明专利达到1818件，创造了创新成果和人才集聚的"深圳速度"。

与此同时，深圳还积极探索人才评价机制改革，推进人才评价市场化行业化。2014年，深圳深化职称评定改革，让"政府"从社会化人才评价主导角色中退出，在全国率先实现政府部门承担的社会化职称评定职能全部向行业组织转移，共有30家行业组织承接了45个评委会组织工作。此外还遴选若干行业协会和社会组织开展新兴产业领域人才评价试点，探索建立行业为主体、市场为主导的人才评价模式。

统计数据显示，截至2015年，深圳全市人才资源总量约400万人，累计"海归"5万人，全职院士12人，"千人计划"人才103人，广东省领军人才12人，广东省南粤百杰人才7人。

3. 借前海平台推国际人才战略

2014年，前海实施了首批境外人才的认定和个税补贴工作，共认定23名境外人才，并发放个税补贴441万元。作为国家人才管理改革试验区，前海人才机制立足先行先试，大力推进人才国际化战略，改革动作频频。其中之一就是实施与国际接轨的优惠政策，让人才"想进来"。借鉴新加坡、迪拜等国家地区实行低税率政策吸引人才的做法，前海出台了《前海境外高端人才和紧缺人才个人所得税财政补贴暂行办法》，对境外人才缴纳的个税超过15%的部分给予补贴。

人才"想进来"，还得"能进来"。前海积极推动深港专业资格互认工作，创新开展内地与港澳律师事务所合伙联营试点、港资工程建设项目试点等工作，突破体制机制的障碍，引进前海急需的香港律师、建筑师等专业人才，并先后制定香港注册税务师、会计师、房屋经理等政策，推动香港专业人士到前海执业从业。截至 2014 年底，前海已吸引各类人才超过 10 万人。

4. 建人才住房留优秀人才

2016 年初，深圳发布了"创新""企业""人才"三大政策，深入推进供给侧结构性改革，更好适应和引领经济新常态。特别是 2016 年全国大众创业万众创新活动周举办后，深圳凭借此次成功主办双创周主会场的系列活动，更加巩固了其"创新创业者天堂"的地位。而苹果公司欲在深圳设立研发中心、法国在深圳成立科技中心等诸多利好消息更是吸引着全国乃至全世界的优秀人才要来深圳大展身手。

深圳市委市政府认真贯彻党中央决策部署，从建设现代化国际化创新型城市的高度，提出了人才强市、人才优先发展战略，出台了《关于促进人才优先发展的若干措施》《关于完善人才住房制度的若干措施》等一系列政策，近期还专门成立了住房保障署和人才安居集团，以解决人才最关心的住房问题为突破口，着力优化人才发展环境。例如宝安区的率先行动，用最大的力度、最快的速度、最实的态度落实市人才工作部署，宝安区在其六届一次党代会闭幕后的一周内就宣布启动 2016 年紧缺人才引进"1000 工程"。

"1000 工程"就是宝安区拿出了 1000 套低租金的住房，向企业、医院和学校等重点领域的用人单位征求了 1000 个紧缺人才岗位，将岗位和房号一一对应匹配，用人单位招聘到这个岗位的人才之后，只要人才符合"1000 工程"的各项条件，审核后就可以按照匹配的房源拎包入住。也就是说，宝安是有房可住的，人才来了之后不用担心住房问题。

二 开启户籍制度探索，推广积分入户制度

（一）改革背景

2010 年第六次人口普查数据显示，我国流动人口共有 2.21 亿，但长期实行以城乡二元结构为基础的户籍制度对流动人口产生了很大的负面影响。广东省作为拥有 3000 多万流动人口的大省，首先开启了有关户籍制

度的改革探索。2010年1月1日开始生效的《广东省流动人口服务管理条例》标志着广东省流动人口管理进入全面的居住证时代；2010年3月中山市率先在全国开展流动人口积分制入户的试验；2010年6月《广东省人民政府办公厅关于开展农民工积分制入户城镇的指导意见》提出在全省推广积分制入户政策，这不仅成为社会关注的热点，也成为学术界研究的热点。

2010年8月12日发布的《深圳市外来务工人员积分入户试行办法》，标志着深圳市开始实行积分制入户政策，实施时间上虽比中山市晚了半年，但深圳市经济发达，外来人口的比重高，在1046.74万常住人口中，非户籍人口达778.85万人，占深圳常住人口的74.4%。

（二）改革之道

积分制管理核心的内容就是积分表，目前深圳积分制管理计分标准由个人素质、纳税情况、参保情况、居住情况、年龄情况、奖励加分、扣减分七部分组成。流动人口的所得积分是上述分值的累计，只要达到了入户要求分值就可以申请入户。但在2010年至2013年，积分制管理的指标、权重和分值也都出现了一定程度的变化，其中最明显的变化是2010年"积分达60分方可申请入户"调整为"积分满100分即可申请入户"。

深圳作为改革开放前沿的城市，高速发展的经济吸引了庞大的流动人口。深圳实施积分入户制之后，不仅让很多外来务工人员圆了深圳梦，而且打破了城乡二元结构的桎梏，解构了依附以户口为标准来享受城市基本公共服务的做法，为如何合理地分配有限的公共服务资源，促进流动人口公共服务均等化和市民化提供了很好的借鉴，同时也为我国户籍制度改革和流动人口服务管理积累了大量经验。

1. 积分制为流动人口有序落户提供积极新机制

2010年申请人数为16000名，2011年为14461名，到了2012年则是128589名，增长幅度为789.2%。在成功入户人数方面，2010年为3227名，2011年为14446名，2012年深圳公布了19批积分入户名单共125094名，2011年、2012年入户人数的增长幅度分别为347.7%和765.9%。2012年申请人数与入户人数之所以大幅度增加，一是因为深圳市取消了指标与时间限制，只要符合基本要求，积分满 100 分即可入户；二是因为将招调工并入积分入户体系，招调工原本就是入户深圳的一条主要途径，入户人数每年达几万人。积分制的实施不仅打破了过去那种只针对少数人的购房入户、投资入户、人才入户的政策，为各阶层平等进入城市提供了政策示范，更让农民工软着陆看到了希望。农民工一般没有高的学历和职业技能证明，但只要将社保、居住证明、计划生育、纳税额度、获奖等级等各项贡献累计，同样可以成为当地居民的一员。我们可以说"积分制的确是一个值得肯定的善政"。

2. 积分制推进公共服务均等化、流动人口市民化

公共服务均等化是公民享有平等权利的体现，也是成果共享和社会和谐的体现。但考虑到社会的发展、人口资源环境承载力以及政府财政能力，长期以来公共服务和福利的分配是以户籍为标准，将不具有本地户籍的流动人口排除在外。积分制则并不一味以户籍为准，只要非本地户籍的流动人口积分达到了入户要求，就可以申请入户享受与本地户籍人口相等的公共服务。这不仅能够缩小流动人口和户籍人口在教育、就业、社会福利等方面的差别，更重要的是改变了城市对流动人口的排斥方式，增加了流动人口对城市的认同感和归属感，这些也是流动人口选择在一个城市落地生根的最原始的冲动。因此，在资源有限的情况下，积分制作为平衡公民与政府间需求与供给的制度探索符合社会发展的需要，也将推进城市化的进程。

3. 积分制引导流动人口便于政府对社会的管理

流动人口要想实现入户的目标，就必然会对照积分指标，有针对性地提高个人的整体素质。比如深圳 2011 年之后，初中学历的不再积分，对于年轻的初中学历的农民工来说，要想进城落户就有必要提升自身的学历。又比如深圳积分制入户规定参保的社会保险数量和参保年数可以累计加分，这样促使了社会保险的普及率，因为外来务工人员开始意识到社会保险的重要性，也会要求用人单位提供这样的福利。据统计，2012 年深圳各险种参保总数达 3769.91 万人次，再创历史新高。其中，养老、医疗、工伤、失业、生育保险参保人数分别达 792.44 万人、1138.74 万人、991.53 万人、340.59 万人、506.61 万人，同比分别增长 5.4%、5.6%、

4.7%、13.5%、10.4%。工伤保险参保人数居全国大中城市首位。社会保险的普及不仅有利于保障流动人员的权益，降低社会矛盾的发生率，同时还能增加外来务工人员的安全感和稳定性。另外，奖励指标可以引导流动人口在社会服务方面多做贡献，减分指标可以促使流动人口不断提高遵守法纪、诚信等意识，减少违法犯罪的行为。同样 2012 年深圳增加的纳税积分这一项指标也有利于流动人口的纳税意识。通过积分制管理不仅可以引导流动人口的行为，而且改变了政府对流动人口的社会管理方式，即从以往的被动管理转变为主动管理，从而提升政府的社会管理能力，真正做到了以服务促进管理。

三 完善各项保险制度，率先实现"全民医保"

（一）改革背景

事实上，深圳医保改革一直走在全国前列。1992 年，深圳率先打破了原有公费医疗制度，开始实行统一的职工医疗保险制度；1996 年 5 月，深圳开始实施社会共济与个人账户结合的职工医保制度；2003 年，深圳制定实施了《深圳市城镇职工社会医疗保险办法》。此时，深圳所面临的不再是城镇职工的社保问题，而是近 700 万的劳动人民的医保困难。

（二）探索之道

2006 年 6 月，深圳推出全国首个劳务工医疗保险办法，力图解决近 700 万劳务工看病难看病贵的问题。2007 年，深圳推出少儿医保，百万少儿的医疗问题得到充分的保障。

至此，深圳已实施综合医疗保险、住院医疗保险、劳务工医疗保险、少儿医疗保险、生育医疗保险和地方补充医疗保险等多种医保模式，形成了劳务工、少年儿童在内的全覆盖模式。同时，深圳将对现行医保体制进行修改，探索"多层次、广覆盖、待遇好"的"全民医保"的"深圳模式"。

此前，深圳市劳动和社会保障局发现，该市基本医疗保险基金结余较多，截至 2006 年 7 月，累计结余达 77.08 亿元。在这一基础上，应适当提高参保人医疗保险待遇，使基金有效使用；同时，深圳劳务工医疗保险已经运行良好，少儿医疗保险也即将开始实施，初步形成了较为完善的社会医疗保险体系。因此，制定覆盖全市各个层次的社会医疗保险办法，时机已经成熟。对于深圳劳务工参保人员来说，此次医保改革最大的一个福音可能是取消了此前必须连续参保10年的限制。

此后，从2008年10月1日起，《深圳市非从业居民参加社会医疗保险补充规定》正式实施，没有工作的深圳户籍居民也可参加医保，享受"病有所医"的待遇。至此，深圳市的医保体系覆盖"全民"，标志着深圳特色"全民医保"体系的初步形成。

"深圳的'全民医保'已经覆盖了所有在职或非在职的户籍居民，非户籍在职职工及其在校、在园的子女，其最大的特色就是多层次和多形式。"市社保局副局长黄贵权如是说。

至2008年，深圳已建立了基本医疗保险、地方补充医疗保险、公务员医疗补助和企业补充医疗保险、商业医疗保险等多层次和城镇职工综合医疗保险、住院医疗保险、劳务工医疗保险、少年儿童住院及大病门诊医疗保险等多形式的医疗保险制度，初步建立起形式多样、覆盖广泛、保障良好的具有特区特色的全民医疗保险体系。

2008年3月1日颁布实施的《深圳市社会医疗保险办法》，更是从整合医疗保险政策、实行全民医疗保险、建立政府财政补助机制、提高医疗保险待遇、扩大门诊社区统筹范围、引导参保人充分利用社区医疗服务和加强医疗保险基金监管等方面进一步完善了具有深圳特色的全民医疗保险制度。同年，深圳在基本医疗保险的基础上，将达到国家规定退休年龄后随子女入户深圳的无医疗保障的老人；行业统筹驻深单位非深户退休老人；未达到法定退休年龄的深户非从业居民；具有深圳市户籍的18周岁以上低保人员；在深大专院校在册学生等全部纳入深圳市基本医疗保险的保障范围内。

除了在覆盖范围上"不留死角"外，2008年，深圳"全民医保"在"质上"也实现了大跨越，参保人的待遇水平不断提高：住院医疗保险参保人也可享受门诊待遇；农民工医疗保险门诊大病的记账比例由50%提高到90%；参加综合医疗保险的退休人员可享受一次性的地方补充医疗保险退休启动金500元，并按月享受地方补充医疗保险补助20元；地方补充医疗保险的最高支付限额由原来的连续参保3年以上的最高20万元，提高到连续参保 6 年以上不设最高支付限额。

四 主动解决人民就业，建设和谐劳动关系

（一）改革背景

深圳市近年来构建和谐劳动关系的实践与探索，可以基本概括为"立法推动、党政主导、工会维权、企业配合、员工参与、社会协同"的多维互动过程。

在构建和谐劳动关系的任务十分艰巨，且全国都面对着复杂多变、矛盾丛生的劳动关系现状时，深圳市作为试点先行之地，市委、市政府、各级人力资源和社会保障部门、总工会组织积极探索建构和谐劳动关系的新途径、新方法，总结出了一套行之有效的经验做法，主要包括加强劳动关系领域立法、推动"四级"劳动争议调解网络、完善最低工资制度、建立就业援助体系等工作机制。

（二）探索之道

1. 劳资关系立法创新

社会治理创新的目标是实现法治。以立法推动社会治理创新是人民代表大会的重要职责。1992 年 7 月，全国人大常委会授权深圳市人大及其常委会根据深圳经济特区实际制定各种适宜的法规。深圳市人大自获得特区立法权开始，就特别重视劳动与社会保障立法来调整劳动关系。截至 2014 年底，深圳已经出台《深圳经济特区劳务工条例》《深圳经济特区劳动合同条例》《深圳经济特区和谐劳动关系促进条例》等 14 部劳动与社会保障领域的立法，直接或间接地调整劳动关系。由此，深圳被誉为"全国为农民工立法最早、最多、最完备的城市"。

集体谈判被认为是构建劳资双方平等对话的重要手段，能克服个体劳动者在劳动关系中处于弱势的问题。深圳市人大和深圳市总工会积极推动集体谈判立法。2010 年 1 月，深圳市人大常委会首次审议《深圳经济特区集体协商条例（草案）》，该条例因条文创新多、维权手段硬受到劳方好评。然而，由于资方特别是香港商会的强烈反对，《深圳经济特区集体协商条例》在 2014 年 6 月四次审议后仍未进入表决程序，未来还将进行第五次审议，这在深圳立法史上相当罕见。

2. 争议调解网络构建

在国际经济形势严峻和产业转型升级的大背景下,深圳面临着劳资矛盾易发、多发、频发等新问题。为处理日益增多的劳资矛盾,深圳市委市政府出台了促进劳动关系和谐稳定的各种规章和规范性文件。2010 年 6 月,深圳市委、市政府通过了《关于加快转变经济发展方式努力构建和谐劳动关系的若干意见》,强调加快转变经济发展方式是促进劳动关系和谐的根本出路。2010 年 8 月,深圳市劳动关系协调委员会发布了《关于开展创建和谐劳动关系示范区和评选劳动关系和谐企业活动的通知》,在国际金融危机的大背景下坚持开展"创建和谐劳动关系示范区和评选劳动关系和谐企业活动"。2014 年 9 月,深圳市政府出台了《〈深圳经济特区欠薪保障条例〉实施细则》,保障劳动者的劳动报酬权。在这些文件的指导下,深圳市龙岗区以建立和谐劳动关系先进城区为目标,以构建区、街道、社区、企业"四级"调解网络为抓手,整合劳动监察、劳动争议调解和劳动争议仲裁等相关职能,针对中小企业全力编织"普法网"和"监察网",从源头解决劳资纠纷,实现了劳动关系形势的总体平稳可控。2011 年 5 月,龙岗区人力资源局成立了龙岗区劳动争议调解中心,这是深圳市第一个实体化劳动争议调解机构。自此,深圳其他各区也逐步成立了各自的区劳动争议调解中心。

3. 最低工资制度改变

深圳从 1992 年开始实施最低工资制度,是中国最早实行最低工资制度的城市之一。[①] 由于经济特区的特殊政策,从 1994 年开始,深圳市执行特区内外不同的最低工资标准。制造业比较集中的宝安和龙岗两区实行比经济特区内低的最低工资标准。2010 年,深圳首次实现全市最低工资标准的统一,改变了最低工资标准"一市两制"的情况。2010 年全市统一最低工资标准实施以来,深圳最低工资的增长率高于职工平均工资的增长率,但最低工资占职工平均工资的比重仍然低于我国《最低工资规定》所要求的 40%—60% 的标准;最低工资标准与最低生活保障标准之间的衔接

---

① 温松、刘剑:《社会治理视阈下和谐劳动关系的构建——以深圳市的政策实践为例》,《广东行政学院学报》2015 年 4 月第 27 卷第 2 期。

较为合理，而且最低工资标准高于最低生活保障标准；最低工资的增长率高于人均 GDP 的增长率，低收入劳动者可以在一定程度上享受到经济发展带来的成果；扣除通货膨胀因素后的实际工资涨幅低于名义工资涨幅；深圳的家庭人均消费性支出大于最低工资标准，可见深圳的最低工资标准虽能满足劳动者个人的基本生活，却难以保障所在家庭的基本开销，其实际保障力度仍比较薄弱。

4. 建立就业援助体系

深圳市委市政府一直高度重视居民的就业问题，早在 2001 年深圳市人大常委会就通过了深圳经济特区居民就业促进条例，确定了市场调节就业、政府促进就业、居民自主择业的原则，同时，居民就业实行就业登记制度、职业需求预测制度、就业预备制度、居民按比例就业和以工代赈制度。就业促进条例较好地协调了市场、政府、居民之间的关系，有效地促进了居民就业。但近年来，随着全国就业形势的严峻，深圳市也出现了"零就业家庭"。"零就业家庭"无一人就业，无疑是困难失业人员中的特困群体。从 2005 年开始，深圳市将就业帮扶"零就业家庭"作为全市就业工作的突破口，不仅提出了消灭"零就业家庭"的总体目标，并逐步建立了长效"零就业家庭"就业援助体系。

五 评价与展望：劳动力市场国际化

从人才政策上来看，"孔雀计划"等人才政策体现了深圳建设规模宏大的创新人才队伍的决心和魄力。这为全国人才政策提供了借鉴。在加强海外人才引进的过程中，提升地方领导干部国际化素质至关重要，甚至直接决定海外人才引进的成果。伴随着全球化进程的加快，我国与世界的联系越来越紧密。在这一背景下，吸引海外人才，特别是海外优才，对领导干部的国际化素质提出了新的要求。提高全球化背景下干部素质势在必行。同时，努力提高领导干部的国际化素质，拓宽领导干部国际化视野，也是在新的时代条件下加强党管人才的一个基本出发点。经过几十年改革开放之后，不同层次、不同领域的领导和管理工作，都以不同的方式，在不同层次上与国际有了日益紧密的联系。因而，加强领导干部国际化素质是做好引进海外人才工作的题中应有之义。

从户籍制度改革来看，2010年第六次全国人口普查数据显示，广东省共有流动人口3128.17万人，占常住人口的30.0%。同2000年第五次全国人口普查相比，流动人口增加逾千万人，增幅近50%。在3128.17万流动人口中，省内的为978.29万人，省外的为2149.88万人，占全省流动人口的68.7%。与2000年第五次全国人口普查相比，省外流入人口增加643.39万人，增长42.7%。这些流动人口中的90%以上集中在珠江三角洲。大量的流动人口流向城市，满足了城市劳动力的需求，促进了城市的发展。但流动人口缺乏城市身份，不仅不能共享城市发展成果，而且对城市认同感不强，激增了大量的城市犯罪等问题，也增加了政府社会管理的难度。在资源还是比较短缺的情况下，广东省在全国首开积分制管理，3年多来已经让大约15万人迁入深圳，40多万人迁入广东。在户籍没有破除的情况下，积分制打破了长期以来把户口作为城市公共服务分配依据的僵化局面，"迈出以基本公共服务均等化和社会管理规范化为目标的流动人口服务管理工作体制改革的关键一步"。而要不断完善积分制管理，未来改进方向主要有以下几个方面：

（一）设计积分条件和积分指标更加合理

这需要决策部门建立更加民主高效的沟通渠道，让社会公众参与到政策制定、实施和修订完善的过程中来，积极主动征求民众的意见，确保积分管理规定和实施细则更符合实际情况，让积分指标更加公平合理。比如在积分指标上，可以考虑取消超龄扣减分项，以及减低违反计划生育的扣减分权重。另外，目前还没有把服兵役列入积分指标中，未来可以考虑增加服兵役作为积分指标。

（二）资料审核程序简化且申请成本降低

比如简化大专以上学历证书的认证方式，申请人可通过网上在线验证的方式自行验证并打印学历验证材料；未婚、未孕、未育人员无须提供计生证明材料；简化个人诚信情况核查程序，申请人可在网上办理诚信核查手续；简化"农转非"指标卡打印程序，可在人力资源部门业务窗口与入户指标卡、调令一并打印；人才引进业务实行全年度工作日滚动式办理，没有空档期等。同时，严格规范收费标准，特别是代理机构的收费标准。

(三) 加大政府间信息共享

由于积分制管理涉及多个政府部门，既包括市级政府的不同部门，也包括外市以及外市的相关部门，如计生证明、技能证书鉴定等，各个地方的做法都不一样，这增加了实际操作中的难度。为此，需要加强政府部门之间和府际之间的沟通、协调与合作，加大政府间信息共享，这也是为全国协同治理提出的新要求。

(四) 同步推进积分制度与基本公共服务

基本公共服务包括公共教育、公共卫生、公共文化体育、公共交通、生活保障、住房保障、就业保障、医疗保障八个方面。之所以要同步推进积分制与基本公共服务均等化，是因为有一部分流动人口，他们进城并不是为了谋求户籍。他们需要的是一种社会地位与尊严，一种公平、平等的对待，享受相对于农村来说更优越的公共资源和服务。如果政府能够积极推动基本公共服务均等化，特别是解决流动人口的医疗保障、子女教育等问题，农民工对户籍的需求不仅会下降，而且也能更好地融入城镇化进程中。正是在这种意义上，我们可以说，积分制入户应以推进基本公共服务均等化为目标。

从社会保障制度改革上来看，当深圳在 1989 年 3 月被国家体改委确定为社会保障制度综合改革试点城市时，就开始了长达 19 年的探索和创新，终于在 2008 年，深圳特色的"全民医保"体系建设"开花结果"，"人人享有医保"的梦想不再遥远。数字能更好地说明这一切：2008 年，深圳市医疗保险的参保人数达到 837 万人，居全国大中城市之首，同比增长 10.4%，其中劳务工医疗保险、基本医疗保险参保人数分别达到 463 万人、323 万人，少儿医疗保险和统筹医疗保险参保 51 万人。2009 年深圳参保人享受到更加完善的医疗保险服务：深圳新增 50 家定点医疗机构；增补地方补充药品目录和诊疗项目目录；在医院增设参保人自助查询终端机；少儿医保政策将进行全面评估及完善。深圳通过建立务工医疗保险制度，切实解决劳务工就医问题，建立少年儿童医疗保险制度，完善大学生医保政策，同时，深圳还整合医疗保险体系，建立了多层次的社会医疗保险制度。这为全国医疗保险制度树立了典范，提供了借鉴。

从就业角度来说，21 世纪是知识经济的时代，人力资本正成为最重要、最宝贵的资源。一国人力资本的丰裕程度，决定着该国核心竞争力的强弱。同样，一个地区的经济和社会发展也离不开高质量的人力资本。深圳经济特区30多年的飞速发展，与深圳拥有丰富的人力资本是密不可分的，随着深圳这种得天独厚的政策优势逐渐退化，和国内其他大型城市在人力资本吸引方面的"你追我赶"，深圳仅靠"外部供血"的方式已经渐渐无法满足其经济高速增长的需要。深圳必须尽早转变观念，由"外部供血"方式逐渐转变为"自己造血"，为深圳的可持续发展奠定坚实的人才基础。

对全国来说，深圳的经验同样值得借鉴，在人才匮乏的时期，我国亟须从引进人才转变为创造人才，在创造人才的基础上留住人才，因此我国需要在和谐劳动关系构建中多实践多探索，发挥好社会协同力量，在社会治理体系多元格局中准确定位，更好地发挥并维护劳动者合法权益的职能。

第四章　资本市场改革创新

十九大报告中提出："深化金融体制改革,增强金融服务实体经济能力,提高直接融资比重,促进多层次资本市场健康发展。"深圳作为一个在最初没有传统工业基础、资源相对匮乏的城市,在取消一系列优惠政策之后,要想继续抢占经济增长的制高点,不可避免地遇到许多瓶颈。这些瓶颈的突破,无一不需要借助于多层次资本市场,因此深圳开始了轰轰烈烈的资本市场改革。

第一节　深圳资本市场萌芽

改革开放刚开始的那一段时间,我国的经济形势并不好,甚至有"中国经济已经到了崩溃的边缘"的说法。计划经济带来的弊病十分明显,当时银行贷款非常紧张,而且银行只能进行超定额流动资金贷款。财政出现赤字,无法对国有企业补充流动资金。而商品市场建设初期需要资金配合,当时深圳处于内资不足的状态,企业资金周转非常困难,不仅流动资金困难,更没有资金进行设备更新改造。这个时候出现了企业自己找钱融资发展企业的现象,不少企业发了一些"内部股票",集资进行设备更新和技术改造。这是20世纪80年代初最早出现的个人集资现象。由于当时没有证券市场,不可能像现在这样进行股票的公开发行和交易,一般企业都规定每年按照储蓄存款利率支付报酬,到期可以还本付息。这并不是真正的股票,有人称之为"投资券"。但是无论如何,中国的资本市场有了萌芽之兆。

最初，很多人认为中国不能发展证券市场，认为证券市场和证券交易所中进行着羊和狼的游戏，羊最终会被狼吃掉。证券市场就是尔虞我诈。法国的一家报纸在评论此事时，说中国的年轻人要用最资本主义的办法解决中国的问题。所以当时国内外主流的看法都认为资本市场是和资本主义联系在一起的，这也是姓"资"还是姓"社"问题的一个体现。

认为中国不能发展证券市场的理由，除了认为资本市场是资本主义的东西外，还认为中国发展证券市场的条件不成熟。在 1985 年召开的有中美一些经济学家共同参加的中国宏观经济研讨会（后来被称为"巴山轮会议"，这次会议是在长江的"巴山"号游轮上召开的）上，很多学者都反对在中国建立证券市场。当时美国很著名的经济学家诺贝尔奖获得者托宾讲了一段话，大体意思就是中国搞股份制是可以的，但搞证券市场的条件还不成熟，中国搞证券市场要 20 年以后。后来这段话被很多人引用。按照托宾给我们开的药方，我们应该在 2005 年建立证券市场，但是我们 1990 年就建立了。所以说证券市场一出问题，很多人就提及当时托宾的警告。

虽然关于资本市场的改革当时有很大的争论，但改革的实践已经突破了理论的樊篱，20 世纪 80 年代中期，已经有一些企业公开发行股票。深圳作为一个特区，在资本市场改革问题上身先士卒，率先对资本市场进行探索。中央领导高瞻远瞩，坚持发展资本市场，邓小平同志对此表示大力支持，并向世界发出信号，中国要发展股份制经济和证券市场。

一 发行新中国第一张股票

（一）改革背景

1979 年 3 月 5 日，国务院正式批准撤宝安县，成立深圳市。1981 年，国务院又根据中发〔1981〕27 号文件决定，恢复宝安县建制，辖深圳经济特区外各镇，归深圳市领导。

新的县城要建立起来，各个方面都需要资金。当时的西乡宝安县城如同一盘散沙，上无片瓦，因此建新县就必然会使基础建设的摊子铺得很大，而宝安县将原先的积累都拨给了深圳市，同时，"三来一补"企业的增多也增加了对厂房、仓库等企业基建的需要。因此，在巨大的经济压力之下，宝安县准备采取集资的方式，创立一家联合投资公司，面向社会集资，集中社会力量建设新县。于是，1982年底，第一家经地方政府批准向社会招股集资的公司——宝安县联合投资公司应运而生，新中国第一张股票也即将诞生。

（二）探索之道

宝安县联合投资公司创建初期资金紧张，只有县财政拨出的200万元，因此初期筹备工作进行得十分缓慢。在这种情况下，1983年7月8日，深圳市宝安县联合投资公司决定公开向社会发行股票集资。7月25日，宝安县联合投资公司在《深圳特区报》上刊登招股启事："欢迎省内外国营集体单位、农村社队和个人（包括华侨、港澳同胞）投资入股，每股人民币10元。实行入股自愿，退股自由，保本付息，盈利分红。"公司章程规定：私人股份可以继承，可以转让。股东所得股金红利属合法收入，受法律保护。这些已经与正规的股市规则无异。为了打消股民的顾虑，章程中写了"可以退股、保本付息"的条款（因不符合股市规则，后被取消）。[①]

改革开放后中国第一张股票"深宝安"正式诞生。

联合投资公司向社会公开发行股票的消息传开后，上海、北京、新疆等20多个省、市、自治区的群众慕名前来投资参股，首期集资额1300万元，超过了原来的计划。有意思的是，当时群众购买股票的动机很单纯，买股票基本为了支持改革开放，支持国家建设，与股票经济价值无关。股民中核电站附近的大坑村，因搬迁费有200万元的集体资金，经当时李广镇副市长提议，以支持国家建设名义投进了公司。宝安股票上市后，该村拥有1000多万宝安股，成为闻名的富裕村。虽然第一年宝安县联合投资公司的赋税金额与产值总额并不是很高，但是却推动了深圳股份合作公司的建立，此举意义重大。

次年，联合投资公司获纯利17万元，购买股票者首次分得红利，其中福永区凤凰乡农民文富祥购买1000股股票，分得红利100元，股息48元。

[①] 《新中国第一张股票：深宝安》，《深圳特区报》2008年12月4日（http://sztqb.sznews.com/html/2008-12/04/content_439141.htm，2017年9月5日）。

虽然"深宝安"极大地吸引了人们的注意力，但是也免不了受到质疑。

1986年，深圳出现了第一宗租赁承包破产案：市交通运输公司职工李长城因经营管理不善，导致承包的企业破产。李长城的破产使人们首次认识到，承包制不是帮助国企摆脱困境的"万灵药"。宝安联合投资公司的经验引起了深圳市政府的关注。市政府在认真总结"宝贵经验"的基础上，于1986年10月15日颁布了《深圳经济特区国营企业股份化试点暂行规定》（以下简称《暂行规定》）。这项《暂行规定》分为总则、股东、股份和股票；股份有限公司的组织机构；劳动人事制度、税收和分配；企业股份制改造程序及附则等7章62条条款。

《暂行规定》成为20世纪80年代后期深圳股份制改造的重要依据。1987年，由特区6家信用社组成的深圳发展银行成立，这是内地第一家按照规范方案搞的股份制金融企业。随后，深圳共有5家公司实现了股份制改造，并实现了上市，这就是深圳人所熟悉的"老五股"：深发展、深万科、深金田、深宝安、深原野（现世纪星源）。[①]

作为诞生第一张股票的宝安联合投资公司，从创办之日起先后搬了5次家，改了6次名。1991年，该公司更名为深圳市宝安企业（集团）股份有限公司，同年6月25日，宝安股票公开在深交所挂牌上市。总股本2.25亿股，成为当时全国最大的上市公司，当年税后利润达1.06亿元，比上市前增长6倍。

在种种责难声中，1984年5月24日，胡耀邦在谷牧的陪同下，再次到深圳经济特区进行视察。视察后，胡耀邦把他1983年初第一次来深圳时提出来的"新事新办、特事特办、立场不变、方法全新"写了下来。这16个字，可以说是给处在争议风口浪尖的股票这一新事物以极大的支持。因为股票本身的出现，就是"新事新办、特事特办、立场不变、方法全新"的具体体现。

1986年11月14日，纽约证券交易所董事长约翰·凡尔霖到首都参加

[①] 《新中国第一张股票：深宝安》，《深圳特区报》2008年12月4日（http://sztqb.sznews.com/html/2008-12/04/content_439141.htm，2017年9月5日）。

中美金融市场研讨会，邓小平对他说："我们搞的社会主义并不是说都是公有制，我们也可以有市场经济的成分、民营经济的成分，我们应该虚心地向你们学习，在股票、证券方面你们都是专家，你们比我们懂得多，我们中国也要搞自己的股票市场。"邓小平一锤定音，社会主义国家同样可以利用股票发展自己的经济。之后，全国范围内的股份合作公司也如同雨后春笋般纷纷建立。

（三）改革成效

1986年深圳推广国营企业股份制经验，宝安集团走在最前列，当之无愧地成为股份制发展的典型。经过多年滚动发展，到1991年6月25日，宝安股票正式挂牌上市交易时，股票发行量共2.25亿股，占深交所当时上市股票总量的43%，成为当时全国最大的股票上市公司，为中国的股份制发展走出了一条成功之路。

与承包责任制相比，中国宝安在股份制道路上的探索，优越性体现在：首先，股份制代表了现代企业制度的主要形式，它不但可以打破所有制内部的及不同所有制之间的垄断堡垒，促使资源、产权的自由流动和大规模投资的迅速形成，而且迫使我们转变经营思路和模式，从以前单纯依靠政府转变为依靠市场，自主经营、自负盈亏、独立承担社会责任。其次，通过股份制使企业能利用股票迅速筹集资金，满足企业不断发展的需要。这些资金的注入形成了长期稳定的经营资本，使企业实力不断增强，经营规模迅速扩大。1993年发行的新中国第一张可转换债券和第一张认股权证就为企业筹集了大量资金。有了资金的保障，就能抓住机遇。宝安集团许多好的项目，包括1993年首例通过证券二级市场成功控股上市公司延中实业，就是这样取得的。再次，能够运用产权约束关系和股东监督、监管机构监督、舆论监督等，强化经营者责任意识，把握控制与发展的平衡，加强企业管理，形成硬性的外部约束和内部自我约束机制。最后，股票使企业具有自我积累能力，股东从中得到可观的收益，信心百倍，企业发展充满后劲。

宝安集团发行新中国第一张股票的最大意义在于，它打破了改革开放前多年来一直禁锢着人们头脑的"股票是资本主义的专利"的固有观念，以"敢为天下先"的勇气，用股票的形式，把大量社会闲散资金聚集起来，为促使经济加速发展打开了通道。从成立新中国第一家股份制企业，发行新中国第一张股票、第一张可转换债券、第一张中长期认股权证……靠的就是大胆创新的精神。

改革开放 30 多年来，股份制改革给中国经济带来了巨大的变化和成就，充分表明社会主义与市场经济可以很好地结合，也表明解放思想能产生出巨大力量。作为一家真正意义上的新中国第一家股份制企业，宝安集团的探索、创新和实践在中国经济体制改革的历史上，具有重要的地位。事实证明，股份制是中国从计划经济向市场经济转轨中最好的实现方式。

二 成立全国第一个外汇调节中心（1985）

（一）改革背景

1979 年，我国开始外汇分配体制改革，实行外汇留成制度。外汇实行严格配额制，人民币不能逆兑外币，也就是说，个人或企业可将外币按官方牌价卖给银行，但自己需要外汇时，想拿人民币去换外汇却非常困难。在外汇管制下，由于没有合法交易的市场，导致黑市交易猖獗。当年，不仅个人参与黑市交易，大量企业也参与其中。人行调查显示，1985 年一季度，深圳从事外汇黑市交易的企业达 60 多家，交易金额达 1.48 亿美元，相当于 1984 年深圳出口额的 55.8%。黑市交易猖獗的背后，给当年深圳经济发展制造了瓶颈。深圳尚且如此，也就是说，在外汇调剂这块，我国尚有较大的空缺。正如原深圳人行行长王喜义回忆："深圳发展前期，需从国外引进大量机器设备，自身可出口的产品不多，造成进出口总量失衡，1985 年深圳大规模压缩基建投资，但进口额仍高出出口额近 2 亿美元。进口迅速膨胀，使市场上外汇十分紧缺。"[①]

因此，深圳需要一个市场，让人民币与外币能在这个市场内及时地、自由地互相交易。

（二）探索之道

如上文所说，由于人民币的不可逆兑性与牌价汇率偏低的制度性缺

---

① 《外汇黑市曾经的疯狂》，《晶报》2010 年 11 月 3 日（http://jb.sznews.com/html/2010-11/03/content_1293923.htm，2017 年 9 月 5 日）。

陷，资金流通会出现梗阻。有些企业急于进口外国的先进设备以提高产品在国际市场的竞争能力，但苦于手中的人民币资金不能换成美元。有些企业出口产品多，是创汇大户，赚回很多美金，却缺少人民币发工资。去银行兑换，牌价汇率太低，好端端少了一大截，心中不甘。有些"三资"企业允许部分产品内销，但赚的人民币却不能换成外币出境；有些企业出口创汇本来是赢利的，但结汇时换成牌价人民币却反而亏损了。

在外汇市场出现问题的情况下，深圳亟须对策解决。在经过调研后，1985年11月，深圳市政府以275号文件正式颁发《深圳经济特区外汇调剂办法》，全国第一个外汇调剂中心正式挂牌。同年12月12日，在园岭18幢404室里，深圳外汇调剂中心在没有取得"准生证"的情况下，办理国内第一笔100万美元的外汇交易，冒险开辟了中国外汇调剂的源头。直到1988年5月30日，国家外汇管理局才正式下文给予其外汇调剂经营的许可证。①

外汇调剂中心运行后，调动了深圳企业扩大出口的积极性。1985年深圳出口金额约9亿美元，实行外汇调剂后，1988年深圳出口金额达20亿美元，占全国出口额的近1/5，为深圳打造外向型经济体奠定了基础。几年后，深圳外汇调剂中心的成交总额超过40亿美元，成为我国外汇调剂量最大的中心。

深圳外汇调剂中心实行撮合交易，价格是根据市场供求关系确定，卖方和买方之间在价格上达成一致即成交。因此，调剂中心的外汇价格随市场变化而上下浮动，这也使得外汇价格和官方公布的牌价有一定的差距，是为那个特殊时代的汇率双轨制。当时的外汇交易是从早上9点开始，9点45分结束，每天交易45分钟。交易中，卖出方将要卖出的美元和港币在市场上挂牌待售，在人民币汇率并轨前的一两年，外汇交易价格变化很大，外汇调剂中心的热闹甚至胜过了股市。到20世纪90年代初，深圳外汇调剂中心每天的外汇交易额高达几百万美元。1994年3月，深圳为适应新形势需要，将外汇调剂中心并入全国外汇交易网络，但在全国市场上一

---

① 《外汇黑市曾经的疯狂》，《晶报》2010年11月3日（http://jb.sznews.com/html/2010-11/03/content_1293923.htm，2017年9月5日）。

直是外汇交易量较大的地区。

深圳设立外汇调剂中心，为企业留存外汇提供了交易场所，但个人投资市场上，地下的交易从未结束。20世纪90年代初来深圳的人，对于换港币有深刻记忆，那时，港币坚挺，85元港币就能换100元人民币，黑市上80元港币可换100元人民币，不像现在100元港币只能换86元人民币。由于1000元港币在香港的雅称是"金牛"，兑换港币的人趋之若鹜，"换金牛"一说也是当年的流行词汇。

深圳居民的投资意识强，可供选择的投资渠道少，为获取高额利润，人们纷纷通过境外的投资机构间接参与国际外汇市场交易。1993年11月3日，深圳科技馆"中国银行业改革与发展国际研讨会"揭幕。会上，深圳市委书记、市长厉有为说，深圳正争取试办外汇交易市场，开拓金融市场新领域，为投资者提供多种可供选择的投资工具。

1994年5月，中国第一家外汇交易经纪中心在深圳成立并运作起来，这个中心为会员制金融法人机构，注册资本金1亿元。开业当年，外汇经纪中心便在工行证券公司滨河营业部开设外汇买卖营业部，正式对外运作，接受企业或个人的委托投资和各种外汇买卖。个人投资者只需1000美元或8000元港币就可以进行投资。这也是国内最早的合规的个人外汇买卖业务。

（三）改革成效

深圳当时的外汇调节中心虽然是初级的，有限度的，但它对当时深圳经济的发展已经起到了积极的推动作用。首先，通过调剂外汇余缺、弥补企业亏损，调动了地方、部门、企业的创汇积极性，促进了外贸承包经营责任制的顺利推行和外贸出口的稳定增长；其次，通过外汇的横向融通，促进了外汇资源合理配置，支持了国家产业政策的倾斜，提高了外汇使用效益；最后，有利于外商投资企业解决外汇平衡问题，在一定程度上改善了外商投资环境，推动了外商投资企业的正常发展。

1980年10月到1993年底，深圳外汇调剂市场辐射全国，其间，国务委员兼中国人民银行行长陈慕华签发了中国人民银行银发〔1988〕49号文件，决定在全国各省、自治区、直辖市和计划单列城市设立外汇调剂中心。深圳外汇调剂中心与我国官方外汇市场并存，从而形成两个市场、两个汇价并存的局面。受供求关系决定，调剂汇价与调剂市场所起的作用日益增大，1993年底调剂外汇市场的成交额占我国进出口外汇成交额的80%，由此可见调剂市场的重要作用。

三 创办第一家区域性股份制银行（1987）

（一）改革背景

在实行特殊政策的深圳特区，随着经济体制改革的深化和进一步对外开放，多种经济成分及多种经营形式的出现，必然要求有多样化的金融机构为之服务。在银行业方面，由于国家专业银行服务的对象主要面向国营企业及大集体企业，而截至1987年，上千家个体企业、几十家民间企业，在融通发展资金上深感困难；同时，如何吸纳它们拥有的零星分散的小额资金，并进行有效应用，这项工作也是国家专业银行所难以胜任的。出于市场资源配置的需要，加之深圳特区自成立以来，财政就实行大包干的体制，深圳特区的地方财政所拥有的资金相对充裕，因此为使这些资金充分发挥社会经济效益，就需要借助地方性银行机构，根据资金市场的运动规律，按照特区发展目标，有力地调整产业结构的发展。

（二）探索之道

1987年赵紫阳同志在十三大报告中提出：要"深化金融体制改革"，"以中央银行为领导、国家专业银行为主体、发展多种金融机构，运用多种方式及多种金融工具，募集及融通资金，以推动经济的协调增长和经济结构的调整"。

深圳发展银行，就是根据中央关于深化金融体制改革，建立多种形式金融机构以及改革农村信用社体制的指示精神，为适应深圳特区经济发展需要，以深圳市集体企业、股份企业、民间科技企业、个体户和租赁、承包的国营企业为主要服务对象成立起来的区域性股份制商业银行。特别应该提到的是，深圳发展银行是依靠社会集资兴办起来的，独立核算、自主经营、自负盈亏的深圳发展银行的建立，不仅为国家专业银行树立了一个新的竞争对手，从外部促使其加速企业化的改革，而且也为它们如何进行企业化改革提供了借鉴的经验。

1987年12月6日，深圳发展银行的成立和开业，是特区乃至全国金融体制的一项重大改革,是实现金融机构多样化的一个崭新步骤,其意义的重大,远远超过其本身的作用。

(三) 改革成效

深圳发展银行与深圳证券交易所对中国的金融改革,股份制改革,股票发行流通与结算以及相关改革开放起到了领头羊的作用,对深圳及中国企业实现股份制与现代化管理起到了积极的推动作用。

深圳发展银行从成立开始,就严格按照现代商业银行模式规范运作,确立了"自主经营、自担风险、自负盈亏、自我约束、自求平衡、自我发展"的经营机制,是中国第一批实行资产负债比例管理的商业银行。它有效发挥了股份制商业银行先进的管理体制和灵活的经营机制的作用,建立了适应业务发展需要的完善的内部组织体系。同时,还建立了健全的内部控制机制,防范和化解金融风险。

正是深圳发展银行带动了一批正规上市公司的出现。同时发展银行还促使深圳必须建立交易结算的证券公司;特区证券公司是我国第一家证券公司,随后蔓延全国;众多的证券公司催生了深圳证券登记公司的出现;同时众多的上市公司与证券公司客观上要求深圳证券交易所的诞生,如此环环相扣,承前启后。

第二节 深圳资本市场的建立与发展

商品市场得到较快发展,全国范围的商品市场基本形成,这对融资又提出了进一步要求,需要寻求更加快速的融资渠道,在我国,发行股票、调节外汇、成立区域股份制银行这些都是头一遭,而在此基础上,深圳走在前端,开始尝试建立资本市场。20世纪90年代前后,对于资本市场我国内部是存在很多质疑的声音的,有支持者认为应该继续尝试,也有反对者认为应当取消经济特区。深圳面临的压力十分大,如何在这段艰难的岁月中寻求新的出路是当时的改革先驱们需要考虑的。而正值此时,邓小平同志的南方谈话给深圳的进一步发展注入了新的活力,他说:"证券、股市,这些东西究竟好不好,有没有危险,是不是资本主义独有的东西,社会主义能不能用?允许看,但要坚决地试。"这番话鼓励了深圳,坚定了改革者在全国先行先试、敢于创新的勇气与决心。自此，我国的资本市场改革向资本市场多样化方向发展。

一　深圳证券交易所成立

（一）改革背景

1. 需要筹措资金

说起深圳证券市场的起步，最先也应追溯到 1986 年。当时，一些企业根据市政府的《规定》进行了股份制改造，其中多家企业还发行了股票。1987 年，深圳发展银行公开发行了股票。1988 年 4 月 1 日，该股票在深圳也是全国最早成立的特区证券公司的柜台上交易了。接着，市国投证券部、市中行证券部相继开业。万科、金田、安达、原野等也陆续发行了股票，并上柜交易。"老五家"股票在"老三家"证券部的柜台交易，构成了深圳证券市场的雏形。①

随着特区经济的发展，特区企业需要更多的资金扩大生产。1988 年 5 月，时任深圳市委书记、市长的李灏同志率团赴英、法、意三国进行考察，在伦敦举行过一次有金融界人士参加的座谈会，主题是吸引外商投资问题。欧洲的许多互惠基金及单位信托基金的经理建议中国应尽早建立规范的证券交易机构，为他们提供进入中国证券市场的投资场所。经过详细的思考后，深圳市政府认为，从利用外资的角度看，建立证券交易所，可以在证券市场上源源不断地筹得发展资金。从深圳特区的实际出发，则要利用政策优势，创建资本市场，通过这个市场，使企业能筹集到更多的资金，转换企业运行机制，调整特区产业结构，提高经济效益。

2. 市场亟待规范

1990 年初，深圳股市呈节节拔高之势，到五六月间，更进入一个失去理性的狂热阶段。仅在 5 月 25 日至 6 月 17 日短短的 20 多天内，深市 5 种股票就大幅上扬。与此同时，各股成交股数与成交金额也大幅增大。社会

---

① 《深圳 30 年：深圳证券交易所》，《深圳新闻网》2010 年 1 月 18 日（http://www.sznews.com/zhuanti/content/2010-01/18/content_4336318.htm，2017 年 9 月 6 日）。

各阶层越来越多的人挤进股市,加入浩浩荡荡的炒股大军。

当时的深圳股市尚处于初级阶段,数量少而投资者众,供需严重失衡;营业网点较少,交割手段比较落后,效率低;非法场外交易盛行。人们求股若渴,各显神通:有门路的去找门路;无门路的去挖门路;无路可走的便挤到了场外——"黑市"交易。人们在"老三家"证券部里的"白市"里,买不到"老五家"股票,便在深圳荔枝公园北面园岭小区特区证券部周围自发形成了"黑市",而且越是晚上交易越热闹。当时深圳的"一景"就是——月光下,一边是股票黑市交易;另一边是宣传车上的高音喇叭告诫人们:小心受骗,不要参与股票黑市交易。此时,各路"英才"应运而生:什么炒股专业户,排队专业户,"黄牛"霸市,内幕交易,不一而足。①

为了平抑1990年上半年深圳股市的过热现象,深圳市政府于1990年5月底出台了几个重要措施,其中的一项是深圳人行连续三次推出股票限价政策。1990年6月26日的限价政策为:每天委托升幅不超过上一日收市价的1%,降幅可达上一日收市价的5%。从这个比例数字看,分明是只许股票下跌,而不能上升。这样在股票持有者来说,便产生了一种预期效应。揪死股票不肯放出,这无异于将交易挤出场外。人们自然要去找能够自由交易的地方——"场外交易"。这样的规定,正好与深圳市政府的初衷相违背,实践证明行政命令难以替代经济规律。

在深圳证券交易所成立之前,深圳证券商一身兼包销、交易、过户结算三职,又实行分散交易、分散保管、分散过户,这就为股市存在的舞弊和内幕交易开了方便之门。据当时估计,场外交易的笔数和金额一度超过了柜台交易的5倍以上。1990年以前证券商在服务客户的同时,还从事自营买卖,低进高出,利用便利条件同顾客抢生意,损害客户利益。情况表明,分散进行柜台交易已经到了非改不可的地步,它不仅阻碍了一个高效、公正的市场环境的形成,还直接影响到股份制改革和资本市场试点的成败。故成立深圳证券交易所势在必行。

---

① 《深圳30年:深圳证券交易所》,《深圳新闻网》2010年1月18日(http://www.sznews.com/zhuanti/content/2010-01/18/content_4336318.htm,2017年9月6日)。

(二) 探索之道

1989年9月8日，深圳市证券市场领导小组及人民银行深圳分行向中国人民银行总行报送了《关于筹组深圳证券交易所的报告》，1989年11月15日得到总行批复。于是，深圳证券交易所长达一年的筹备工作就紧锣密鼓地开始进行。经过筹备，深圳证券交易所进行了调试，所有操作运行正常，上报的待批文件已报到中国人民银行总行，总行也转呈到了国务院，等待国务院股票办公室讨论。

1990年11月22日，证券领导小组的同志陪同深圳市李灏书记和郑良玉市长前往深圳证券交易所了解筹备情况，听取了筹备组负责人王健、禹国刚的汇报。当看到已可正常运作时，深圳市委领导当即决定，明天开始试营业，并敲开业钟。但是，总行的批文还没有下来。深圳市李灏书记决定，由深圳分行下批文。并当场敲定，以12月1日开业为好。开业的那天，李灏、郑良玉两位领导一早就来到深交所，为其开业敲响了新中国股票交易市场的第一场开业钟。这样，深圳证券交易所就在还没得到上级批文只有深圳分行批文的情况下，于1990年12月1日开始试营业。

中央领导并没有批评深圳的先斩后奏，只关照要注意运作情况，不要出了问题。领导的支持，更增强了深圳的责任感和信心。1991年7月1日，深圳证券交易所经过两年的筹备和7个月的试运行，经中国人民银行总行发文批准，正式开业，深交所诞生7个多月后得到了"出生证"。从1631年在荷兰出现世界上第一家证券交易所算起，已经走过了几百年的漫长岁月，而新中国的证券交易所及资本市场运作，只用了几年时间，就以先进的姿态确立了自己的模式，雄立世人。

(三) 改革成效

深圳证券交易所运作至今，总的情况是好的，发展是健康的，为深圳、为全国进行了改革的成功探索，在支持企业改制、推动向市场经济转化、扩大直接融资渠道、支持国民经济持续快速稳定发展中，发挥了重要作用。深圳证券交易所借鉴国际经验，结合我国国情，少走了弯路。

在交易所正式运作的同时，经过筹备，深圳证券登记公司也于1991年7月1日，获得中国人民银行总行批准正式开业。由深圳9家金融单位各出资30万元作为登记注册资本。董事长由深圳农行的副行长许季才出任,总经理由柯伟祥出任。深圳证券登记公司运作以来,由"一户一票"的非标准实物股票过渡到"一手一票"的标准股票。当时对股票分红派息前的过户、换领股票前的过户等,由于证券登记公司运用计算机已为股东建立了代码,故这类工作也较方便。当时还运用大型计算机同人行深圳分行结算中心连接,通过人民银行卫星结算系统完成跨地区证券买卖资金结算,这就为实行 T+1 对付做了准备。

1991 年 12 月,深圳新兰德证券投资咨询公司也获得深圳市政府和人行深圳分行的批准,于 1992 年 1 月 16 日由 3 家股东各出 40 万元正式注册成立,并开始营业。与此同时,证券商还成立了自己的联席会议,后来发展成证券业协会。这样,一个以深圳证券市场领导小组为领导,以人行深圳分行为主管,以证券公司为经营机构,以交易所和证券登记过户公司为集中交易、登记、过户场所,以证券投资咨询公司为中介机构,以证券行业协会为自律组织的股市运作管理体系已经基本形成。

二 建立有色金属期货交易所

(一) 改革背景

1983 年机构改革时,国务院成立了中国有色金属工业总公司(简称有色总公司),对全国有色金属的产供销、内外贸进行统一经营和管理。当时,国内实行价格双轨制。如电解铜的调拨价每吨 7000 元,市场价格则可能是 2—3 倍。当资源配置同时受"钱"和"权"的支配时,市场供需关系不明,价格也暴涨暴跌。在计划经济体制下,几十年来,企业的生产、销售由国家安排,现在,企业要依赖暴涨暴跌的市场价格安排生产,殊为不易。

国际有色金属市场主要受期货价格影响,对供求关系反应极为灵敏。当时我们买原材料,国际市场就涨价;我们生产出成品,国际市场就压低成品价格。我国的期货交易一直处于期货市场被动方,因此,我们需要有自己的期货交易所来改善这一局面。中国是要从计划经济转向市场经济的,这样的大时代,不冒点风险不可能成事。而深圳作为中国市场经济最活跃的地区,必然要先去冒这个风险。

（二）探索之道

1986年8月，由30多家大中型有色金属企业投资并联营的深圳展销联营中心成立。中国有色金属工业总公司系统52家大中型企业在深圳联合成立联营展销中心，当时即明确向有色金属期货交易所方向发展的目标。第一，探索建立一个新型的有色金属交易市场；第二，传播、普及期货交易知识。

1992年12月报请深圳市政府批准成立有色金属交易所。1991年6月10日市政府正式下文批准成立有色金属交易所。1991年9月23日，在深圳市政府颁发《深圳有色金属交易所暂行规定》后仅两天，交易所即开始进行试运行。1991年12月7日，深圳市政府颁发了《深圳有色金属交易所交易规则》。从此交易所的运作方式有了法规依据。深圳有色金属交易所因此于1992年1月18日正式开业，成为国内第一家有色金属交易所。①

在1991年9月23日至12月10日试业期间，该交易所共交易金属3500吨，交易总额3826万元人民币。从1992年1月18日开业至1993年4月30日交易共达85万吨123亿元人民币。交易量呈逐月上升趋势。深圳有色金属交易所目前上市的品种共有八种，即铜、锡、铝、铅、镍、锌、锑、镁。

在交易时间方面，深圳有色金属交易所实行周五交易制，即每周一至周五的上午9时至11时半为交易时间。八种上市商品分五轮报价，第一、第四轮为铜，第二、第五轮为铝，第三轮为其他六种金属，与伦敦金属交易所的上、下午各两轮、上市商品分时段报价的方式不同。买卖双方成交后，加盖交易所的市场专用章，合同即为有效。

（三）改革成效

深圳有色金属期货交易所的建立和初步繁荣对中国经济有明显的贡献，概括起来有以下几个方面。

（1）有色金属期货集中交易，公开竞价形成的基准价格对中国有色金属企业的生产具有指导意义。生产者据此基准价格在生产前签订合同，可

---

① 《珠江经济》1995年第2期，第41页。

以避免有色金属生产出来再找销路的被动局面，也可以避免产出时价格变动的风险。这个基准价格作用于生产者，使得高于基准价格的生产厂商必须想办法提高劳动生产率，实行规模化经营，采用先进的生产技术，降低能源消耗等措施减少生产成本，使本公司的产品在市场上更具有竞争力，从而有利于优胜劣汰机制在有色金属及其相关行业的形成。

（2）从根本上改变了人们对投机者的片面认识，过去人们总认为投机者往往是买空、卖空搅乱市场造成价格波动的不劳而获者，现在通过期货投机者在交易所的交易，即低进高出赚取差价利润，使人们认识到正是因为他们的存在使得价格上涨时不会涨得太高，因为他们往往会抛出手中合约；另一方面价格下跌时也不会跌得太低，因为他们会在低价时买入合约以期获利。从而起到了平抑有色金属价格过度波动的作用，也有利于生产者和消费者套期保值愿望的顺利实现。

（3）有利于有色金属行业的国内价格和国际价格的统一，为有色金属行业与国际接轨实现国际化经营创造了良好的条件。深圳与伦敦有色金属交易所之间实现了信息联网，因此两者之间的价格是互相影响的。由于中国在常用有色金属方面，铝、铜要大量依赖进口，大约各为国内需求的30%和50%，而铅、锌国内生产过剩，需要大量出口，因此由有色金属交易所及时、准确地传递给国内，国际的价格信息对于它们组织生产走向国际化经营就显得十分重要。

（4）交易所的建立还促进了地区经济的繁荣，吸引了一定的从业人员，同时也带动了当地通信、运输、房地产等行业的发展。

（5）为居民个人提供了一条有效的投资新途径。随着居民收入的不断提高，居民个人剩余资金的保值、增值的愿望就越来越强烈。

深圳有色金属期货交易所在短期内取得的惊人成绩是值得骄傲的，但与国外成熟的期货交易所相比仍然存在较大的差距。其交易规模有待进一步扩大，从业人员的素质有待进一步提高，期货业的宏观经营环境也有待进一步改善。首先，需要在进一步活跃现有交易品种的基础上，增加新的交易品种，以进一步扩大交易规模。就国外成熟的期货交易所情况来看，交易量最大的还是金融期货。但金融期货上市与否将取决于当前金融体制改革的进一步深化以及金融市场体系的完善。其次，当时的交易所还是一个封闭的期货市场，没有实现国际化经营，经营的国际化是必然的趋势。有色金属期货的国际化受到国家政策及中国经济发展等诸多因素的约束，尚需制度的创新。最后，中国的期货业基本上还是一个分割的市场，这与政府一开始就没有统一管理期货，全国没有统一的期货法规有关。

第三节 资本市场改革进一步探索

在新的时期，深交所承担起了新的历史使命，即服从和服务于国家改革、开放和发展的大局，适应中国经济发展新阶段的需要，在确保主板市场稳定发展的同时，全力推进中小企业板、创业板市场建设，参与构建多层次资本市场体系。2005年，深圳提出了创新转型，新兴科技发展进一步搞活资本市场，从国内向国际化发展，并充分调动社会资本，引出了一系列新兴发展模式，比如公共私营合作制，PPP等方式，并发挥国际化联动作用，积极推进深港合作。

一 打造创业板

（一）改革背景

深交所从20世纪90年代末开始就酝酿成立创业板，希望建立多层次的资本市场，完善建立中小企业金融支持体系。2000年4月下旬，证监会向国务院报送了《关于支持高新技术企业发展设立二板市场有关问题的请示》，就二板市场的设立方案、发行上市条件、上市对象、股票流通以及风险控制措施等问题提出意见。2000年5月16日，国务院讨论中国证监会关于设立二板市场的请示，原则同意证监会意见，将二板市场定名为创业板市场。一切似乎都很顺利。2000年4月，刚出任证监会主席不久的周小川表示，证监会对设立二板市场已做了充分准备，将尽快成立二板市场。但自2000年下半年开始，科技网络股泡沫破灭，以纳斯达克为代表的周边创业板市场呈现单边下跌行情，国际市场哀鸿遍野，中国创业板厄运当头，为此难产。

这一等就是7年。在等创业板之际，深交所停止了IPO，丧失了融资功能的深交所式微。为了应对这一困局，2004年5月17日，深交所推出了权宜之策——中小板。中小板的成立，一方面定位于中小板企业，尤其是科技创新型企业的上市；另一方面也兼顾了二级市场的流动性和投资风险。事实证明，中小板的发展，对创业板的成立积累了不可或缺的宝贵经验，是单一层次资本市场向多层次资本市场体系迈出的重要一步。

（二）探索之道

2007年8月，国务院批复以创业板市场为重点的多层次资本市场体系建设方案，创业板才重新被提上日程。呼声最高的时候是2008年，时任国务院总理温家宝在"两会"的政府工作报告中曾明确指出要建立创业板市场。2008年11月以后，A股市场在全球范围内率先反弹。而中国经济也在4万亿经济刺激政策的推动下出现复苏迹象。经济大环境和资本市场小环境都为创业板的成立创造了良好的氛围。2009年3月31日凌晨，证监会正式发布《首次公开发行股票并在创业板上市管理暂行办法》。2009年5月1日酝酿10年之久的创业板终于进入具体实施阶段，2009年10月30日，随着创业板首批28家公司上市钟声响起，深交所又一次站在了新起点上。[①]

创业板的上市门槛监管制度、信息披露、交易者条件、投资方向、风险等方面和主板市场有较大区别。其目的主要是扶持中小企业，尤其是高成长性企业，为风险投资和创投企业建立正常的退出机制，为自主创新国家战略提供融资平台，为多层次的资本市场体系建设添砖加瓦。创业板的推出不仅完善了资本市场的基本功能，并且创新性地引入了投资者适当性管理，这一措施对推动市场创新意义深远，今后创业板将进一步加快发展步伐，并在新股发行退市等制度方面先试先行，为资本市场深化改革积累宝贵经验。

（三）改革成效

深圳证券交易所创业板开市交易，中国多层次资本市场进一步完善。与此同时，随着创业板的推出及运行，我国的风险投资基金将出现面向早期、成长期、成熟期企业投资的分化，天使投资群体也将逐渐壮大。孕育

---

① 欧阳：《深交所二十年风雨路——写在深圳经济特区30年华诞之际》，《中国金融家》2010年第9期。

了十多年的创业板催生了一大批本土创投机构，创业板的推出将见证它们渴望已久的成功。

当前资本市场发生了转折性变化。多层次资本市场建设，面临难得的历史性机遇。在中国证监会的领导下，深圳证券交易所秉持"从严监管、加快发展、优化结构、推动创新、培育服务"的方针，致力于做优做强主板，发展壮大中小企业板，精心筹备创业板，稳步推进代办股份转让系统，以构建多层次资本市场体系作为基本使命（见表4-1）。

尽管资本市场最初是为了适应融资的需要而萌发的，但资本市场的发展为我国经济体制的改革和转型奠定了基础、开辟了道路。

表4-1　　　　　　　　　　资本市场层次演进

资本市场层次变化	
主板市场	主板市场
	中小板市场（2004年）
	创业板市场（2009年）
	股份代办转让系统（2001年）

深圳股票市场从主板到中小板再到创业板的设置，是呼应市场经济发展过程中各种层级的企业对直接融资的迫切需求而设置并推行的差异化融资平台与融资制度，其中的金融逻辑，是在先建立了为国有大型企业提供直接融资平台的主板市场后，迫切要求为民营企业与中小企业、创业企业建立起能够提供直接融资平台的中小板尤其是创业板市场。

中小板与创业板所剑指与努力促成的目标，将是一个由高效资本与技术进步联手促进的、生产效率提高且接近乃至符合低碳经济标准的新经济时代，这个时代的劳动力成本、回报上升和相应的产业升级、消费升级两者间将互相促进，资本加知识密集型产业将取代以往以房地产为支柱产业、以资金加劳动密集型产业为主导产业的发展时代。所以，国内的中小板尤其是创业板推出后，新能源、新材料、生物医药、节能环保以及信息网络等代表战略性新兴产业发展方向的行业与企业，都已经并将继续吸引更多的产业资本和金融资本的关注、加盟与追捧。

二 进一步发展科技金融

(一) 改革背景

深圳是我国重要的金融中心，也是我国科技综合实力最强的城市之一，是首个国家创新型城市试点和以城市为基本单位的国家自主创新示范区。深圳的高新技术产业发达，拥有华为、腾讯等一大批世界知名的创新型企业。作为首批全国科技与金融结合试点地区之一，深圳立足科技与金融优势，先行探索、积极推动科技与金融相结合的经验做法，对于全国深化科技与金融融合发展具有重要的启示意义。

(二) 探索之道

我国"科技金融"一词最早产生于1993年，深圳市科技局提出采取科技金融手段携手积极推进高新技术的发展。尽管采用"科技金融"一词，却并未详尽解析科技金融本质，因而早期所指的科技金融实际上仅指科技与金融的结合。在科学技术对国家经济发展的重要性凸显之后，国家积极促进科技开发及科技在企业中的应用，"科技金融"成为企业转型升级及国家经济持续发展的重要措施，并将科技金融体制建设写入国家规划，让其成为国家持续创新发展的原动力。[①]

2006年我国进入《国家中长期科学和技术发展规划纲要 (2006—2020)》的实施阶段后，相继出台了78项配套措施，分别涉及科技研发、成果转化、人才培养、税收激励、金融支持等与科技发展休戚相关的各个方面。深圳充分发挥先行先试的体制优势，勇于创新、积极探索，不断深化科技体制改革，充分发挥市场在配置创新资源中的决定性作用，创新财政科技资金投入方式，有效引导金融资源不断投入科技创新，建立包括银行信贷、证券市场、创业投资、担保资金和政府创投引导基金等覆盖创新全链条的多元化科技投融资体系，逐渐走出了一条具有深圳特色的科技金

---

① 我国"十二五"规划中明确提出要完善科技金融体制，"强化支持企业创新和科研成果产业化的财税金融政策，加大政府对基础研究的投入，推进重大科技基础设施建设和开放共享，促进科技和金融结合"（详见《十二五规划》）。

融发展之路。

目前,深圳已经成为全国创业投资、股权投资最发达、最活跃的地区,在此之前深圳主要做了以下几方面的探索:首先,改革财政资金投入方式撬动社会资本投向科技创新;其次,鼓励信贷模式创新,加强银行机构等组织对科技型企业的融资支持;再次,完善多层次资本市场,拓宽科技型企业直接融资渠道;最后,强化政府职能转变,积极营造良好科技金融发展环境。

（三）改革成效

深圳推动科技金融的实践表明,科技金融的发展实现了科技创新成果与资本市场的无缝对接,金融创新为深圳科技创新提供了源源不断的资金供给,有力推动了深圳高新技术产业的发展,同时也带动了深圳金融产业的发展,营造了科技、金融和产业相互融合、相互促进的良好发展环境。深圳的经验做法对全国促进科技与金融融合发展具有重要的启示意义。

三 深港通正式开通

（一）改革背景

1. "沪港通"的开通

在 2014 年沪港通开通之后,股市出现一轮牛市上涨行情。然而,因当时沪港通的设计依旧存在不少的问题,由此也导致了沪港通"通车"后未能完成预期"互联互通"的效果,且沪港通的单日使用额度长期出现用不完的尴尬局面。至此,从加快两地市场之间"互联互通"进程的角度来看,深港通的推出就显得迫在眉睫了。在接受了经验教训之后,我们积累了比较丰富的经验,而且实践表明,这是对两地都有好处的事情;因此,内地和香港地区密切磋商,力争开通深港通,做好深港通。

2. 市场发挥作用

从本质上来说,2014 年、2015 年的股市走牛,并非完全属于沪港通"通车"后的功劳,市场也在其中发挥了一定的作用。实际上,对于 A 股市场而言,基本上离不开"成也资金,败也资金"的局面。然而,在高杠杆资金全面激活的影响下，市场资金利用率得到了显著的提升，由此也加快了当时股市上涨的步伐。由此可见，沪港通"通车"是当时股市走牛的一个诱因，但并非根本原因，而最核心的推动因素，还是在于高杠杆资金工具的全面激活，由此带来当时股票市场的全面活跃。

当时，对于A股市场而言，经历了一轮轰轰烈烈"去杠杆化""去泡沫化"的过程之后，虽然股市整体泡沫风险已经大幅降低，但那时市场的资金环境已经大不如前，且市场再度全面启动高杠杆资金工具的可能性并不大。因此，在以存量资金为推动主导的市场环境下，股市走出中级反弹行情已经是不错的结果。深港通"通车"之后，预计将会给A股市场带来不平凡的影响，这也是中央力推深港通的一些原因，具体体现在：优化完善规则、发挥地域优势、助推市场流动并且有望向内地普及成熟市场的运作机制。

从整体上看，在中央力推深港通的大背景下，未来深港通的"通车"步伐将会明显加快。随着沪港通、深港通的先后"通车"，未来市场资金的"互联互通"效果将会得到显著提升，并有望加快助推A股市场走向成熟，逐步迈入国际大舞台。

（二）探索之道

2014年8月，中国证监会出台深圳资本市场改革创新15条力挺深圳发展。其中，未来在沪港通积累一定试点经验的基础上，支持深、港交易所探索新的合作形式。26日，有媒体称，在前海金融创新政策宣讲推介会上，深圳金融发展办副主任肖志家表示，联通深交所和香港联交所的"深港通"已报批。

2014年9月5日，证监会明确表示，在"沪港通"试点取得经验的基础上，证监会支持深港两地交易所进一步加强合作，深化合作的方式和内容，共同促进两地资本市场的发展。同年11月，在"沪港通"启动时间定格在11月17日后，市场将目光转向"深港通"和"基金互认"。中国香港财经事务及库务局局长陈家强于11月10日表示，"深港通"会是"下一步"。国务院总理李克强2015年1月5日在深圳考察时表示，沪港通后应该有深港通。对此，如果说2014年开通的沪港通是国内资本市场开放的重要一步，那么，有望在2015年推出的深港通将成为A股市场国际化的加速器。2015 年，随着沪港通的运行走上正轨，深港通、QFII 和 RQFII 大扩容以及 A 股有望纳入国际指数等系列开放举措，都将加速 A 股国际化进程。①

于是，2016 年 12 月 5 日，市场翘首以盼的"深港通"正式上线，深圳证券交易所和香港联合交易所有限公司建立技术连接，内地和香港投资者可以通过当地证券公司或经纪商买卖规定范围内的对方交易所上市的股票。

深港通的上线是在原有沪港通基础上搭建的又一条互联互通的便捷通道，是深圳、香港两地证券市场的沟通桥梁。作为互联互通机制的升级版和深港金融合作的重大突破，首先，"深港通"取消了总额度限制。深港通为投资者带来了更多自由和便利，总额度限制取消是一个重大进步（沪港通的总额度限制亦随之取消）。取消总额度限制有望鼓励更多机构投资者（尤其是海外机构投资者）参与深港通和沪港通。② 其次，深港通涵盖更多股票。根据截至 2016 年 7 月 29 日的数据估算，深港通下的深股通涵盖了大约 880 只深圳市场的股票，其中包括约 200 只来自深圳创业板的高科技、创新股票，与沪股通投资标的形成良好互补。深港通下的港股通涵盖约 417 只港股，比沪港通下的港股通新增了近 100 只小盘股（包括恒生综合小型股指数成份股及深市 A 股对应的 H 股）。投资标的扩容，可以满足不同类型投资者的投资需求。最后，深港通带来了更丰富的交易品种。未来，在深港通稳定运行一段时间及取得相关监管机构审批之后，深港通还将纳入交易所买卖基金（ETF），为投资者提供更多投资选择。

（三）改革成效

"深港通"对中国资本市场及其改革、人民币国际化、香港金融中心的发展都有着深刻的影响，会促进中国内地与香港资本市场的双向开放和健康发展，两地资本市场能够实现双赢。但同时也会引发一系列的风险，比如两地交易制度和监管体制差异所带来的风险、市场波动风险、投资风

---

① 《浅谈深港通的特点和意义》，《深圳证券交易所》2016 年 10 月 20 日（http://www.szse.cn/main/szhk/tzzjy/ggttzzjy/zlwz/39761831.shtml，2017 年 9 月 7 日）。

② 同上。

险、汇率风险、金融危机传导风险等。

深港通的实行会有助于吸引外资流入 A 股市场，改善 A 股与海外市场之间差异显著的估值体系，进而再度提升 A 股市场活力。港股市场可以说是较为成熟的海外市场之一，深港通配合沪港通完全打通 A 股和 H 股通道后，更有利于引入海外机构投资者，逐渐改变以散户为主导的市场结构、培养长期投资的理念。

深港通与沪港通采用同样的互联互通模式。这一模式最大的特色是以最小的制度成本，以求换取最大的市场成效。通过这一模式，两地投资者都可以尽量沿用自身市场的交易习惯投资对方市场，可以自由进出对方市场，但跨境资金流动又十分可控，引发资金大进大出机会不大，实现资本市场双向开放，为两地市场创造共赢。

就港股通而言，由于深港通下的港股通投资范围较沪港通下的港股通更广，多出近 100 只港股，相信会吸引一些对这些股票感兴趣的内地投资者，为内地居民的海外资产配置提供新的机遇，也为港股市场增添新的活力。

就深股通而言，深港通将向海外投资者进一步开放内地股票市场，预计将提升 A 股对于海外投资者的吸引力，为深圳股市引入新的投资者和资金。深港通的推出有机会提升 MSCI 等国际主要指数纳入 A 股的概率。中国已经是世界第二大经济体，中国内地的 A 股有望被纳入国际主要指数。深港通的推出，将为海外投资者开放更多内地股票市场，尤其是总额度的取消将给他们带来更多投资自由和便利，预计有助于推动国际主要指数编制机构未来将 A 股纳入这些主要指数。

此外，由于深股通和港股通均使用人民币进行结算，可以提高人民币在海外的使用率，因此有助于推动人民币国际化进程，且有望降低对在岸人民币市场及在岸外汇储备造成汇率影响。

深港通是推进内地与香港资本市场互联互通的关键环节，也是配合内地金融改革的重要举措；不仅为我国证券市场与世界的联通开辟了新的窗口，同时也将为推动人民币国际化进程、巩固香港离岸人民币枢纽地位增添新的力量。就如同沪港通一样，目前来说深港通的战略意义比较重大，但是从长远角度说，深港通是一艘船，它的实际意义更需要时间去检验，深港通应会给两地市场带来深远的影响。

四 评价与展望：现代金融服务实体经济

（一）深圳多层次资本市场的发展潜力

如果有人质疑当年"经济特区"的价值在日见贬值的话，那么，现在深圳形成的多层次资本市场则是一种成色十足的垄断性和稀缺性资源。它的到来至少可以为深圳经济腾飞带来五股合力：第一，竞争力。由于多层次资本市场的布局，国家极有可能采取"只此一家，别无分店"的策略。因此，一旦拥有这样的市场，深圳的竞争力将无与伦比。第二，影响力。由于多层次资本市场的发展既可以依托本地区的经济和产业，也可以依托外地经济和产业支撑，既可以主要服务于本地经济，也可以主要支持外地经济和产业；因此，拥有多层次资本市场的深圳，不仅可以成为中国南部举足轻重的经济中心，而且可以成为大中华地区，甚至全世界具有影响力的经济中心。第三，聚集力。多层次资本市场较之于单层次资本市场更能满足各类筹资者、投资者和市场中介的不同需求，会形成巨大的磁吸效应，意味着大量资金、人才、技术、信息和企业的聚集。第四，辐射力。有了多层次资本市场，可以使深圳突破本地经济和区域经济的羁绊，把发展的触角延伸到全国，甚至是全世界。第五，推动力。发展经济学和现代金融理论所进行的大量实证研究都证明，所有形式的金融资产都具有一定的流动性，并通过资本市场的中介与分配作用，形成乘数效应，带来产出、投资、消费、税收、财富成倍数增长。可以说，就整个金融而言，深圳未来的发展空间充其量也只是一个区域性金融中心，但从多层次资本市场来看，深圳未来的发展空间远不只是一个区域性中心，至少是一个中国中心，如果发展路径选择得当，甚至有可能成为一个国际中心。所以，一旦拥有多层次资本市场，就可以使深圳的"窗口"做得更大，"桥头堡"做得更高，"跳板"更富有弹性。

（二）多层次资本市场助推深圳再发展

深圳作为一个没有传统工业基础、资源相对匮乏的城市，在取消一系列优惠政策之后，要想继续抢占经济增长的制高点，不可避免地会遇到许多瓶颈。这些瓶颈的突破，无一不需要借助于多层次资本市场。

1. 筹措建设资金

经济继续腾飞，必须有相应的长期建设资金的稳定持续投入。这种资金投入，单靠间接融资是远远不够的，必须大力发展直接融资。而多层次资本市场的建立，可以使深圳近水楼台先得月，安排更多的本地公司上市，从而筹措到经济快速增长所需要的巨额的长期的经济建设资金。

2. 企业深化改革

深圳工商企业众多，它们大多需要仰仗发达的多层次资本市场建立现代企业制度和自我约束机制与激励机制。同时，多层次资本市场的存在与其说是在银行体系之外给深圳企业提供了另一种筹资的渠道，还不如说是为那些有活力企业的成长壮大提供了一条快车道。因为，发达的多层次资本市场，可以为深圳企业上市、并购重组搭建一个超越空间限制的广阔的运作平台。

3. 经济结构转换

经济结构调整是以促进产业结构的合理化和高度化、改善企业的市场适应性和竞争力、提高新技术的自主生成能力和商业化能力为最终目标的，为了达到这些目标，通常都将产业结构、技术结构、企业结构、产权结构等作为调整对象，通过这些领域的升级、整合、转化，实现整体经济结构的升级和优化。在上述领域的结构调整中，尽管离不开政府的政策引导，但更多的是借助于多层次资本市场调节。

4. 产业结构调整

产业结构调整归根结底是不同种类企业的市场进出问题。通过多层次资本市场，使有效益有竞争力、市场成长性好的企业得到资本而成长壮大，使没有效益成长性差的企业无法得到资本支持而受到抑制或者被淘汰。这种市场作用最终将带来产业结构优化的结果，因为，投资者以自利为前提的投资活动必然会刺激市场资源向位于优势产业中的企业倾斜。

5. 技术提升创新

在经济发展的不同阶段，驱动经济增长的动力是不同的：在经济发展的初级阶段，驱动经济增长的动力是要素，其竞争优势主要来自廉价劳动力和自然资源，企业间的竞争主要是价格竞争；在经济发展的中级阶段，驱动经济增长的动力是投资，竞争优势的重要来源是生产的效率，企业间的竞争主要依靠资本的投入和生产的效率；在经济发展的高级阶段，驱动经济增长的动力是创新，竞争的优势主要来自创新产品在全球的竞争能力，企业能够推出创新的、处在全球经济前沿的产品，经济中存在强有力的、支持创新的制度和激励机制。目前深圳的经济增长正处在由投资驱动向创新驱动过渡的阶段，以技术进步推动产业升级是经济结构调整的重要内容。但是，技术的创新与商业化本身是一项高风险的活动，加之创新型企业规模普遍较小、发展前景不明、信用积累和担保资产缺乏，很难取得银行贷款。为解决这一难题，美国纳斯达克找到的有效方法就是建立发达的多层次资本市场，让多层次资本市场与创新活动结成广泛的互动关系。

6. 金融结构调整

金融是深圳的支柱产业，但金融也是受经济周期波动影响最大的行业之一。在其周期性发展过程中，结构调整是一种常态。无论是金融企业上市、再融资金融机构之间的兼并、重组，还是不良金融资产的出售都离不开发达的资本市场。

7. 储蓄转向投资

深圳是国内储蓄率较高的城市之一，金融机构的存款余额长期大于贷款余额，并呈逐渐增长的趋势。高储蓄率本身并不是问题，问题在于如何将储蓄转换为有效率的投资。如果建立起了完善的多层次资本市场和拥有资本充裕的创业投资机构，全社会的投资行为就会向有利于技术吸纳和成长导向型企业倾斜，并产生数倍的引导带动功能，形成良性的储蓄—投资循环流程，并最终成为深圳工业基础改善和经济竞争力提升的最活跃因素。

8. 深港实质性融合

资本市场实质性融合是深港实质性融合从低级阶段向高级阶段飞跃的主要标志，而深港资本市场融合的前提是要构建融合的平台。就目前而言，深圳股市尚不是深港实质性融合的理想平台，因为目前的深圳股市与香港股市尚不是一个等量级。只有构建起了发达的多层次资本市场，深圳股市与香港股市才具有互补性和平等性，才有可能成为香港眼中的理想融合平台之一。

9. 阻止股市边缘化

虽然在 A 股市场的发展初期，深交所与上交所曾难分高下，但自 1998 起，A 股市场表现出明显的沪强深弱的特征。随着中国银行、工商银行、建设银行、中石油等一大批大盘蓝筹股陆续登陆沪市，深圳股市边缘化的程度进一步加剧。形成这种局面的原因固然可以列举出许多，但一个重要原因就在于沪深股市同质化。要想扭转这一不利的局面，深圳股市必须另觅他途，将发展的重心放在多层次上，除了要继续办好主板市场以外，还要特别关注主板市场以下的两大空白市场，即创业板市场和代办系统的拓展。可以预料，差异化竞争策略的实施，将会为深圳资本市场找到无穷的新的增长点。

此外，即使是实施和谐社会的发展战略也离不开多层次资本市场。如多层次资本市场的发展，会造福于众多的中小企业，可以解决就业问题、消费问题、民生问题，带动更多的人实现共同富裕。

第五章　土地市场改革

改革开放40年来，土地改革为深圳的工业化、城市化和现代化发展提供了重要支撑，是助推深圳经济高速增长的重要力量源泉之一。自1987年深圳率先敲响土地公开拍卖"第一槌"以来，经历了1992年的原特区内"统征"、2004年的原特区外"统转"以及2012年开始的综合试验改革，深圳土地管理制度的每一次探索和实践，都对国家土地管理制度改革提供了宝贵的经验，充分发挥了深圳作为改革开放排头兵和试验田的作用。党的十九大报告明确提出，保持土地承包关系稳定并长久不变，第二轮土地承包到期后再延长30年。对亿万农民来说，这是一颗"定心丸"；对农村集体产权制度改革而言，这是一粒"活络丹"；对深圳土地改革来说，这是一盏"指明灯"。在十九大的精神指导下，唯有改革，深圳才能把剩下为数不多的土地用好，用出最佳效益；唯有改革，才能更好适应当前城市发展转型的要求。

第一节　早期深圳土地改革探索

深圳经济特区建立近40年以来，积极为国家土地管理制度改革探索实践经验。深圳的发展是土地改革与城市发展共同发展的历史，与深圳"敢为人先"的气质一脉相承，深圳的土地制度改革，始终处于全国先锋的位置。在改革开放早期，深圳就顶住压力，允许外商有偿使用土地，而且租期长达50年。1987年，深圳首次公开拍卖土地使用权，推动了我国土地有偿使用制度的改革，产生了深远影响，以至推动了1988年的宪法修订。1992年，深圳实施"统征"，率先在关内实现土地全部国有化和农民市民化。2004年，深圳又实施"统转"，在全域实现土地全部国有化，农民市民化，深圳成为全国第一个没有农村建制的城市。

一 20世纪80年代："用地生钱"创造改革的第一桶金

（一）改革背景

改革初期最大的约束是资金匮乏。1985年，政府向银行举债6.5亿元搞"七通一平"，这些在当时可以称为巨额贷款，每年要偿还的利息就达5000万元，而当年的土地使用费收入只有1200万元，远远不够偿还利息。不仅要还利息，还要开发新区，"缺钱"成为困扰特区发展的最大难题。当时，中央财政同样困难，拿不出钱支持特区建设，但中央给了特区先行先试的政策，正如改革开放总设计师邓小平所讲："中央没有钱，你们自己去搞，杀出一条血路来。"深圳政府只有通过改革创新，"自谋生路"，破解财政难题。

1986年，深圳市政府邀请一批香港人士来深圳考察，请他们帮助引进外资建设深圳，并发表高见。一位香港法律界人士发表讲话："这（指土地）不是钱吗？连马克思都承认土地就是财富。"此后不久，深圳市政府成立了调研组，围绕着"如何推进土地使用制度改革，能不能拍卖土地？"课题进行调研，并特地组织代表团赴香港考察。1986年12月28日，一份《深圳市房地产改革赴港考察报告》的调研报告交到了市领导手中。这份报告经过深圳市政府的详细论证，终于让深圳人找到了解决特区建设资金难题的"金钥匙"。因此，早期改革的思路之一就是"用地生钱"，获取发展的"第一桶金"。

（二）实践历程

深圳经济特区于1981年起施行《深圳经济特区土地管理暂行规定》，开始按城市土地的不同等级向使用者收取不同标准的土地使用费。然而，土地使用费的征收还不足以使城市建设资金走上良性循环，同时它仍未触动传统土地使用制度实现土地资源的优化配置。

1987年3月，深圳修改了《深圳经济特区土地管理暂行规定》，增加了土地使用权可以有偿出让、转让、抵押等新内容。1987年5月，在正式的改革方案出台之前，《深圳经济特区土地管理体制改革方案》论证会在西湖宾馆召开，国家土地管理局、广东省国土厅和其他城市的土地局负责人到会，会议议题主要是研讨深圳土地管理改革方案是否可行和操作。论证会上，与会者梁振英提出："方案是可行的，但必须修改宪法和土地管理法，否则外商绝对不敢来买地。"但《宪法》第十条第四款规定"任何组织或者个人不得侵占、买卖、出租或者以其他形式非法转让土地"，为了解决与宪法相悖的大难题，深圳人终于以务实的精神迈出了土地改革的坚定步伐，从最初合作开发土地，逐步过渡到向外商收取费用，再发展到收取土地使用费，最终敲响了公开有偿出让国有土地使用权的槌声。

1987年下半年，深圳经济特区率先进行土地使用权转让的试点。9月10日，深圳市首次以协议方式有偿出让土地。在那份编号为（87）深地合字01号的《深圳经济特区土地使用权出让合同书》中，深圳市政府将一块面积5300余平方米的地块（如今的中航北苑所在地），以106万元协议出让给中国航空技术进出口公司工贸中心。9月28日，深圳市首次对编号H-118-1地块公开招标，该地块位于罗湖区深南东路南侧、北斗路东侧，旧名牛屎湖，面积约46355平方米，土地用途为商品住宅。12月1日，深圳市人民政府在相关国家领导、17个市的市长和中外媒体的聚焦下于深圳会堂敲响了公开拍卖土地的"第一槌"，正式揭开了我国土地市场化体制改革的序幕。

（三）改革成效

土地的有偿使用，为解决改革开放初期国家"只给政策不给钱"，只有地皮和嘴皮"两张皮"的融资问题，凿开了一扇宽敞的门。1987年深圳确立了"产权国有+使用权拍卖"的模式，通过"以地换钱"和"杠杆开发"，让深圳以3000万元原始资本撬动76.3亿元的基础建设投资。深圳率先创立了"取之于地、用之于地"的国土基金管理模式，为城市建设提供了重要的资金支持。

更重要的是，这一举措深远影响了后来的财政体制、金融改革与城市化进程，甚至推动了1988年的宪法修正案，以法律形式确认了土地使用权可以依法转让。土地拍卖"第一槌"正式揭开了我国土地市场化改革的序幕,把土地的使用权放在土地市场进行拍卖,实现土地所有权与使用权的两权分离,是我国土地制度的重大创新,既坚持了社会主义的土地国有性质,又适应了市场经济发展的需要,促使了《中华人民共和国宪法》相关条款的修改,1988年4月,将原宪法中禁止土地"出租"两字删去,明确规定"土地的使用权可以依照法律的规定转让"。1989年4月,《宪法》增加了"土地使用权可以依照法律的规定转让"的条文。随后,《土地管理法》也做了相应的修改。

二 20世纪90年代:"统征"开始大规模地筹地

(一)改革背景

经过十来年的高速发展,深圳发展基本约束已经由"钱"变为"地",关内的土地资源日见稀缺,而且由于市域面积有限,难以外延扩张,制约了经济转型和城市升级。因此,开发的思路也逐渐由"筹钱"转为"筹地"。1992年特区内的"统征"(即把全部土地征用为国有土地)就是在这样的背景下发生的。

(二)实践历程

1992年6月18日,深圳市政府出台了《关于深圳经济特区农村城市化的暂行规定》,实施城市化统征工作,将特区内的罗湖、福田、南山的68个行政村、173个自然村和沙河华侨农场改建为100个居委会、66个集体股份合作公司和12家企业公司,将农村转化为城市、村民转化为市民,初步完成了深圳经济特区内的农村城市化转轨。

1997年深圳市规划国土局开发了《深圳经济特区土地定级估价系统》及《深圳经济特区宗地地价测算系统》,在全国率先采用网格点价格形式对外公布了特区公告市场地价标准(即基准地价)。

(三)改革成效

通过"特区内统征"的土地改革,对政府、集体和农民的权益进行了清晰界定,并留下了一部分土地扶持社区发展。补偿、留地总体上较为到位,在当时的宏观经济背景下,城市级差地租还没有大幅上升,农民并没有太大的抵触情绪,总体的执行效果非常不错。而且,深圳率先实行"五统一"的国土管理,率先建立了国土资源管理三级垂直管理体制,收回成片开发区规划国土管理权,率先建立地价出售公告市场,为全国土地制度改革提供了值得借鉴的做法。

三 21世纪00年代:"统转"实现全部土地国有化

(一)改革背景

随着1998年中国房改制度的启动,房地产业在千禧年前后进入黄金年代的通道,地价开始飞涨,政府通过"筹地"得到的收入越来越占据财政的重要份额。为争取中央照顾,深圳于2004年在原特区外[①]实施"统转"(在全域实现了土地全部国有化,以及农民市民化,深圳成为全国第一个没有农村建制的城市)。

(二)实践历程

2001年,深圳市率先实现所有经营性土地公开出让,土地房产交易中心挂牌,形成我国第一个土地有形市场。并于3月6日发布《深圳市土地交易市场管理规定》,即深圳市人民政府令第100号,规范土地使用权出让、转让和租赁行为,深化土地制度改革。

2003年10月29日,深圳市委、市政府发布《中共深圳市委、深圳市人民政府关于加快宝安龙岗两区城市化进程的意见》,将1992年的特区内统征扩大到特区外,把特区外390万亩耕地合部"转"为市政府发展储备用地,覆盖深圳全境。至此,深圳市实现了城乡土地一体化,破解了土地的城乡二元结构,彻底解决了土地国有与集体所有的混杂问题。

(三)改革成效

经过这一时期的改革,深圳不仅实现了全部土地国有化,还发布了100号令,建立土地的有形市场,执行工业用地的招拍挂出让,两次召开土地管理工作会议,出台"1+7"文件,不断强化土地利用规划和计划管理,转变国土资源管理和利用模式,构建保障科学发展新机制。然而,在房价和地价都快速上升的大背景下,农民和农村集体的地租意识觉醒。2004年的"特区外统转"在多个方面考虑欠周,如给农民的补偿太少,

---

① 原特区外是指2010年深圳经济特区范围扩大前,属于深圳市但位于特区范围外的龙岗和宝安两区。

没有留下发展用地（广东全省征地按 10% 比例返还发展用地，深圳转地仅返还 5%，而且从已建成区扣还，大部分村实际返还土地为零）等。这种情况下，农民既没有耕地，也没有发展用地，政府储备用地却可以获得百倍以上收入，巨大的落差引发了抢建高潮，村民纷纷"种房保地"。因此，2004 年的城市化转地后，深圳的土地在法律上都是城市土地，但是依然要面对原村民实际上施加的约束。

四 简评：确保工业化和城市化发展

深圳早期的土地改革确保了深圳的工业化和城市化发展，始于 1987 年的土地拍卖"第一槌"，开创了土地市场化交易先河，此后又率先探索统征统转的"征转分离"用地模式，确保了深圳工业化的顺利进行。经 1992 年原特区内"统征"和 2004 年的原特区外"统转"后，深圳成为中国第一个辖区土地全部国有化的城市，释放出巨大的土地增值收益，反哺了深圳 30 多年来的城市化进程（见图 5-1）。

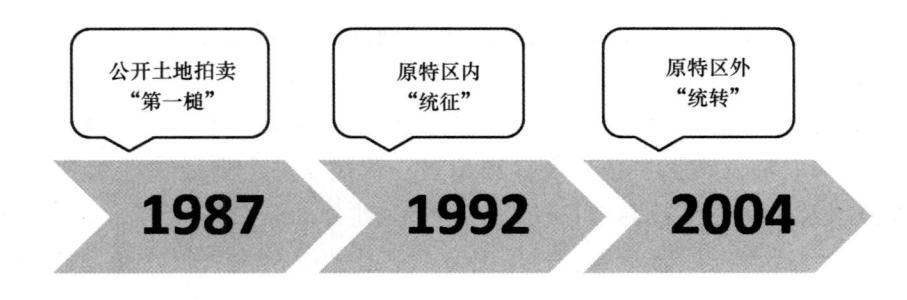

图 5-1 深圳早期土地改革主要发展历程

第二节 新一轮深圳土地改革探索

自 2004 年城市化转地后，深圳市土地已基本实现国有化，但在城市化转地过程中，政府并没有实际控制所有的土地，有部分土地仍由原农村集体经济组织继受单位实际使用。该类用地数量大、分布范围广，合法用地比例低且大部分产权不清晰，是规划实施的薄弱地区，公共设施"落地难"成为普遍问题。土地不足已成为摆在深圳面前的现实问题。

为了盘活存量土地，缓解供需矛盾，确保持续发展，深圳进行了大量的改革探索。2012年5月，国土资源部、广东省政府联合批复改革总体方案，赋予深圳深化土地管理制度改革先行先试的重大历史使命。这是深圳历史上第二次土地管理制度改革，也被称为新中国第三次土改实验的尝试。

一 背景：土地空间瓶颈

深圳比国内其他城市率先遇到了高度城市化所产生的空间资源难以为继的难题，也正是由于这种典型性，国家赋予了深圳在土地管理制度改革先行先试的使命。随着深圳城市发展对建设、规划和管理的要求越来越高，土地资源需求压力也越来越大，迫使深圳市启动新一轮土地制度改革。

（一）形势背景：国家支持地方积极试点深化土地管理制度改革

十八大提出：必须健全体制机制，形成以工促农、以城带乡、工农互惠、城乡一体的新型工农城乡关系，让广大农民平等参与现代化进程、共同分享现代化成果。要加快构建新型农业经营体系，赋予农民更多财产权利，推进城乡要素平等交换和公共资源均衡配置，完善城镇化健康发展体制机制。

十八届三中全会通过了《中共中央关于全面深化改革若干重大问题的决定》，对农地入市做了顶层设计和规划。从建立健全土地管理制度方面，应该说国家应对经济社会增长转型、和谐民生幸福等要求，结合土地利用管理与社会经济发展要求不相适应的现状，积极修订完善《土地管理法》，建立健全土地管理制度。同时也积极探索差别化土地管理政策，特别是针对各地经济社会发展的不同特征，国家积极支持地方土地管理制度改革试点，通过签署部市合作协议等形式，积极探索差别化土地管理政策。其中对高度城市化地区土地管理制度改革探索是重要内容之一，国家希望深圳作为高度城市化地区能在这一方面提供政策储备。

深圳具有得天独厚的改革优势和良好的历史发展机遇，使其必须改革，深圳在土地管理制度改革方面进行了大量的探索实践，同时也面临着重大的良好机遇，2009年《珠江三角洲地区改革发展规划纲要》和《深圳市综合配套改革总体方案》相继获批，赋予深圳先行先试的历史使命。

2010年深圳隆重举行特区成立30周年庆祝大会，中央和省对深圳的发展寄予厚望，国土资源部徐绍史部长明确支持深圳当好新一轮改革开放、科学发展的"排头兵"，要在深圳启动土地管理制度改革的试点，作为一个试点城市来推进。2011年，胡锦涛总书记、温家宝总理都发表重要讲话，对国土资源管理提出新方向、新高度、新要求，强调国土资源管理具有全局性、战略性、根本性，要深化土地管理制度改革，构建"党委领导、政府负责、部门协同、公众参与、上下联动"的新格局。

（二）深圳现状：社会经济发展转型时期亟须推进土地管理制度改革

城市经济建设的高增长目标和土地资源约束是深圳社会持续协调发展必须面对的重要问题。早在2005年的市委三届十一次全体会议上，李鸿忠就明确提出了深圳发展的"四个难以为继"：一是土地、空间有限，剩余可开发用地仅200多平方公里，按照传统的速度模式难以为继；二是能源、水资源难以为继，抽干东江水也无法满足速度模式下的增长需要；三是按照速度模式，实现万亿元GDP需要更多的劳动力投入，而城市已经不堪人口重负，难以为继；四是环境容量已经严重透支，环境承载力难以为继。从土地和水资源的供给以及环境容量来看，深圳要实现可持续发展，就必须提高整体土地的利用效率。

第一，深圳的高速城市化进程遇到了土地空间资源的瓶颈。在前30年深圳快速城市化和工业化过程中，土地利用实际上是见缝插针式的，好用的就先用，急用的就先用，形成了3000多个分散的工业园区，尤其在原特区外是非常无序的。以2012年为拐点，深圳存量用地供应首次超过新增用地，进入以存量用地为主的发展新阶段。如果不能通过制度设计来解决土地的二次利用问题，包括土地资源的整合问题，就没有办法支撑深圳未来的城市发展和产业升级，也不可能建设成为一个现代化、国际化城市。①

从土地权属来看，经1992年原特区内"统征"和2004年原特区外"统转"之后，全市土地已全部国有，但是在管理权上仍然存在明显的二元化。据统计，2011年，深圳全市建设用地917.77平方公里，其中原农

---

① 引用《深圳市土地管理制度改革第一次专家咨询会速记稿》中詹有力发言。

村集体用地为390平方公里，占比高达42%。除交通市政设施用地、公园绿地等之外，全市法定宗地，即依法批准利用的宗地，包括出让用地类、原农村集体组织批复用地类、产权登记类及行政划拨类，面积仅约300平方公里，占全市建设用地的1/3。

从土地利用效益来看，到2010年，深圳每平方公里的GDP产出达到了4.77亿元人民币，应该是国内第一，但是与新加坡18.4亿元/平方公里和香港14.3亿元/平方公里的利用效益相比，仍有巨大差异。特别是工业用地效益的"二元化"现象突出，深圳地均工业增加值是11亿元/平方公里，原特区内是55亿元/平方公里，原特区外是7亿元/平方公里；深圳地均工业产值是49亿元/平方公里，原特区内是196亿元/平方公里，原特区外是36亿元/平方公里。

从用地规模、用地潜力来看，深圳土地利用总体规划到2020年建设用地的总规模指标是976平方公里，但是2010年的现状是917平方公里，如果没有土地改革创新，到2020年深圳可提供新增建设用地仅有59平方公里，根本没办法支撑深圳快速的经济发展。受规模约束，实际可用的建设用地潜力目前剩余非常少，同时根据土地总规，深圳市2020年建设用地总规模976平方公里，建设用地规模已占全市域面积达49%，开发强度很大。从国际经验来看，日本、韩国的开发强度在10%；欧洲的德国、荷兰也不到13%。从城市经验来看，中国香港地区大概19%，上海是30%左右，北京是20%左右，而深圳已经达到49%，开发强度已接近满负荷天花板状态。

第二，城市发展对土地利用管理提出更高要求，深圳市的城市建设已进入综合效益提升阶段，空间、产业、社会等结构的深度优化成为城市发展的核心要求。但用地保障举步维艰，供需矛盾依然突出，新增建设用地供应数量有限，地块碎小，分布散乱，土地产权不明晰等大大增加了存量土地供应的难度。

第三，城市违法建筑问题已成为各个城市发展无法回避的现实问题。随着我国城市化进程的明显加快，深圳市的违法建筑和违法用地数量快速增加，而且抢建风潮不断出现，严重侵犯了城市的公共资源和利益。在深圳这座现代化的城市，2004年违法建筑已逾1亿平方米，几乎占深圳全市建筑总面积的 1/3，在深圳拥有违法用地的群体也在不断扩大。而城中村更是违法建筑"密集区"和"庇护所"。违法建筑成了"黄赌毒"的温床，成了无照经营、地下加工厂的集中地。对城市更新改革的探索不仅限于深圳，已成为中国城市需要共同思考的问题。深圳作为经济特区，肩负着深化改革的重任，应当担负起探索城市更新改革的使命。

二 重要政策：六项政策

2012 年 5 月 25 日，国土资源部和广东省政府批复的《深圳市土地管理制度改革总体方案》公布，深圳新一轮土地制度改革正式启动，重点以城市更新和土地整理为抓手，尽力实现以最有限的资源消耗、最集约的资源利用来支撑城市发展。为深化土地制度改革，深圳出台了多项政策，提出了不少创新方案，整理具有代表性的政策文件如下：

（一）《深圳市土地管理制度改革总体方案》及近期实施方案

2012 年 5 月 25 日，国土资源部和广东省政府批复的《深圳市土地管理制度改革总体方案》赋予深圳在土地管理制度上"先行先试"的权力，并围绕完善国有土地制度、深化土地资源市场化配置、创新土地资产资本运作机制、创新土地二次开发利用机制等方面开展试点，涉及八大改革重点和二十个改革事项。深圳再次走在了新一轮"土地改革"的前列。

根据改革方案，深圳将"产权明晰、市场配置、节约集约、科学调控"作为土地管理制度改革原则，先行先试，建立高度城市化地区土地利用和管理新模式，发挥土地资源市场化配置的作用、实现土地利用高效化和土地管理的法制化。具体的改革实施将分两步推进，分别是 2011—2015 年的近期计划和 2016—2020 年的远期计划。

本次改革的主要关注点为小产权房确权和工业用地转性两件事情，面临的核心问题在于明晰土地产权，而深圳恰好存在大量处于现有土地制度下的小产权房问题。资料显示，截至 2011 年底，深圳小产权房违法建筑达到 37.94 万栋，建筑面积达 4.05 亿平方米，占了深圳市总建筑面积的 49.27%。而深圳市原农村集体经济组织共占用约 390 平方公里的土地，其中仅有 95 平方公里为合法用地。这意味着，在现行政策规定下，深圳约有 295 平方公里的"违法建筑"土地无法进入市场流转。

本次改革尝试中最为大胆的探索是创新土地资产资本运作机制，完善土地利用和管理模式。根据该改革方案，深圳将通过创新土地金融工具，开展土地金融政策研究，设计不同类型的土地金融产品，在条件成熟时推行土地资产证券化。研究制定土地基金资产经营政策、收入分配调节以及投融资等政策。同时探索不动产信贷基金、土地信托、土地基金等土地资本运作和管理模式，进一步丰富和完善土地资本化的相关理论。这使得此前颇有争议的土地资本化、证券化问题正式进入探索实践阶段。而且，在近期实施方案中，确定了两个综合试点，一个是坪山，另一个是前海。除了这 2 个综合试点外，还确定了 7 个专项试点和 15 项配套政策和基础研究。试图通过试点探索，寻求改革突破。

（二）《关于加强和改进城市更新实施工作的暂行措施》

城市更新是城市功能提升与再造的系统工程，是消除安全隐患、治理城市顽疾的民生工程，是盘活土地资源、促进产业转型的治理工程。2009年以来，在广东省"三旧"改造政策的基础上，深圳市探索建立了一套行之有效的城市更新模式，城市更新工作逐步纳入规范有序的运行轨道。"十二五"期间城市更新拉动固定资产投资 1708 亿元；截至 2016 年底，累计实现城市更新用地供应 13.4 平方公里。城市更新作为一项持续性、常态化工作，对城市发展的影响日益扩大。

2012 年 8 月 17 日，深圳实施《关于加强和改进城市更新实施工作的暂行措施》（深府办〔2012〕45 号），对历史用地处置、地价计收等方面进行了政策创新：在历史遗留用地处置上，针对合法产权用地面积与历史遗留用地面积比例大于 7∶3 的城市更新项目，对其历史遗留用地按照 20% 纳入政府土地储备、其余 80% 交由原农村集体进行开发的方式实施处置；在地价管理上，积极引入地价市场评估机制，针对"工改工"项目配套设施地价计收、公告基准地价适用时点确定、地价缴交方式等方面均提供了灵活多样的地价管理方式。

政策出台后，在深圳全市范围内做了动员、部署和落实工作，受到企业、市场以及各级政府、各部门的大力响应，仅 2 个月时间，全市城市更新项目签订了土地出让合同28份，占全年城市更新用地供应任务的68%，涉及用地面积约122公顷。可以说，城市更新在政策上突破了一小步，带来的却是项目推进速度的一大飞跃，极大释放了城市更新对存量土地开发正能量，同时为逐步解决城市化土地遗留问题找到了突破口。①

2014年，深圳实施《关于加强和改进城市更新实施工作的暂行措施》（深府办〔2014〕8号），继2012年、2014年出台暂行措施之后，2017年1月1日，深圳市正式实施新一版的《关于加强和改进城市更新实施工作的暂行措施》（深府办〔2016〕38号），既是对近两年城市更新工作实践的经验总结，也是深化落实"强区放权"体制改革，确保城市更新工作质量提升的重要政策保障。

专栏5-1：罗湖试点推动城市更新改革再创新

在罗湖，面对土地资源难以为继等各种严峻挑战，城市更新成为其"涅槃重生"的唯一出路，强区放权，试水城市更新改革，则给其带来全新的历史机遇。

2015年8月29日，许勤市长签发279号市政府令《关于在罗湖开展城市更新改革试点的决定》。随后，在市委市政府的统一领导下，市政府职能部门按照问题导向、需求导向、目标导向，聚焦"痛点"、瞄准"堵点"，实施精准协同放权，率先在罗湖试点城市更新改革。在市政府令颁发之后，罗湖区立刻与市规划国土、住建、经信、环保、城管、交警、消防等多个有关单位对接。通过梳理商榷，市政府相关部门将与城市更新相关的审批权，能下放的全部下放，不能下放的以"绿色通道"形式特事特办。一个月内，罗湖快速系统地承接了原分散在7个市直部门（市规土委、市住建局、市经信委、市水务局、市城管局、市交委、市消防局）的22项城市更新审批权，并依据政策法规勇于改革、大胆探索，在区层面上大刀阔斧进行资源整合、流程再造。

通过强区放权，推进城市更新改革试点，罗湖区有关事项审批环节由25个变成12个，审批时间压缩2/3，累计列入城市更新计划的项目达91个，为历年来最多。改革红利变为切切实实的发展动力，为老城区的再度腾飞注入了一剂"强心剂"。

---

① 《深圳市规划和国土资源委员会（海洋局）关于赴国土资源部汇报我市土地管理制度改革工作进展情况的报告》，《深圳市土地管理制度改革工作进展汇报》，2012年11月（土地改革动态）。

(三)《深圳市城市更新办法实施细则》

为深入贯彻落实科学发展观,加快深圳市产业结构优化升级,加快推进深圳市旧工业区升级改造,促进节约集约用地,2008年深圳出台了《关于加快推进我市旧工业区升级改造的工作方案》,并于当年发布了第一批旧工业区升级改造计划。2009年深圳又出台了《深圳市城市更新办法》,正式拉开了城市更新的序幕,并于2016年进行修改,发布实施《深圳市城市更新办法》(深圳市人民政府令第290号)。在土地资源极其稀缺的深圳,公开招拍挂的土地少之又少,城市更新成为开发商在深圳发展的主要出路,在房价上涨带动土地市场火爆的情况下,通过旧改获得深圳的优质土地资源对于房企而言也是较为理性的抉择。但由于城市更新涉及的利益群体庞大而复杂,关系到社会的和谐稳定的大局,深圳许多老旧住宅小区的更新之路也并不平坦。位于白石洲的鹤塘小区、沙河商城城市更新项目是深圳市2010年首批8个旧住宅改造之一,时隔6年之久,鹤塘小区才成为深圳市旧改小区中首个实现签约面积、签约人数达到100%的旧改项目。面对城市更新推进缓慢的困局,深圳一直在寻求有效的改革措施推动城市更新的顺利突围。

2012年1月21日,深圳出台《深圳市城市更新办法实施细则》(深府〔2012〕1号),进一步明确城市更新的细化操作指引。该细则具有以下创新点:一是保障公共利益,实现多方共赢。将社会公益放在第一位,要求城市更新项目,尤其是拆除重建类项目通过用地贡献、拆迁责任捆绑、保障性住房配建等多种方式承担社会责任,发挥城市更新对城市整体品质提升的积极作用。二是缩短工作时限,加强进度监管。建立了项目推进的"倒逼"机制,大幅缩短政府相关部门的审批时限,在土地及建筑物信息核查、规划编制、实施主体确认等阶段,对市场主体提出了推进时限要求。三是强化公众参与,实现规范操作。通过城市更新意愿征集、城市更新单位规划公示已批准计划与规划的公告、征求利害关系人意见等多种形式,在各个环节实现城市更新的公众参与,保障权利人的知情权、参与权。四是坚持市场运作,强化政府引导。根据项目类型选择最合理的推进模式,并明确政府相应的定位和管理深度,在坚持"市场运作"原则的基础上,对于单纯依靠市场力量难以有效推进的项目，适度加大政府组织实施的力度。五是明确部门分工，实现管理下沉。市级层面主要负责牵头开展政策研究制定、整体统筹城市更新计划和规划，区级层面主要负责项目实施与监管。

随后，又制定了《城市更新单元规划制定计划申报指引（试行）》《城市更新单元规划编制技术规定》《城市更新单元规划审批操作规则》《城市更新项目保障性住房配建比例暂行规定》等系列配套文件，内容遍及更新计划规划审批、用地出让、房地产证注销、保障性住房配建等多个方面，形成了较为系统的城市更新政策体系，确立了"大力推进城中村和旧工业区改造、积极推进旧商业区改造、稳步推进旧住宅区改造"的策略，对促进和规范深圳市城市更新工作发挥了重要作用。

（四）《深圳市人民政府关于优化空间资源配置促进产业转型升级的意见》

深圳市用地供需矛盾突出，同时原农村集体实际占用的大量土地，却因土地权益不明晰、缺乏相关政策支持而无法入市。盘活原农村集体土地，既有利于缓解深圳市产业空间不足的问题，也有利于促进原农村社区发展转型、推动特区一体化发展。大量处于"沉睡"的闲置农地进入了政府的视野。

2013年1月7日，深圳市以市政府1号文件的形式出台了《深圳市人民政府关于优化空间资源配置促进产业转型升级的意见》（深府〔2013〕1号）及其6个配套文件（简称"1+6"文件），明确表示原农村集体经济组织继受单位符合规划的产业用地可进入全市统一土地市场，并明确了交易方式和利益共享模式等。

根据文件内容，原农村集体经济组织继受单位在厘清土地经济利益关系，完成青苗、建筑物及附着物的清理、补偿和拆除后，可申请以挂牌方式公开出（转）让土地使用权。纳入全市统一供应平台，以扩大产业用地供应规模，解决产业发展空间不足问题。土地收益的分配方案有两种可选择：一是所得收益50%纳入市国土基金，50%归原农村集体经济组织继受单位；二是所得收益70%纳入市国土基金，原农村集体经济组织继受单位获得30%的所得收益，并可在成交后继续持有不超过总建筑面积20%的物业用于产业配套。

（五）《前海深港现代服务业合作区土地管理改革创新要点（2013—2015年）》

2013年4月28日，前海管理局对外公布了《前海深港现代服务业合作区土地管理改革创新要点（2013—2015年）》（深前海〔2013〕72号），标志着前海深港合作区的开发建设、项目落地和土地出让工作将加快推进。该政策文件重点提出了五大任务：探索建立差别化的土地供应新模式，创新土地资源、资产、资本一体化运作模式，高水平推进土地节约集约利用、创新土地市场调控和监管机制以及完善土地管理体制机制。具体安排为：2013年，出台前海深港合作区土地管理改革创新要点及配套政策，重点领域改革率先启动，前海深港合作区开发建设、项目落地和土地出让工作加快推进；到2015年，各项改革基本实施到位，体制机制创新取得突破，差别化的土地供应新模式基本成型，土地资产、资本运作加快发展，土地节约集约利用成效显著，土地调控机制科学有效；到2020年，具有前海特色的深港现代服务业合作区土地管理模式发展定型并成熟运行，形成"深圳质量"的高端品牌，建成现代化国际化先进城区。

前海土改的重要突破是试行"公告出让"，即相当于邀标，一般仅一家公司。另一大突破则是前海打破国内目前以法定最高年限一次性出让土地使用权的制度，实行弹性年期，根据产业类型和项目建设情况，约定自用或出售比例，区分自用或出售两种情况，自用部分原则上10年内不得转让，出售部分原则上5年内不得再转让。[①]

随后，《深圳市工业及其他产业用地供应管理办法（试行）》（2015年）正式发布，工业及其他产业用地实行弹性年期供应制度，一般产业项目用地出让期限按照20年确定，重点产业项目用地出让期限可以按照30年确定。同时，工业及其他产业用地租赁期限不少于5年且不超过20年。租赁转出让的，出让年期与已租赁年期之和不超过出让最高期限。

[①] 《聚焦前海深港合作区土地管理改革创新》，《中国国土资源报》2013年6月5日，以及2017年10月12日前海土地管理改革创新（http：//www.szqh.gov.cn/ljqh/ghjs/fdcscgl/tdglgg/）。

专栏 5 - 2：前海土地管理制度创新

1. 20% 土地出让金用以奖励"绿色"项目

为鼓励节约集约用地，前海将把土地使用权出让收入（扣除政策性刚性支出）的 15%—20% 划入前海深港合作区产业发展基金。以"绿色""低碳"为特色的建设项目可申请该项基金，前海将综合考虑经济贡献、节约环保等因素予以奖励。

2. 土地出让采取弹性年期

一般而言，国内法定的一次性出让土地使用权的年限是 40 年（最高年限）。在前海，土地使用权可分期出让、分段计收地价。其中，自用部分首次出让年限一般为 20 年，到期后经评估按 10 年续期。具有重大影响和特殊意义的产业项目用地，可按法定最高年限出让。出售部分，按最高年限出让。土地使用期限届满申请续期的，经评审符合前海产业政策的可以续期，最长可续期法定最高年限。

3. 供地方式告别"大一统"

前海区内，不同产业将采取不同的供地方式。除试行建设项目用地预申请外，产业带动性强、项目辐射面广、事关前海发展全局的特别重大高端项目用地，试行公告出让，并防止恶性竞争导致高地价、高楼价、高租金。为提高土地利用效益，实行有条件的"带设计方案"出让。创新产业用地用房管理，实行"带管理方案"出让。

4. 分片区标价抑制地价异常

为稳定市场预期，避免不实炒作误导大众，前海将综合考虑片区的宗地属性、土地用途、市场情况等各项因素，采取分片区标定地价，并保持每年更新。

5. 每一个单元都是一个小宇宙

前海初步划定 22 个单元，102 个街区，按照单元开发和街区开发的模式，单元内的楼宇将全部打通，每一个 200 米左右的单元能够解决片区内的基本工作、生活、购物和社区服务。目前比较成熟的单元开发模式有深圳的万象城、香港的西九龙等。对于资本实力雄厚、开发经验丰富、综合招商能力强、运营成效明显的企业，前海还将鼓励和支持企业一起参与土地开发、招商引资和运营管理。土地的成片开发、定制开发、带资开发、一级开发等多种开发模式都在考虑范围之内。

6. 囤地炒地将收回用地

对不按合同履行开发责任和义务，存在囤地、炒地、闲置等行为的，前海管理局将严厉打击，通过协商、仲裁、审裁或司法裁决等途径收回用地。此外，前海将土地使用权出让合同验收制度作为房地产权登记前置条件。前海合作区内，所有拟转让物业包括通过招拍挂方式公开出让的土地，原则上不得转让但确需转让的，前海管理局都可以优先回购；另外，经营状况较差的企业或项目，其物业也由前海管理局参照市场价格优先回购。

7. 产业用地将向企业总部倾斜

前海产业用地里，自用部分的建筑面积一般不得低于总建筑面积的 50%。不过，以企业招商引资和运营管理为主的项目，自用比例可以适当降低。建成后，物业自用部分原则上 10 年内不得转让，出售部分原则上 5 年内不得再转让。这两款物业在持有年限内经前海管理局批准是可以转让的，转让方应将一定比例的增值收益上缴前海管理局。

（六）《土地整备利益统筹试点项目管理办法（试行）》

经过三十多年的快速发展，深圳取得了辉煌卓越的成就。然而，与繁华光鲜所对立的，是发展过程长期累积而成的诸多问题。如原特区外城市化土地历史遗留问题，在深圳发展面临空间瓶颈时，这些约占全市建设用地总面积1/4的土地，却陷入"用不好，不好用"的困局。

2015年11月12日，深圳市规划国土委印发《土地整备利益统筹试点项目管理办法（试行）》（深规土〔2015〕721号）搭建了全市土地整备利益共享的基本框架和方式，并明确可以通过拨付土地整备资金、留用土地、收益分成、物业返还等多种方式。随后启动的"拓展空间保障发展"十大专项行动中，更是明确布置了土地整备利益统筹试点项目的任务目标。

除上述政策文件以外，深圳相继出台了《深圳市房屋征收与补偿实施办法（试行）》（2013年）、《关于促进安居型商品房用地供应暂行规定》（2014年）、《深圳市养老服务设施用地供应暂行办法》（2014年）、《深圳市人民代表大会常务委员会关于农村城市化历史遗留违法建筑的处理决定》试点实施办法（2014年）等，在深圳土地管理制度的各方面提出相应的措施。

专栏5-3：坪山南布社区"整村统筹"土地整备改革创新

2014年1月，南布"整村统筹"土地整备实施方案获得市政府的审批通过，"整村统筹"土地整备将由理论研究转向实践探索，"整村统筹"土地整备政策和模式也逐渐成型。南布社区辖区总面积为244.15万平方米，已征转土地面积220.99万平方米，未征未转地23.16万平方米。为做好南布社区试点工作，主要从9个方面分阶段推进：一是社区基础数据调查。调查核实南布人口、经济、土地、房屋等数据。二是核定"社区留用地"。参照城市更新"五类用地"的概念，按照"分类确权"和利益共享的原则划定社区发展用地。三是编制专项规划。以上位规划为依据，在法定图则调整和社区土地重新分配的基础上，对社区留用地进行详细规划。四是确定补偿资金。对社区内未征未转空地、房屋的补偿进行资金预算。五是项目可行性分析。核算政府与社区、社区与土地房屋权利人之间利益分配的合理性。六是明确地价计收方式及土地出让方式。明确社区留用地的出让方式、产权性质与地价标准。七是推动项目报批及签订框架协议。以南布社区为主体，市规划国土委坪山管理局和新区土地整备中心共同参与的方式，编制以"土地＋规划＋资金"为核心的项目实施方案，明确南布社区整备范围为28.48万平方米、社区留用地为17.30万平方米、留用地上建筑规模为75万平方米、货币补偿方案、效益及风险评估、土地验收及移交方案等内容,并上报市政府审批,审批通过后签订框架协议。八是项目分期实施及运行管理。制定项目分期实施方案,建立项目风险评估、项目运行监管机制,推动项目实施。九是编制社区转型发展方案。

南布"整村统筹"的制度创新体现在三个方面:一是创新土地整备模式。"整村统筹"土地整备打破了传统土地整备以政府为主导的模式,形成了由政府提供政策支持、资金统筹,以社区股份合作公司为实施主体的新模式,新模式下通过社区与政府算"土地+规划+资金"的"大账",社区与居民算"小账"的方式,由社区来统筹政府公建市政设施的落地实施、产业用地落地等需求,社区居民环境改善、物业价值提升、违法建筑处理和确权等利益诉求。南布"整村统筹"土地整备政府收回11.18万平方米的土地(占整备范围28.48万平方米的39.26%),解决了新区产业、公共配套设施等用地需求,同时还一揽子解决了社区征转地补偿、非农建设用地调整落地以及未征未转地的规划利用等一系列土地历史遗留问题。二是充分发挥规划引导作用。南布"整村统筹"土地整备专项规划以法定图则、土地利用总体规划等上位规划为依据,将南布社区定位为"深圳出口加工区中高档生活配套的功能区",该规划落实了新区对土地整备计划、产业发展、生态保护等要求,满足了社区和居民的发展诉求,使规划实施更具可操作性。同时专项规划与社区留用地、项目补偿资金挂钩,通过容积率、规划功能调整等规划手段来调节社区留用地、项目补偿资金之间的数量,避免项目因规划、土地、资金的调整而无法实施。三是创新了社区留用地核定方法。"整村统筹"土地整备社区留用地以"分类确权"为主线,"以房确地"为核心的思路进行核算。"分类确权"参照城市更新"五类用地"的概念,结合利益共享的原则,对国有已出让社区土地、非农建设用地、旧屋村用地、"两规"处理用地、其他历史遗留问题用地进行核定为17.30万平方米。结合社区留用地的位置、功能等,参照城市更新的地价计收标准,创新提出"混合地类、平均地价"的核算方式,丰富了"整村统筹"地价核算体系,避免了分期实施时因不同地类地价差异带来的地块选择性影响。

深圳"整村统筹"以社区为对象,在存量土地上做文章,摸索出了一揽子解决土地历史遗留问题的创新路径,形成了多种政策的组合拳,其制度创新不仅切合深圳市破解土地空间瓶颈的实际需要,有助于深圳市构建适应存量建设用地管理的新型土地管理制度,对解决全国城镇化进程中出现的"半城市化"问题也具有一定借鉴意义。

三 实践经验:五个创举

深圳不仅提出一系列土地改革的政策和实施方案,也通过试点,探索路径,总结经验。如2013年12月,深圳凤凰社区首宗原农村集体土地成功入市交易,成为深圳启动新一轮土改以来首例成功入市的"农地",也是在十八届三中全会提出"建立城乡统一的建设用地市场"后,深圳在"农地"入市方面率先取得的突破,是继1987年深圳首创国有土地拍卖后的又一次具有历史意义的土地重大改革事件。

(一) 首例原农村集体经济组织工业用地成功入市

2013年12月20日，深圳市首例原农村集体经济组织工业用地正式挂牌出让，由唯一的竞拍方深圳市方格精密器件有限公司获得，以1.16亿元的底价成交。该地块位于宝安区福永街道凤凰社区，面积14568.29平方米，建筑面积69900平方米，规划用途为工业用地（新型产业用地），土地使用年限30年，准入产业类别为新一代信息技术通信终端设备制造业，挂牌起始价为人民币1.16亿元。使用年限为30年。该地块的土地收益将采取"3:7分成加20%物业"的收益模式，即70%的成交价款作为政府收益，30%的成交价款作为社区收益。另外，项目建成后，按《出让合同》约定，该项目总建筑面积的20%由方格公司建成后无偿移交凤凰股份合作公司。

凤凰社区原农村集体工业用地成功入市，具有破冰的意义：一是推动了原农村集体建设用地入市。该宗土地是原农村集体经济组织继受单位实际占用的土地，该类土地在城市化过程中，土地权益尚未充分厘清，通过"1+6"文件的政策创新得以入市交易，盘活利用，为实现不同权利主体土地的同价同权开辟了新路，对于建立全国城乡统一的建设用地市场具有借鉴意义。二是实现了利益共享。土地出让收益将按照相应比例由政府和原村集体共享，采取现金、物业等灵活多样的利益分成方式，实现社区股份公司、企业、政府等多方共赢。该地块以1.16亿元成交，凤凰社区可按30%获得3480万元，同时可无偿取得20%的商品房性质配套物业13980平方米。三是拓展了产业发展空间。该地块依托近期启动的产业用地供需服务平台得以成功出让，充分发挥了市场配置作用，实现了有需求的企业与原农村集体建设用地的对接，将"政府拿不走、社区用不好、市场难作为"的历史遗留用地纳入交易范围，增强了产业空间的供给能力。四是促进了社区发展转型。这种产业与社区的合作模式，改变了过去社区以地建厂、以房收租、粗放经营、效益低下的模式，推动社区集体股份公司探索资源资产资本化新模式。

凤凰社区土地的成功出让，被外界普遍称作中国"农地"入市第一槌。深圳市允许集体建设用地不经过征收就直接在土地市场上自由交易，打破了政府对土地一级市场的行政垄断。深圳市通过市国土基金，而非

"低征高卖"的方式,实现政府对于集体土地增值收益的分享,是一个极为重要的制度探索。在十八大让民众对新一轮土改充满期冀之际,为全国"土改"带来示范性作用,对全国推动农村土地流转具有借鉴作用。

(二) 首例养老用地在深圳公开挂牌出让

2014年4月10日,全国首例养老用地在深圳公开挂牌出让。首先进行竞拍的是位于宝安中心区的"A001-0198"出让地块,面积10860.8平方米,建筑面积27000平方米,规划用途为社会福利用地,土地使用年限为50年。该地块挂牌起始价为人民币6850万元,共有17家企业参与竞拍,经过21次出价,由前海人寿保险股份有限公司以4亿元竞得,楼面地价高达14815元/平方米,地面价格高达36830元/平方米。随后进行的是龙华新区民治街道的"A805-0052"地块竞拍,面积6920.16平方米,建筑面积15220平方米,土地使用年限50年。该宗地挂牌起始价为人民币4000万元,有18家企业竞拍,最终融通信以2.8亿元的价格夺得。

(三) 首个政府主导旧住宅小区改造项目地块正式出让

2015年2月6日,深圳市首个由政府主导的旧住宅小区改造项目——鹿丹村地块土地使用权正式出让,创新性地采取了定地价和回迁物业建筑面积、向下竞争可售商品住房建筑面积的办法挂牌出让。鹿丹村地块总地价8.88亿元,土地面积4.72万平方米。规划总建筑面积为24.41万平方米,其中住宅建筑面积23.45万平方米,代建回迁住房面积14.41万平方米,建成后需无偿移交市住房建设局。此外,还有幼儿园、社区管理用房等配套设施。可售面积为商品住房9.05万平方米和配套商业3300平方米。竞拍中可向下竞争的建筑面积为可售商品住房部分,即竞价者每举一次牌,可售商品住房减少,回迁住房、商业、配套设施等各分项建筑面积不变情况下,建筑面积相应减少。此次地块出让共有8家企业参与拍卖,最终地块成交的可售商品住房面积为3.99万平方米。鹿丹村地块的成功出让标志着深圳市政府主导旧住宅小区改造迈出了历史性的一步,其创新的出让方式也是全市首创。

(四) 首例原农村集体经济组织教育设施用地成功入市

2015年12月16日,深圳市首宗原农村集体经济组织教育设施用地在市土地房产交易中心成功出让，经过52家竞拍公司41轮竞价，最终由深圳市万科兴业房地产开发有限公司以2.21亿元竞得。该地位于深圳市龙华新区民治办事处辖区，华南物流园东侧，占地面积19963.13平方米，总建筑面积18500平方米，土地使用年限50年，挂牌起始价1174万元人民币。

该宗土地的顺利出让是深圳市盘活存量土地、引社会资本进民生领域的又一次先行先试。此次出让的教育设施用地是一次以个案形式进行的尝试，是为后续研究制定相关政策开展的实践探索。该地块采取的收益分成方式为，招拍挂底价部分全部归政府，溢价部分扣除交易费后归原农村集体经济组织。照此测算，拿出土地的民治沙吓股份合作公司将会取得约2亿元的土地出让权益分成。

未来，将进一步探索扩大"农地入市"的范围，盘活原农村集体存量土地资源，一方面通过土地入市推动社区转型发展，另一方面拓展土地供应来源，为社会经济的发展拓宽空间载体。同时继续进行引社会资本入民生领域的破题尝试，通过土地供应，推动公共服务形成政府保障基础、市场提供选择的多层供应机制，提升公共服务的供给效率和质量，不断改善民生。

（五）首创"竞人才住房面积"的土地拍卖模式

2016年11月10日，深圳土地房产交易中心发布公告称，增加供应三宗居住用地，分别位于龙华、大鹏和坪山，供应土地总面积7.5万平方米。出让宗地采用"双限双竞"的办法以挂牌方式出让，即限销售房价和成交地价、竞成交地价和人才住房面积。竞买人报价达到最高地价限价时，有意继续竞买的竞买人由竞地价转为向上竞人才住房面积。此外，出让宗地项目建成后，商品住房必须严格按限定的销售均价和最高销售单价进行销售。本次出让宗地商品住房销售时不得强制搭售其他服务、产品，不得捆绑装修，且规定销售后且自小业主取得分户不动产登记证书之日起5年内不得转让，以此也限制了新项目的投资性功能，进一步抑制投资客的炒房行为。

此次出让的三宗居住用地在土地出让模式、人才住房供应、土地购置资金监管等方面均有所创新和突破。尤其是首创了"竞人才住房面积"的拍地模式，项目建成后，竞得人必须将配建的人才住房无偿移交给市人才安居集团，用于解决深圳市人才住房需求，保障深圳市人才安居工程建设。

四 改革成效：助推经济高速增长和城市现代化建设

深圳自 2012 年成为土地综合改革试点以来，针对土地制度存在的多个关键困难问题，进行了大胆的探索，如图 5-2 所示。深圳仍是改革开放的排头兵，在土地制度改革方面也是排头兵，改革探索的成效很大，尤其是城市更新和土地整备有很大的创新，是特区更新和城市升级的重要突破口和手段。而且，深圳目前存在的这些问题，也是其他地区发展今后要面对和破解的突出问题。

2012
《深圳市土地管理制度改革总体方案》
《关于加强和改进城市更新实施工作的暂行措施》
《深圳市城市更新办法实施细则》

2013
《深圳市人民政府关于优化空间资源配置促进产业转型升级的意见》
《前海深港现代服务业合作区土地管理改革创新要点（2013—2015年）》
首例原农村集体经济组织工业用地成功入市

2014
首例养老用地在深圳公开挂牌出让

2015
《土地整备利益统筹试点项目管理办法（试行）》
首个政府主导旧住宅小区改造项目地块正式出让
首例原农村集体经济组织教育设施用地成功入市

2016
首创"竞人才住房面积"的土地拍卖模式

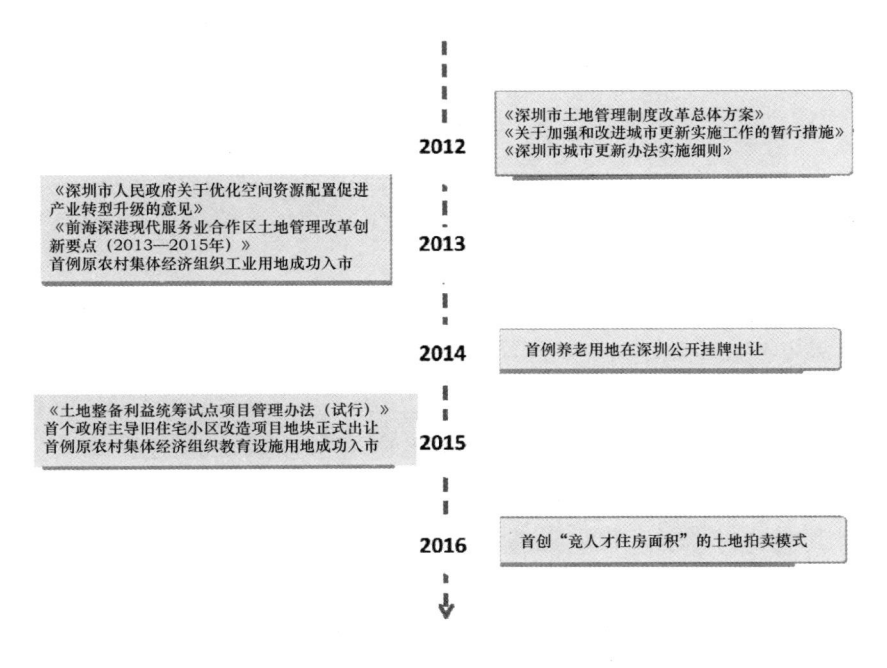

图 5-2 深圳新一轮土地改革的关键事件

（一）土地有效利用方式助推深圳经济高速增长

土地出让收入不仅有力地支撑了深圳特区初期的经济发展，也为深圳财政收入做出了较大的贡献。2008—2016年深圳土地出让收入和地方一般公共预算收入如图5-3所示，以2013年为例，当年深圳的地方公共财政收入1731亿元，土地出让收入467亿元（占当年政府性基金收入的93.6%，较2012年的土地出让收入增长307%），地方公共财政收入和政府性基金收入加起来为2229.8亿元，可知土地财政收入约占深圳财政收入的21%，是深圳市经济收入的重要来源之一。

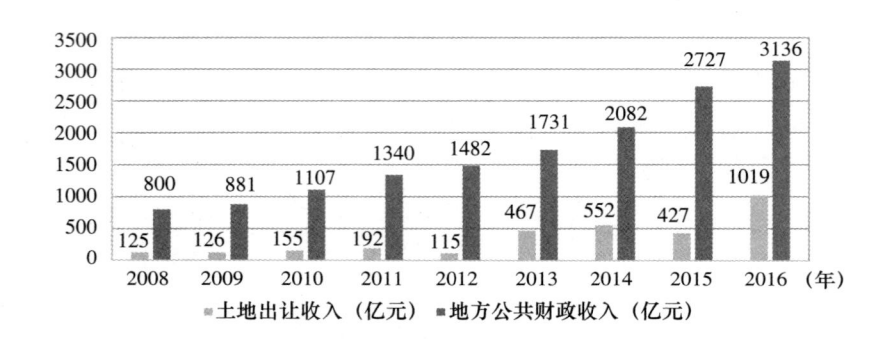

图5-3 2008—2016年深圳土地出让和地方公共财政收入走势

数据来源：根据深圳市土地房产交易中心、深圳市规划和国土资源委员会、wind数据库信息整理得到。

从成交面积来看，如图5-4所示，2008—2016年深圳成交土地占地面积和成交土地规划建筑面积波动明显，在"十三五"期间成交面积和建筑面积并未见明显增长，但经营性用地的容积率较之前有显著上升。以2013年为例，容积率高达4.23，较2012年的容积率增长44.8%。未来深圳新增土地潜力有限，合理提高经营性用地的容积率已经成为增加可用建筑面积的一项重要手段。

从成交价格来看，如图5-5所示，2008—2012年出让的土地平均地价和平均楼面地价处于较为平稳的水平，土地均价低于8000元/平方米，楼面均价低于2600元/平方米。2013年开始一改往年的走势，出让的土地平均地价从2012年的7447元/平方米猛增至28851元/平方米，平均楼面地价从2012年的2551元/平方米暴涨至6822元/平方米，之后亦是保持高速增长，在2016年出让的土地平均地价、平均楼面地价分别高达45456元/平方米、12031元/平方米，创下历史最高水平。

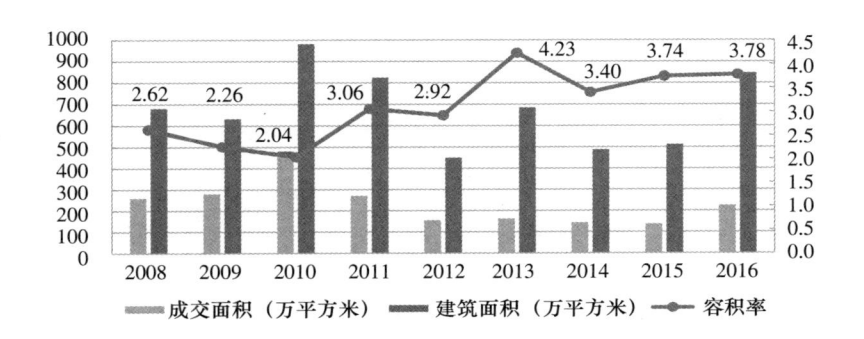

图5-4　2008—2016年深圳土地成交面积、建筑面积及容积率走势

数据来源：根据深圳市土地房产交易中心、深圳市规划和国土资源委员会、wind数据库信息整理得到。

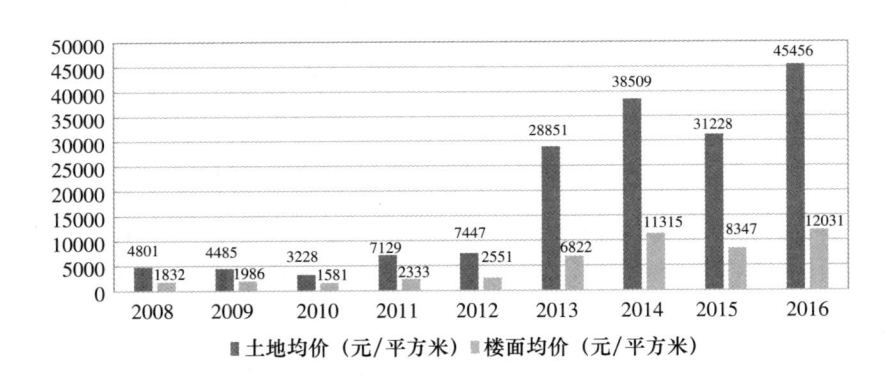

图5-5　2008—2016年深圳成交土地均价、楼面均价走势

数据来源：根据深圳市土地房产交易中心、深圳市规划和国土资源委员会、wind数据库信息整理得到。

从成交土地用途来看，如表5-1所示，2008—2016年出让的土地数量没有明显增长，工业用地仍然占据最大的比重，成交总数达326宗，占深圳总成交土地数量的62.1%；其次是商业用地有123宗成交，占深圳总成交土地数量的 23.4%；住宅用地有 39 宗成交，占深圳总成交土地数量的 7.4%。

表 5-1　　　　2008—2016 年深圳成交各用途土地面积　　　　单位：宗

年份	成交数量	其中：				
		住宅用地	商业用地	商住综合用地	工业用地	其他用地
2008	68	4	15	2	42	5
2009	54	6	7	1	36	4
2010	85	7	24	0	51	3
2011	60	9	11	2	34	4
2012	56	4	6	3	40	3
2013	47	2	13	1	29	2
2014	44	1	17	0	23	3
2015	64	4	15	0	43	2
2016	47	2	15	2	28	0

资料来源：根据深圳市土地房产交易中心、深圳市规划和国土资源委员会、wind 数据库信息整理得到。

（二）"农地入市第一拍"对全国推动农村土地流转具有示范作用

首宗农村集体用地拍卖无疑是土地改革的标志性事件，不仅有利于解决农村城市化过程中存在的"部分土地权益有争议，政府拿不回，集体用不了"的历史遗留问题，以及部分深圳原农村集体经济组织继受单位将土地用于低端厂房建设、廉价出租的问题，而且对全国推动农村土地流转具有示范作用。

（三）前海土地管理制度创新为全国提供了可复制的经验和模式

前海试验区的创新发展思路，是深圳地改尝试中最为大胆的探索，使得此前颇有争议的土地资本化、证券化问题正式进入探索实践阶段。而且在"梯级土地开发模式""带设计方案和管理方案"出让的土地交易新机制、"三维地籍"理念的立体化土地管理等方面实现了制度创新和突破；探索并成功实施了土地弹性年限制度；在"双竞双限"土地拍卖模式的基础上进行了创新,首创了"竞人才住房面积"的土地拍卖模式。这些制度探索形成了可复制的土地改革经验,为全国土地改革形成了可复制的经验和模式。

(四)通过"强区放权"推进深圳率先提出的城市更新政策

作为中国改革开放的第一块试验田,深圳经济特区经过超常规跨越式发展之后,动能趋减,其中一个重要原因就是市、区两级的事权设置成为影响重大事项决策和实施的掣肘因素,这种体制机制缺陷在许多方面限制了区域的发展速度。深圳早在 2009 年就出台了《深圳市城市更新办法》,在 2010 年将 8 个旧小区列入城市更新单元第一批计划,并在 2012 年、2014 年以及 2017 年不断修订出台城市更新相关管理办法。然而目前仍只有鹤塘小区实现了 100% 签约,顺利动工,其余 7 个小区仍处于望不见终点的搁浅状态。面对城市更新推进缓慢的困局,深圳一直在寻求有效的改革措施以推动城市更新的顺利突围。

强区放权是市委市政府实施全面深化改革的一项重大决策,在强区放权改革的推动下,市规土委、市交委等市直部门已通过多种途径陆续下放事权 164 项,并以罗湖区城市更新改革为突破口,率先启动了规划国土体制机制的改革。城市更新事权的下放提高了政府工作效率,大幅拉动了固定资产投资,促进了罗湖城市更新提速。2016 年,罗湖区城市更新共完成固定资产投资 122.14 亿元,同比增长 122%,完成供应土地 14.7 公顷,土地整备入库 9.6 公顷,均超额完成任务,城市更新实施率由 2015 年的 29% 提升至 2016 年的 36%。2016 年 12 月的《市政府公报》显示,深圳市政府决定在全市施行城市更新工作改革,城市更新领域推进强区放权。

第三节　未来深圳土地改革探索

深圳是土地管理制度改革的先行者,20 世纪 80 年代初深圳就冲破城镇国有土地无限期、无流转的单一行政划拨制度,公开拍卖国有土地的使用权,推动了《宪法》有关条款的修改,而且确立了我们国家国有土地有偿使用的新制度。经过 1992 年和 2004 年的统征统转,深圳成为全国第一个没有农村建制的城市,但作为高度城市化地区的典型代表,深圳在经济社会发展转型的过程当中,也面临着土地空间不足和大量存量土地粗放、低效利用同时并存的局面,土地利用方式落后和调控手段匮乏相互制约等方面的难题,迫使深圳在"十二五"期间开启了新一轮土地改革,为开创我国土地市场化制度积累新的经验,探索新的路子。

随着国家发展进入新的阶段,珠三角地区建立新的发展构架,深圳在粤港澳大湾区的框架下需要扩大自身城市创新的全球竞争实力,营造激发全社会创新创业活力的城市环境,培育更加多元的创新人群和更加完善的创新生态,推动经济增长动力加快由要素驱动向创新驱动转换,打造国际型创新策源地、创新产业聚集地和创新合作的高地,建设成为国际性的科技、产业创新中心。深圳作为新兴创新中心的成就举世瞩目,然而目前进入新的航段,也面临新的转变和挑战。为了适应改革发展,满足"十三五"期间城市发展的需要,深圳市需进一步深化土地管理制度改革,优化土地资源配置,探索多种土地供给方式和路径。

一 背景:城市转型发展挑战

2017年是党的十九大召开之年,也是深圳率先高质量全面建成小康社会、加快建设社会主义现代化的先行区的起步之年。党的十九大胜利召开,进一步为深圳市土地管理制度改革指明了方向,也提出了新的更高的要求。尽管深圳土地综合试点改革已经取得了丰硕的阶段性成果,但与深圳发展目标和国际化城市建设需求仍有诸多不协调,其中,提升创新能力,推动产业升级的目标与土地、空间供需失衡带来的高成本是深圳未来发展必须面对的关键挑战。

(一)高房价和高地价削弱了对高端企业和优秀人才的吸引力

人才的吸引则是深圳创新城市发展的关键,2016年5月一篇《别让华为跑了》的文章开始让大家思索,在高房价和高地价的现在深圳是否还能留住像华为一样的高端企业及优秀人才?从2015年以来,深圳房价一路蹿升,成为全国楼市上涨"领头羊",商品房均价稳定在5万元/平方米以上,已严重超出了人才的购买力。目前深圳高房价、高生活成本和高竞争压力带来的"挤出效应"已开始在深圳蔓延。虽然政府也出台了相关政策:"十三五"期间,将建40万套保障住房,相当于深圳过去30年保障房的建设量，其中有近 25 万套将主要用于改善海内外人才居住条件，帮助深圳留住和招引海内外人才。但是住房压力仍是深圳建设和发展创新城市的不小的挑战。

随着土地开发强度逼近 50%，如今的深圳土地资源可谓是严重紧缺，仅仅依靠中部核心地段及西北部区域，未来不足以支撑每年百万人口净流入规模，土地资源紧缺、城市更新进程缓慢等现实状况正在加剧城市住房供应的结构性矛盾。为保障人才安居，政府出台了相关政策：深圳今后每年新增供应的居住用地中，人才住房和保障性住房用地面积应当不少于总用地面积的 60%。但仍需要深圳在土地制度上加大创新，保障人才住房及其他保障性住房的供应，增强深圳对高端企业和优秀人才的吸引力，从而提升深圳创新能力。

（二）土地资源配置方式难以满足产业升级发展需要

深圳的土地资源配置方式与产业升级发展需要不适应，主要体现在四个方面：一是目前招拍挂出让方式不够完善和丰富，难以满足城市发展和产业发展的要求，比如说在城市扶持产业的用地方面，我们常常提到的总部经济、现代服务业等，招拍挂出让方式都不足以全面地支撑各类产业的需求。二是依靠新增建设用地，因为权属不清和项目的不确定性等，新增项目落地也非常困难，无法严格按照国家规划计划的空间管控和时序安排的要求来实施，供地效率十分低下。三是建成区土地权属复杂，难以统筹各家业主利益和产业发展意向，产业难以实现规模化。四是大量存量土地盘活困难，缺乏激励存量土地流转利用的政策体系，导致低端产业和低效用地难以自主升级和高效利用，高端产业难以进入。土地管理改革如果不深化，深圳将面临没有发展空间的困境，因此，深圳需要创新土地供应方式和土地出让方式，以满足创新型产业升级发展的需要。

（三）土地资源配置方式难以满足城市发展的新要求

深圳的土地资源配置方式与城市发展新要求不适应，主要体现在三个方面：一是原有基础设施不足，随着深圳产业升级，用地功能随之变化，在常规的生产、仓储、货运功能之外融入创新研发、运营管理、生产生活服务等，使得原来产业区开发强度增加、生产生活服务需求增加、人口密度增加，但交通市政等基础设施和公共配套服务设施难以承载产业升级带来的压力，形成制约。二是公共服务设施建设相对不足，城市的特征就是能提供农村所没有的公共服务，公共服务水平也是决定城市土地价值的重要因素，而巨大的投资往往是限制大型公共设施建设的主要障碍。与此同时，深圳作为一个移民城市，外来人口基数庞大、实际人口密度过高也对城市公共服务提出更高要求，使得作为重要物质载体的土地要素不堪重负，制约城市的发展。三是随着深圳创新产业快速发展，国际化、高端化人才不断涌入，对教育、医疗、文体、养老等公共服务提出了更高要求，为应对新经济、新技术下城市工作、生活、娱乐与出行方式的新变化，提升市民幸福感，建设全面践行可持续发展理念的国际宜居城市，需要深圳进一步创新和探索土地资源配置方式。

二 改革方向：盘活存量土地资源以满足城市转型需求

前40年深圳的土地管理制度改革是围绕工业化、城市化，以新增土地快速供应为主线来展开，当前土地管理面临的新问题是特殊发展阶段传统发展方式的反映，暴露出土地管理制度与社会主义市场经济体制存在着不适应性的深层次问题。今后很长时期内，深圳土地管理的工作重点是围绕城市发展，以存量土地盘活为主线来展开，注重如何健全完善市场化方向，更加关注社会公平、正义，如何建立主动促进协调城市科学发展的土地管理新机制等。

（一）强化土地科学管控，合理利用和拓展新增建设用地

通过强化土地科学管控，拓展新增建设用地，提高新增用地资源配置效率，平衡各方权益，探索建立建设用地自我约束的管控机制，加快建立土地利用总体规划的市级和功能片区两级体系，理顺土地利用总体规划编制、审批和调整权限，建立土地利用计划指标管理体系，规范建设用地审批流程，仍是未来深圳土地制度改革的重要方向。

（二）以制度改革创新快速推动城市更新，释放更多的集体土地资源

面对征转地补偿、非农建设用地调整落地以及未征未转地的规划利用等一系列土地历史遗留问题，当城市更新项目需要拆除补偿时，已很难回避是否合法以及如何补偿这一关键问题，因此不难理解政府相关部门的进退失据、左右为难。在当前民众越来越关注自身权益及社会话语权越来

高的前提下，要切实有效地推动城市更新，必须更加关注民众的根本利益，城市更新涉及政府的土地利益和市场运作主体的利益，实际上是多个利益主体的博弈，虽然结果是"双赢"的，但达成协议的过程非常艰难。因此，在保障社会和谐稳定的前提下，城市更新工作进展非常缓慢，在制度上创新促进城市更新工作的快速推进，应该是未来城市更新工作的重要方向。

拓宽盘活存量用地思路，借鉴城市更新政策，实现土地整备的政策突破，加快推进项目实施，为产业发展和城市功能提升整备出成片优质的土地资源。

（三）以市场化为导向，优化土地资源配置

深圳近 40 年创造出的快速工业化、城市化和现代化奇迹，市场化改革功不可没，特别是以土地有偿使用制度为核心的土地市场化改革，有效支撑了新增建设用地的快速扩张，助推了经济高速增长。面对城市发展进入存量用地为主的新阶段，深圳应进一步深化土地市场化配置，切实理顺市场与政府的关系，加快打开各类用地特别存量用地进入市场的通道，让存量用地"活"起来、"能"起来。加快产业空间资源优化配置的政策创新，实现"三个转变"，即从单一依靠新增土地向依靠存量土地转变，从单纯的供地方式向供地和供房并举转变，从单纯管理土地资源向发挥土地的资源、资产、资本属性转变。同时，在健全土地交易平台、创新土地交易品种、土地金融服务及土地二次开发的金融保障运行等方面展开探索。

（四）推进原农村集体经济组织深度融入城市发展

作为深圳市综合配套改革系统的有机组成部分，土地管理改革已基本建立工作机制，接下来还要加强改革的顶层设计和统筹谋划，加大横向的部门联动，促进全市经济、社会、土地等各大改革板块的联动，特别是深化"整村统筹"的工作思路，统筹规划、土地、房产与经济、社会管理手段，推进原农村集体经济组织深度融入城市发展；加大纵向的各级政府（新区管委会）联动，加快试点实施，形成土地管理的共同责任、共同发展的良好格局。

三 2017 年改革实践：强化土地公共服务属性

2017 年，深圳出台了关于完善土地供应管理的若干意见，重新启用划拨用地制度，并出售首宗"只租不售"地块，旨在强化土地供应的公共服务属性。

（一）《深圳市人民政府关于深化规划国土体制机制改革的决定》

2017 年 9 月 8 日，深圳市政府发布《深圳市人民政府关于深化规划国土体制机制改革的决定》，将土地招拍挂供应方案及其农用地转用实施方案、以划拨或者协议方式供应的建设用地（含城市更新项目）及其农用地转用实施方案、土地整备项目在国有储备土地外安排且尚未落实的留用土地、征地返还用地、搬迁安置用地，涉及未制定法定图则地区或者需要对法定图则强制性内容进行调整的规划等审批职权由市政府下放至区政府。在年初实施的《关于加强和改进城市更新实施工作的暂行措施》（深府办〔2016〕38 号）基础上，进一步加大城市更新、土地整备管理等权力的下放力度，深化规划土地领域的体制改革。

城市更新、土地整备管理是深圳打破空间资源制约的重要手段，强区放权让基层政府更好把握"窗口期"。比如在罗湖先行进行的城市更新改革试点，审批层级压缩一半，审批环节压缩过半，审批时间压缩近 2/3，大大提升了罗湖城市更新率，成效明显。目前，产业用地供应办法是深圳新的改革内容，未来有望实现"一个部门牵头、一个环节审批、一个层级供地"。

（二）《深圳市人民政府关于完善土地供应管理的若干意见（征求意见稿）》

2017 年 9 月 1 日，深圳市规划国土委发布《深圳市人民政府关于完善土地供应管理的若干意见（征求意见稿）》，重新祭出土地划拨制度。早在 1988 年，深圳在全国首先废除公共用地的划拨模式而改为"协议出让"，在深圳大举发展产业的时代，此举提高了深圳土地供应效率，但用地主体空间、弹性增加导致的批而未用（捂地）、利用不足甚至挪作他用等现象频现，加上不同类型公共用地协议出让的具体方式不同，后续监管和存量盘活都难以实施。因此，此次重启划拨用地，既是为了强化土地供应的公共服务属性，也是对过去土地供应过度强调市场属性的调整。

从《深圳市人民政府关于完善土地供应管理的若干意见（征求意见稿）》来看，划拨方式只能用于四种用途：一是行政管理、文体医疗、教育科研、社会福利、文化遗产、宗教及特殊等公共管理与服务设施，供应、环境卫生及其他公用设施，广场等用地。二是区域交通、城市道路、轨道交通、交通场站及其他交通设施用地，但社会停车场、加油站、独立占地的加气站和充电站除外。三是只租不售的人才和保障性住房、创新型产业用房用地。四是国家核心扶持的能源和水利等设施用地。

与以往的土地划拨政策相比，此次政策变化较大的是，将"只租不售的人才和保障性住房、创新型产业用房用地"纳入土地划拨范围。完全省去了流程和"形式"上的土地出让金，可以说在租赁市场的支持力度上更为彻底，也让最终的租赁成本更低。

（三）深圳出售首宗"只租不售"地块

2017年11月10日，深圳首宗70年自持租赁用地在深圳市土地房产交易中心拍卖大厅以挂牌的方式出让，采用"单限双竞"方式拍卖。该宗地位于龙华民治街道，占地20041.92平方米、总建面90180平方米，最终由深圳市人才安居集团竞得，作价10.1亿元 + 配建37860平方米人才住房。

这是自2016年10月旨在稳定房地产市场的"深八条"发布以来，深圳从土地出让制度改革入手推出的新型土地出让方式，"只租不售"，意味着土地出让方式的再度升级。一个更重要的信息在土地竞买现场传出：除罗湖、福田、盐田外，其他各区都要求在2018年6月底以前拿出一地块试点只租不售。这意味着深圳将在近期推出7块只租不售土地，相当于过去数年招拍挂的住宅用地总和。

四 展望：建设成为具有国际竞争力的创新型城市

深圳作为我国最早的也是最成功的经济特区之一，是我国改革开放的前沿阵地，立足于全球视野，顺应全球发展趋势，面向未来深圳需要在十九大精神的指导下，及早应对全球化转型浪潮，增强资源要素的配置能力。如今，深圳土地改革已进入深水区和攻坚期，面临的问题、困难也是史无前例。作为改革的排头兵和先行地，唯有在一些改革重点领域和关键环节上敢于啃硬骨头、率先取得突破，才能体现深圳特区的历史担当和品格。在原农村集体建设用地等历史遗留问题、集体宅基地、商业用地入市问题、土地调控解决高房价下人才安居问题等诸多方面，深圳土地改革需要更大的敢于啃下"硬骨头"的勇气，推进更高水平、更广领域、更深层次的改革，在土地管理制度改革方面继续当好探路工兵，为全国土地管理制度改革提供鲜活案例和政策储备。

第六章 国有企业改革

党的十九大报告提出"要完善各类国有资产管理体制,改革国有资本授权经营体制,加快国有经济布局优化、结构调整、战略性重组,促进国有资产保值增值,推动国有资本做强做优做大,有效防止国有资产流失。深化国有企业改革,发展混合所有制经济,培育具有全球竞争力的世界一流企业"。深圳市作为改革开放的前沿,必然响应党的号召,在40年改革的道路上一路稳扎稳打,稳中求进,旨在做出先一步的尝试,为全国范围的国企改革提供经验。

第一节 探索集中管理和发展国有资产

19世纪70年代,我国的国有企业有着高度集中的计划色彩,而在计划经济体制下国企不可避免地存在着缺乏自主性、压抑积极性等问题。1978年,党的十一届三中全会扬起了我国经济体制改革的风帆,也擂响了国企改革的战鼓。在一系列的经验总结与政策铺陈之下,深圳也开始了对国企改革的尝试,以寻求形成更好的市场竞争关系的方式,促进市场的协调发展,从而达到对资源更有效配置的目标,并为全国提供范式。

一 成立深圳市投资管理公司

(一)改革背景

在我国对国企改革进行了一番初探后,纵观1978年到1984年的"放权让利"赋予企业一定的自主权以及之后的"企政分开",实践证明我们还需要进行更深入的探索。而深圳作为我国市场经济体制改革的先锋，必然率先对此进行试验，为了解决现有的问题，深圳以完善国有资产管理监督机制为核心，加强国有企业公司治理，对建立社会主义新市场经济体制符合国有资产管理模式的需求进行了不同程度的探索。

（二）探索之道

随着市场经济的快速发展，深圳国企规模越来越大，过去的国资管理方式弊端逐渐暴露，这段时期，深圳国企股份制改造虽然已经有了初步的探索，但是在探索的过程中对股份制企业的监管问题也逐渐浮出水面。为了解决国有资产存在的管理多头、责任缺位的问题，深圳市委、市政府1987年7月决定设立专门从事国有资产监督和管理的机构——深圳投资管理公司，以此来处理国有资产管理模式之间的矛盾，这是全国第一个管理国有资产的机构。[1] 授权代表政府对市属国资企业资产进行监管和经营，同时向市政府负责国有资产的保值增值。然后，深圳市投资管理公司分批对企业实行国有资产的授权经营，向企业颁发授权占用证书，作为企业法人财产权的法律凭证，并与企业的法人代表签订资产经营责任书。在此基础上，逐步建立和完善监督、评估、奖惩等一系列制度。通过努力，改善了多头管理、无人负责的情况，初步形成有效的资产管理制度。

除了监管方面，自1987年以来，深圳投资管理公司也对企业转型进行了相关的探索，以期通过改革让国企能够自主高效发展。从1994年开始，选定了一批企业进行现代企业制度试点，依据企业实际情况进行了重组。一是将拥有国家特许经营权和特殊职能的公司重组为国有有限责任公司；二是将产品销售、经营效益好，符合国家产业政策、企业管理标准的，重组为有限公司；三是符合上市业务重组情况的，转为上市公司。对于已经重组的企业，按照《公司法》和市政府颁布的五项业务规则进行规范管理，在建立和完善现代企业制度方面，真正实现业务机制的变革。同时试点企业内部人员持股，并实行董事长、总经理年薪制，取得了一定成效，对于国家的国有企业改革具有一定的推动作用。

---

[1] 苏东斌：《国有企业产权改革的深圳模式：三级授权经营制——委托代理关系的案例分析及其启示》，《经济研究》1995年第8期。

在深圳市投资管理公司成立后不久，1992年前后，深圳又建立了各个区属的投资管理公司，从这里可以看出，政府准备对国有企业的管理方式进行改革，即采用投资管理公司的方法来筹划和管理国企。这打破了过去的国资管理方式，也唯有深圳能够率先做出这样的尝试。而在之后的发展中，我们可以清晰地看到投资管理公司在国企改革中起到的重要作用。

二 建立三个层次的国有资产管理体系

（一）改革背景

投资管理公司是市场经济体制改革下深圳集中管理和发展国有资产过程中的产物，也是深圳国企改革中非常重要的一步，同时对全国来说是一种前所未有的尝试。深圳市投资管理公司的成立初步厘清了国有企业的产权关系，在认真完成政府交给的任务过程中将深圳的国资管理逐步引入正轨，但是同时也暴露出了另一问题，即投资管理公司集资产管理权与经营运作权于一身，也就是政企不分的问题。于是，深圳在这一方面又进行了进一步的探索。

（二）探索之道

在投资管理公司成立的基础上，为了完善国有资产管理体制，解决政企不分的问题，深圳于1992年成立了市国有资产管理委员会，主要由市体改委、国土局等十四个主管部门的主要负责人组成。次年10月，与之配套的市国有资产管理办公室成立，以作为国资委日常的办事机构。而市国资委是在市政府领导之下的负责国有资产管理的重要部门，其职责主要是监管整个深圳市的经营性国资、非经营性资产还有资源性资产；审议市国资委的发展规划；制定有关管理方面的政策法规；讨论决定国有资产管理工作的重大事宜；统筹协调全市国有资产管理工作并组织对市属企业的授权经营。

在这个体制中，投资管理公司是全市唯一一家国有资产运营机构，它可能导致垄断，从而带来国有资产运营的效率低下，同时，政企不分的问题依然没有解决，因此，为克服这一弊端，深圳市于1994年前后成立了三家资产经营公司，并将全市市属100多家一级企业全部纳入由三者形成的管理体系中。市国有资产经营公司的职能主要是"投资、管理、监督、服务",通过国有资产产权运营,实现其保值、增值。市级国有资产经营公司作为经营国有资产产权的运营主体和国有控股公司,具有法人资格,它与一般企业的关系不是旧体制下的上下级关系,而是国家出资者与企业法人的关系。考虑到资产经营必须遵循市场竞争的原则,国有资产不宜搞垄断经营,而应塑造多个产权运营主体,形成相互竞争、相互促进的格局。至此,国有资产管理的新体系宣告形成。

另外,在国资委/国资办—国有资产经营公司—国有企业的三个层次的国有资产管理体系中,[①] 国资办的主要职能则包括贯彻国资委的各项决定,进行问题调研,组织国有企业清产核资、产权界定、资产评估和产权登记,监管产权交易,处理产权纠纷,制定国有资产增值指标体系,考核资产经营公司运营状况,对国有资产进行分类统计和综合统计,收集整理国有资产管理方面的各类信息,培训国有资产管理人员,等等。

三 改革成效:政企职责分开

三个层次的国有资产管理体制,在上层实现了政府的社会经济管理职能与资产所有者职能的分开;在中层实现了国有资产管理与国有资产经营职能的分开;在下层实现了国家终级所有权与企业法人财产权的分开,明确了企业法人财产权。调整了政府与企业的关系,逐步实现了政企职责分开,通过层层授权,建立责任制度,解决了国有资产"责任缺位"问题,体现了在市场经济条件下,政府管好所有权、放开经营权、行使宏观调控权的改革要求,保障了国有资产的安全和增值。

深圳对三个层次的资产管理体制的探索,为加强国有资产的监督管理,探索以产权管理为纽带的国有资产监督管理的方式、方法和制度起了重要作用,为全国国有企业和国有资产管理体制的改革提供了宝贵的经验,为国企股份制改革创造了一个良好的开端。政府的干预减少以后,企业的自主权就扩大了,包括决策、用人、分配等自主权。不过,从深圳的实践来看,实行三级授权经营虽然在一定程度上可以实现政企分开,明晰

---

① 苏东斌、钟若愚:《曾经沧海——深圳经济体制创新考察》,广东经济出版社2004年版。

产权，但是尚无法彻底解决国有企业承担的一些社会性职能。由于受多种因素的影响，这个探索不能算是成功的，更没有实现国有资产管理从管资产到管资本的转变。而就政企关系而言，国有资产管理委员会的构成决定了其仍然具有双重身份，缺乏独立性。因此，在这样的国有资产管理体制下，完全的政企分开是不可能的。

第二节　初涉国有企业现代企业制度

1992年邓小平同志南方谈话为国企改革第二个时期开始的标志，十四大提出我们的目标是建立社会主义市场经济体制。从1992年到2003年，国企改革中不得不提的就有国有企业股份制改革。1992年之后开始试点股份制改革，虽然在股份制上有很大进步，但当时仅是推行试点，关注点还是在企业经营自主权上面。到1997年后才开始全面推行国有企业的股份制改革，一直到21世纪初，股份制改革使得国有企业效益大幅增加，经营明显好转。股份制改革也成了国企改革历程中非常重要的一步。

一　第一部股份经济法规

（一）改革背景

在三层次国有资产管理体制的建立过程中，深圳也逐步将股份制改革提上了日程。1987年，深圳成立了投资管理公司，只是初步解决了政企不分的问题，把"掌柜"与"东家"分开了，但并没有解决国有企业自身的问题。国家所有，全民所有，但谁来代表？中央国企、省市县级的国企，都是全民的，这很难界定各自责任。这样，国有企业产权结构改革问题也就提出来了。只有通过股份制改革，一个东家变为众多东家，企业才能真正成为市场的主体。

（二）探索之道

1986年，深圳就开始了股份制改革的试点工作，在10月便颁布了《深圳特区国营企业股份化试点的暂行规定》，这便是迈出了股份制改革的第一步;① 1987年11月,深圳在6家集团(总)公司中实行董事会领导下的总经理负责制,董事会是企业的最高决策机构,企业董事长由国有投资公司委派。这项国企股份制改革的试点,为实现政企分开和所有权与经营权分离,企业决策权与控制权、监督权分离迈出了突破性的一步。基于前期国企改革试验,为确立股份有限公司的法律地位,规范其行为准则,保障股份有限公司、股东和债权人的合法权益,保持公有制的主体地位,维护社会主义经济秩序,经国务院授权批准,深圳特区于1992年3月实施《深圳市股份有限公司暂行规定》,这是我国第一部企业股份经济法规。根据该法规以及次年颁布的《深圳经济特区有限责任公司条例》和《深圳经济特区股份有限公司条例》,市政府决定逐步将国有企业改造为有限责任公司和股份有限公司,实现产权主体多元化,形态货币化,流动市场化,管理法制化等,从而构建产权明晰,责任明确,运行规范的新的企业制度。一方面要把大多数市属国有企业逐步改组成有限责任公司,另一方面要积极稳妥地加快股份制有限公司改造的步伐,通过严格把关,将一些符合条件的企业改造成上市公司,同时还要对尚不具备上市条件,但又符合内部股份制改造条件的国有企业,吸收内部职工入股和法人之间相互持股,实行股份制经营管理。

二 现代企业制度第一次试点

(一) 改革背景

股份经济法规的颁布确定了深圳股份制改革的方向,而1994年,《中华人民共和国公司法》的正式实施,标志着企业改革进入建立"产权清晰、权责明确、政企分开、管理科学"的现代企业制度的新阶段。1994年2月,深圳市委、市政府成立企业制度改革领导小组,并在1994年3月的领导小组第一次会议上明确了工作的重点应放在建立企业法人制度、有限责任制度、科学管理制度上,要在企业产权关系、领导体制、分配制

---

① 陆一:《谁开国企股份制先河?》,2011年6月28日,FT中文网(http://www.ftchinese.com/story/001039309,2017年9月7日)。

度、约束机制等方面寻求新的突破，促进企业转换经营机制和建立现代企业制度。

（二）探索之道

1994年2月，深圳市企业制度改革领导小组及办公室正式成立，由时任市委书记厉有为、市长李子彬亲自挂帅，担任领导小组组长、副组长，体现了市委、市政府强力推进改革的决心和信心。在中国内地率先进行现代企业制度试点，拉开了特区进一步深化经济体制改革的序幕。试点工作面广、层次深、力度大、难度高，涉及国有资产管理体制、企业产权制度、领导制度、分配制度和约束监督机制等各个方面，是一次企业制度全方位的改革创新。试点的经验成果在国内第一次勾勒了现代企业制度"产权清晰、权责明确、政企分开、管理科学"的基本特征，为全国其他地区的企业制度改革提供了重要的参考样本，成为当时全国各地和社会各界广泛关注的热点。1993年，党的十四大与十四届三中全会胜利召开，我国明确了"建立社会主义市场经济体制"的总体目标，中央出台了财政、税收、计划、投资、金融、外贸、外汇等一系列重大改革措施。借着改革的春风，1994年初，深圳经济特区提出率先建立社会主义市场经济体制的目标，以建立现代企业制度为核心，出台了一系列先行先试的措施，在企业制度改革上率先作出了有益的探索，继续承担起改革"排头兵""试验场"的重任，也从正面回答了"特区还要不要特"的问题。

改革之初，第一，要确定试点企业；第二，确立企业产权制度改革的目标是建立企业法人制度；第三，将企业领导体制作为改革的难题和热点问题；第四，要明白监督和约束机制是现代企业制度的重要组成部分；第五，要改革企业分配制度，建立激励与约束相结合的机制。

1994年初，领导小组在试点工作总体框架和充分调研论证的基础上，研究制定出具体的实施办法。从8月开始，《关于完善试点企业领导体制的若干规定（试行）》《深圳市试点企业监事会动作办法（试行）》《试点企业按照"两个低于"原则自主决定工资总额和工资水平的办法（试行）》《关于试点企业贯彻按劳分配原则和建立奖励制度的实施意见（试行）》《关于内部员工持股制度的若干规定（试行）》等

13个可操作的规范性试点文件陆续下发,改革正式进入大刀阔斧的实施阶段。

不论是股份制改革还是现代企业制度的试点,最难且最需要解决的问题都是"政企分开"的问题。首先就是要改革国有资产管理体制,对已初步形成的"市国有资产管理委员会—市级资产经营公司—企业"三个层次做进一步完善。并且,"政企分开"必须在法律上加以解决,《深圳市股份有限公司暂行规定》等法规条例为全国做出了示范。而"政企分开"冲击最大的是政府各相关部门,需要各部门摒弃部门利益,需要各部门的积极配合和协同动作。在这之后,从1994年开始,现代企业制度试点在各方努力下慢慢铺开,这在深圳市国有企业改革史上具有突出的意义和贡献。整个集中试点前后持续两年多,试点企业从最初的28家增加到了35家,并同时对300多家二级企业进行了公司制改造;总共出台了16个规范性试点文件,一些成熟的经验在全市广泛推广,对今后深圳市国有资产布局和国有企业改革具有深远影响,使深圳特区的经济体制改革进入了新阶段,也为全国的现代企业制度探索做出了先行先试的表率。

三 改革成效:现代企业制度初步建立

深圳的国有企业改革在经过一系列办法、法规的颁布实施后,总的来说,深圳股份制改革已逐步迈向规范化、法制化的道路。改革取得了不少成效,第一,股份公司的运行机制与国有企业的运行机制相比具有更强的生命力。据对84家股份公司的统计,1989年资金利润率平均为16.77%,高于全市工业企业13.73%的资金利润率水平。深圳最早的5家上市公司,在改革开始的最初3年中,年利润平均增长97%,净资产年平均增长1.3倍,这与深圳市属国营企业3年中利润普遍下降形成鲜明的对比。追根溯源,股份制的出现催促国有企业使用新的运行机制,这不仅提高了国企发展的积极性,更是让国有企业形成了一套独立发展、自我约束、独立经营、自负盈亏的内在机制。从独立发展机制来看,实行股份制,公司产权归国家与职工、居民共有。同时,剩余的收益分红归全体股东、积累也归全体股东。尤其是企业积累增长、资产扩大、股份升值,给股东带来更丰厚的收益。这就改变了积累归国家,消费归职工的现行企业制度,建立起企业自我积累机制。过去，承包经营的方式获得的效益是眼前的，而如今股份制国有企业的发展可以是无限的，股份制为企业确立长期发展策略和长远经营目标提供了保证和条件。同时，股份制能使企业迅速筹集资金，扩大经营规模，增加有效供给，开辟新产业，开发新产品，具有自我发展的能力。从自我约束机制来看，股票集资，用职工、居民手中的钱发展企业，与财政拨款、银行贷款、自有资金的投资相比，对企业约束力较强，盲目性较少。过去企业经营者只对上级主管部门和主管公司负责，现在必须面对来自各方面的监督，即股东监督，社会监督，公正机构监督。从自主经营机制来看，由于股份公司实行董事会制度，企业重大经营决策由董事会做出，经理负责日常生产经营，这在很大程度上摆脱了主管部门和主管公司对企业日常经营的干预，为企业自主经营创造了条件。从自负盈亏机制来看，股份公司的股东以其所认股份对公司承担责任，有了盈利，按股份分红，出现亏蚀，按比例分担。这从根本上改变了现行国营企业体制下负盈不负亏的局面。

第二，股份制改造与股票上市成为政府调整产业结构与产品结构的重要手段。股份制改造除了转变现行国营企业的经营机制外，一个很重要的作用就在于为政府调整产业结构和产品结构提供重要手段。特区成立以来的调整主要是依靠增量调节。随着特区经济的高速增长，今后对产业结构的调整面临着从以增量调节为主转变为以存量调节为主。深圳第二个10年的发展，要推进企业股份制改革和公司上市，调整产业结构，扩大规模效益。具体方式分为：（1）重点选择基础产业的公司进行股份制改造，公开向社会发行股票，筹集资金扶持其发展。（2）适应特区产业政策的调整，选择一批高新技术产业和第三产业的企业进行股份制改造。同时，为了促进第三产业的发展，通过发行股票形式组建大型购物中心，支持大中型国营商业企业进行股份制改造。（3）选择有主导产品的企业，优先进行股份制改革和股票上市。通过股份制改造和股票上市，使一批效益好的企业和一批需要得到支持的基础产业迅速发展，形成规模效益。同时，通过股票的行情波动，获得调整产业结构与产品结构的信息，及时采取调整措施。

第三，开辟了引进外资的新渠道。股份公司建立了一套按国际惯例运作的管理体制，规范了投资者各方面的权利和义务，股份公司存在着一种分散风险、集中投资、稳定经营的机制,对吸引外资,发展外向型经济起到重要作用。目前特区利用股票形式吸收的外资折合人民币约 5 亿元。过去主要采取外商直接投资和对外举债的形式引进外资,前者要求外商除了拥有资金外,还必须具备项目、管理、人才等诸多条件,后者则受到我国偿债能力的限制。与举借外资和吸引外商直接投资相比,发行股票更有利于吸收海外居民、团体、机构拥有的巨额游资,而企业又不必承担偿债的风险。

第三节　国有企业改革新阶段

三层次国有资产管理体制为全国国有企业和国有资产管理体制的改革也提供了宝贵的经验。但总的来讲,由于受多种因素的影响,这个探索还存在一些问题,比如没有实现国有资产管理从管资产到管资本的转变。根据党的十六大报告提出"进一步探索公有制特别是国有制的多种有效实现形式""积极推行股份制,发展混合所有制经济""调整国有经济的布局和结构"的要求,深圳继续对国有资本进行退出与整合、产权主体多元化、股权分置等一系列改革,并在此基础上响应党中央、国务院实施的创新驱动的战略。

一　建立两层次监管运营体制

(一) 改革背景

既然三层次国有资产管理体制并不能满足深圳国企改革的要求,那么深圳便高度重视学习发达国家的管理经验,特别是对新加坡国资监管运营模式的学习,多次组团到淡马锡公司考察学习。积极探索将深圳市国资委由政府特设机构向权责法定、市场化运作的法定机构转型,积极转变履职思维,从管资产为主,现在以管资本为主,履职手段以前强调监督,现在强调监督与服务并重,履职模式以前强调从单项突破,现在强调顶层设计系统规划,履职重点以前偏重产业发展,现在向产业发展与资本运作并重"双轮驱动"转变,履职方式以前偏重行政手段,现在向更加注重市场化引导转变。

(二) 探索之道

2004 年 10 月,深圳根据深化国有企业和国有资产管理体制改革中存在的问题,将延续了近20年的国有资产管理体制扔进了历史的长河,依据国务院《企业国有资产监督管理条例》,对国有资产管理体制进行了调整,撤销了三家资产管理公司。在这次资产经营公司调整中,将一批资产规模较大,处于基础设施公共事业领域的企业,对全市经济社会发展和人民生活有重要影响的企业及竞争性领域中个别有竞争优势的总共24家企业,由国资委对其直接行使出资人的权利。将原有的国资委(国资办)—资产经营公司—国有企业三个层次的国有资产监管体系,调整为国资委——独资和控股国有企业两个层次,"深圳模式"再次被打破。[①] 在学习新加坡淡马锡做"积极股东"经验的基础上,深圳市国资委直接对20家直管企业承担出资人职责,同时又借助履职平台解决规模小、质量差等劣势企业的整合与退出问题,较好地解决了国资监管运营中的委托代理问题,降低了交易成本,提升了监管运营效率。这一"二级管理架构"在国资委的层次实现了政资分开、政企分开,由国资委作为出资人,对市属国有企业行使出资人的权利,实现了管人、管事、管资产相结合。深圳国有资产管理体制调整以来的实践证明,两个层次的国有资产管理体制优于过去三个层次的国有资产管理体制。

除了建立两层次监管运营体制外,2004年前后,深圳对于股份制改革也有一些新的动作。例如从2003年开始,深圳市属5家国有企业通过国际招标形式公开转让部分股权,引进优质战略投资者,实现产权主体多元化。2004年主要依据《深圳市上市公司重组方案》,通过减持部分国有产权、出让股权、内部整合重组和清理退市等方式推动重组,至2006年完成市、区属国有控股上市公司股权分置改革工作。这些事实都可以说明深圳国有企业改革进入了一个新的阶段。

二 发展混合所有制经济

(一)改革背景

2013年11月,中共中央第十八届三中全会《关于全面深化改革若干重大问题的决定》,明确把混合所有制确定为我国基本经济制度的重要实

---

① 苏东斌、钟若愚:《曾经沧海——深圳经济体制创新考察》,广东经济出版社2004年版。

现形式，允许更多国有经济和其他所有制经济发展成为混合所有制经济；鼓励非公有制企业参与国企改革，鼓励发展混合所有制，鼓励发展非公有制资本控股的混合所有制企业。也就是说，国企与民企的融合也将会成为深圳新的一轮国有企业改革的重头戏。

中国企业年金投资管理实际运作资产金额如图6-1所示。

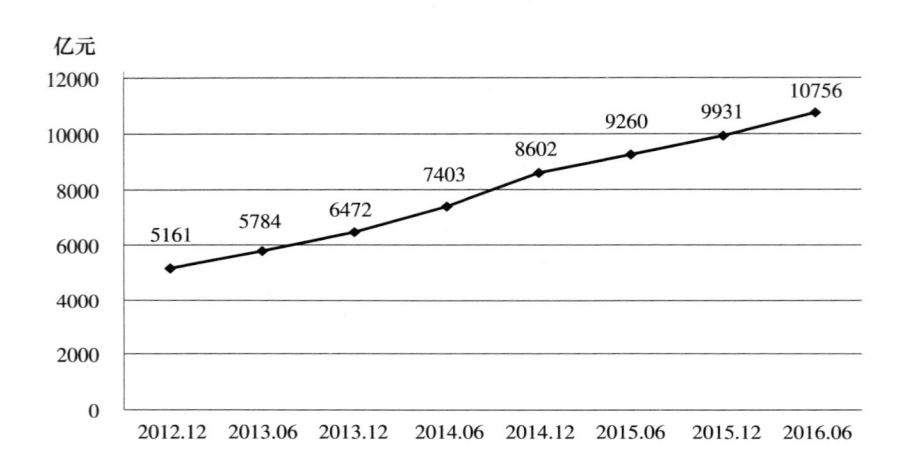

图6-1 中国企业年金投资管理实际运作资产金额走势

资料来源：人力和资源保障部。

（二）探索之道

2003年，深圳展开布局大规模调整，大量劣势国有企业退出竞争领域，通过员工持股转变为混合所有制，剩下的国有资本主要集中在城市基础设施和公共服务。从深圳的改革实践来看，国有企业改革的目标是增加活力和影响力。在调整产能过剩行业中涉及解决安置人员问题。2003年，深圳国有企业改革涉及10多万名员工安置，其中2/3留在企业中，通过实施员工持股，和企业形成命运共同体，既解决了企业的发展问题，又解决了企业发展机制和权利问题。

2014年，深圳全面推进实施《关于进一步深化深圳国资国企改革总体方案》。以管资本为主完善国资监管运营，积极推进混合所有制改革，进一步优化国资布局结构。强化资本运作，通过引进战略投资者、积极推进市属国企产权主体多元化，不断提高市属国资资产证券化率，以资本运作促进产业发展，优化产业布局、提升发展质量。按照中央要求做好国有企业负责人薪酬制度改革，严格规范企业负责人履职待遇和业务支出等。

2015 年深圳市就经与国务院国资委沟通，先行出台了《关于积极稳妥推进市属国企管理层和核心骨干持股试点办法》，在人力资本为核心竞争力的企业对竞争优势企业和上市公司进行试点，如科研院所，高新技术企业，技术服务企业，战略性新兴企业的转型，管理核心骨干控股占 30%，同时建立股权转让退出机制。

深圳国资委积极推进混合所有制改革，着力推动系统内轻资产、重人力资本企业先行先试，各试点企业改革方案都已基本成型，在经完善报批后立即推进实施。此外，深圳国资委还积极实施了产业基金群战略，目前已初具规模，并力争 5 年到 10 年基金总规模达 1500 亿元。① 混合所有制改革是新一轮国有企业改革的重点，对推动国有企业改变经营机制，扩大国有资本功能，提高国有资本配置和经营效率具有重大意义。深圳国资委在混合所有制改革上进行了广泛的探索和尝试。把握原则的同时，在过程中，不仅仅是单纯地混合组合，或是简单地通过投标进行公开招标，由价格高低来选择合作股东，而是特别强调业务发展需要和战略阶段结合，重点关注股东和股权结构的选择。这样可以使公司拥有合理的股东结构，从而真正引入企业，在未来长期发展帮助战略投资者。在混合制改革之下，一些国企的持股结构发生了变化，如图 6-2、图 6-3 所示，这说明改革推动国有企业改变了经营的机制。

在改革进程中，深圳国资委特别关注国有资产的交易规则健全规范，严格规范资产和产权转让。同时加强对国有资产的监督，确保规则公开，过程开放，公开结果。受益于上述措施，目前深圳市国有企业所占比例达到 75%。在 24 家直管企业中，共有 12 家混合企业，其他 12 家独资企业，有 5 家公司核心资产 90% 以上，下属上市公司和股份制企业。目前，深圳纯资本企业只有地铁、远致、城市公共安全技术研究院、人才安居集团和

---

① 严翠：《深圳实施"大国资"战略推动国企并购重组》，《经济参考》2016 年 5 月 18 日（http://jjckb.xinhuanet.com/2016-05/18/c_135369673.htm）。

昆鹏资本等 7 家，主要承担政策性业务，重大产业基金管理和资本运作平台功能。

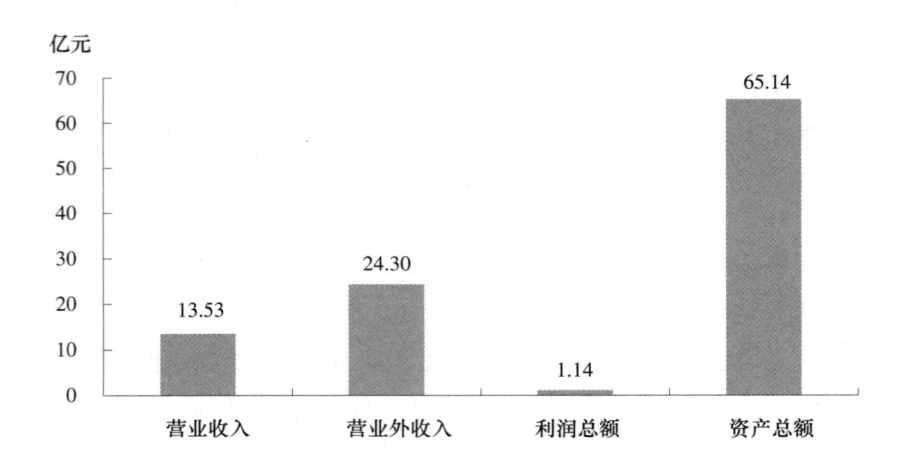

图 6-2　2016 年深圳巴士集团（国企）主要财务数据

- 营业收入：13.53 亿元
- 营业外收入：24.30 亿元
- 利润总额：1.14 亿元
- 资产总额：65.14 亿元

资料来源：深圳巴士集团 2016 年年报。

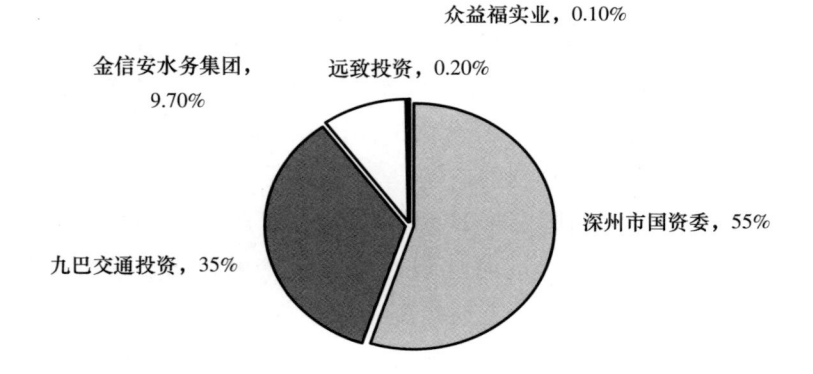

图 6-3　2016 年深圳巴士集团（国企）的持股结构

- 深州市国资委：55%
- 九巴交通投资：35%
- 金信安水务集团：9.70%
- 远致投资：0.20%
- 众益福实业：0.10%

资料来源：深圳巴士集团 2016 年年报。

在国有企业市级层面，深圳国资委推动建立新能源基金、智能设备基金、物流基金等特色基金。通过对过去基金政策的改革，主要解决单一的资本运作、资本流动性不强、股权投资不大和进入渠道不畅通的问题。此外，深圳国资委还大力推进上市融资，促进兼并收购和战略合作，加快"走出去"步伐等手段优化国有资本战略布局，取得了良好的效果。深圳国有企业，国有资产证券化率50%完成内部股权整合，下一步将结合产业链和价值链上下游，进行更深入的重组和资源整合：深圳能源，地铁，机场，盐田港等优势企业在国际业务上探索新的步伐。

三　国企改革创新发展

（一）改革背景

近40年来，深圳对国有企业进行了多次、多层面的改革，在不断深化的政策之下，深圳的国有企业已基本达到了"规模做大，实力做强"的目标。《中共中央关于全面深化改革若干重大问题的决定》及陆续出台的《关于深化国有企业改革的指导意见》《关于国有企业功能界定与分类的指导意见》等文件都为国有企业的进一步深化改革提供了方向。《决定》中不仅提出要积极发展混合所有制经济，要坚持政企分开、政资分开，而且还提出国资要实现从"管资产"向"管资本"的转变。此后，党中央、国务院开始实施创新驱动战略，深圳更是响应国家号召，围绕建设更高水平的国家自主创新示范区，加快打造国际化科技和产业创新中心，加快建成现代化国际化创新型城市，相继制定出台了一系列的政策文件，深圳国资委也紧跟脚步，致力于积极打造、做大做强创新型国有企业，更好地服务深圳经济社会发展和民生改善，更好地助力深圳建成现代化国际化创新型城市。

（二）探索之道

深圳国资委立足于国家、省、市的创新驱动战略之上进行了一系列的探索。2015年4月开始，深圳国资委就持续关注并详细收集了各地的创新政策文件，经过一系列的研究、对比与借鉴，于2015年12月25日制定了《关于促进市属国有企业创新发展的若干措施》的初稿，同时还对企业的创新工作情况首次进行了全面系统的了解及研究，从中总结发展经验，并尝试弥补其中的短板，进一步完善《措施》。2016年上半年，在征求各方意见、吸收深圳市三大创新政策并经过多轮审议审定后，于2016年5月出台印发了《深圳市国资委关于促进市属国有企业创新发展的若干措施》（以下简称《措施》）。

《措施》从创新战略层面对深圳市国有企业发展做出了整体的部署，即全面落实创新战略、持续完善政策体系、分类推进企业创新以及强化统筹督导；明确了创新发展的三大目标，即做强做大一批大型企业集团、发展壮大一批战略性新兴产业企业、持续发展一批高新技术产业和中小微企业；提出了七项相关部门需重点进行的工作。深圳国资委着眼于顶层设计方面，首次提出直管企业要全面建立以创新促发展的整体规划、重点专项创新规划、年度创新完善计划及考核激励机制；首次明确打造完备的创新政策体系的具体项目；首次提出分类创新的原则和重点，即对公益类企业突出创新提升公共服务质量和保障能力，重点推动企业强化管理、品牌、服务、商业模式等创新，对商业类企业突出创新市场化考核机制，重点推动企业强化科技、产品、产业、商业模式等创新；首次提出建立两级创新工作。在资金支持方面，深圳市的创新专项资金投入取得了重大突破，发起设立深圳国资改革与战略发展基金，首次明确要求直管企业全面建立研发投入长效机制并要求工业类规模以上企业全面建立研发准备金制度和研发机构。《措施》表明深圳国资委率先开展管理层和核心骨干持股，除此之外，在上市公司中不仅管理层和核心骨干可以持股，高层次科技人才亦可持股，并且持股比例在全国国资中最高，比例上限放宽至30%。在创新成果问题上，国资委进一步优化了创新成果转化转让机制，明确可以协议转让技术类无形资产、可以许可使用方式转化科技成果。这是在不违反相关法律法规的情况下对相关国资监管规定的突破。除此之外，国资委还明确要求企业建立知识产权管理体系，将研发团队及重要贡献人员分享科技成果收益的比例提高至50%以上（全国最高）。国资委极大丰富了创新激励股权、现金、技术入股三类九种方法，明确对创新团队和个人给予奖励或重奖并提出必须建立国企容错机制。在考核创新方面，国资委提出要在企业经营业绩考核中建立科技创新专项奖，要对创新投入和产出进行分类考核，并率先开展相关创新投入视同于利润试点。

《深圳市国资委关于促进市属国有企业创新发展的若干措施》中提出

了八项相关部门需重点进行的工作：第一，在全力打造创新型国有企业方面，目标之一就是要做强做大一批大型企业集团。国企要将主要资产集中在基础设施与民生保障、金融物流等现代服务业、新兴产业、先进制造业等关键领域和优势产业，成长一批与深圳地位相符的大型国有企业集团。要对接国家"一带一路"倡议，推动优势产业和产能国际性融合，提升市属国资国企参与全球资源配置、产业扩张的能力；聚焦央企、外企、民企等标杆企业，创新合作内容、合作机制、合作方式，实现共同发展做强做大；并有效利用上市公司平台和国有资本投资运营公司，创新资本运作机制，积极实施跨地区、跨行业并购重组或境外重大并购。目标之二就是要发展壮大一批战略性新兴产业企业。支持一系列优势产业集团，积极推动新技术、新产业、新业态发展，培育三到四家高成长性的战略性新兴产业企业，并支持节能环保、清洁能源等产业，同时鼓励市属国企前瞻布局生命健康、航空航天、海洋经济、智能制造等未来产业。目标之三就是扶持发展一批高新技术企业和中小微企业。建立高新技术企业库，对入库企业给予支持，推动上市；鼓励市属国有控股企业，尤其是上市公司与具有发展前景的民营、外资等多种所有制高新技术企业开展并购重组；支持转化一批具有自主知识产权的重大高新技术应用成果，借市属国企系统内外"双创"平台、创新载体、产业园区之力，开展"双创"。第二，在加大自主创新奖励扶持方面，主要是加大自主创新资金的投入、扩大奖励扶持项目内容并优化完善奖励扶持工作机制。第三，在推动金融创新支持国企创新方面，深圳市国资委实施支持国企创新，大力推动创投基金和特色产业基金发展，并鼓励优势市属国企参与管理和发起设立人才创新创业基金、海外创新投资基金；同时鼓励国有创投支持国企创新，支持创投企业与金融企业，积极参与市属国企重大科技创新、创新成果产业化、新兴产业培育。此外，还积极推动国有创投企业市场化运作，支持国有创投企业进行相关并购重组，以及一系列市场化的机制等。第四，在加强自主创新基础建设方面，主要包括创建高水平技术创新载体和加强知识产权管理。第五，在加快创新驱动激励机制改革方面，强调要有序开展管理层和核心骨干持股并丰富创新激励方式。第六，在强化创新驱动绩效考核方面，要实行创新投入和产出分类考核。第七，在广泛开展国际国内创新交流合作方面，要构建市属国企创新合作机制，支持打造创新论坛和新型智库并鼓励企业"走出去"创新发展。第八，在强化创新型人才队伍建设方面，要凝聚一批创新型高端人才，加强企业创新型人才培养。

四 展望：面向开放、创新、市场化

在改革长路上，深圳一路不断披荆斩棘，国有企业改革发展不断取得重大进展，总体上已经同市场经济相融合，运行质量和效益明显提升，创新发展势头正强。但也要看到，国有企业仍然存在一些亟待解决的突出矛盾和问题，比如：一些企业市场主体地位尚未真正确立，现代企业制度还不健全，国有资产监管体制有待完善，国有资本运行效率需进一步提高；一些企业管理混乱，内部人控制、利益输送、国有资产流失等问题突出，企业办社会职能和历史遗留问题还未完全解决等。基于此，党中央、国务院发布了《关于深化国有企业改革的指导意见》，在发布之后又陆续出台了 18 项改革意见或方案，确立了以该指导意见为引领、若干文件为配套的"1 + N"政策体系。深圳必然要响应国家的号召，开创新的模式。

在国家确立的以《关于深化国有企业改革的指导意见》为引领、若干文件为配套的"1 + N"政策体系之后，深圳国资委于 2016 年底制定了"1 + 12"深化国有企业改革系列制度文件，广泛凝聚共识，不断把国资国企改革引向深入。① 目前，改革实施方案已经深圳市委深改组审议原则通过，并按程序已上报市政府。

"1 + 12"深化国有企业改革系列制度文件中的"1"，即《关于深化市属国有企业改革促进发展的实施方案》，主要对当前及今后一段时期深圳市属国企改革进行通盘考虑、整体设计，系统阐述了深化国企改革的思路、原则、路径、目标、任务和要求，是牵头抓总的纲领性文件。"12"即 12 项配套制度，涉及 5 个范畴，其中属于厘清权责关系范畴的有权责清单、国企功能界定与分类、容错机制 3 项；属于经济调整优化范畴的有国有资本结构调整与企业重组整合 1 项；属于选人用人范畴的有领导人员

---

① 《深圳国企改革酝酿大动作 "1 + 12" 制度文件已制定》，《凤凰财经》2016 年 12 月 9 日（http://finance.ifeng.com/a/20161209/15066025_0.shtml，2017 年 9 月 10 日）。

能上能下能进能出、中小企业经营班子整体市场化选聘、专职外部董事、后备人才队伍建设4项;属于激励约束范畴的有薪酬分配机制、管理层和核心骨干持股2项;属于加强党的领导范畴的有坚持党的领导加强党的建设、章程增加党建内容修订指引2项。"1+12"文件囊括了当前改革发展亟须突破的重点环节和关键领域,充分体现改革的系统性、整体性、协同性和耦合性。已出台和拟出台的"1+12"深化国有企业改革系列制度文件,坚持问题导向、目标导向,主要体现市场化、大创新、开放型、加强党的领导四个特色。①

在一系列的改革之后,深圳实现了"十三五"的好起点。2015年深圳市规模以上国有工业总产值及轻重结构与企业规模结构如图6-4、6-5所示:

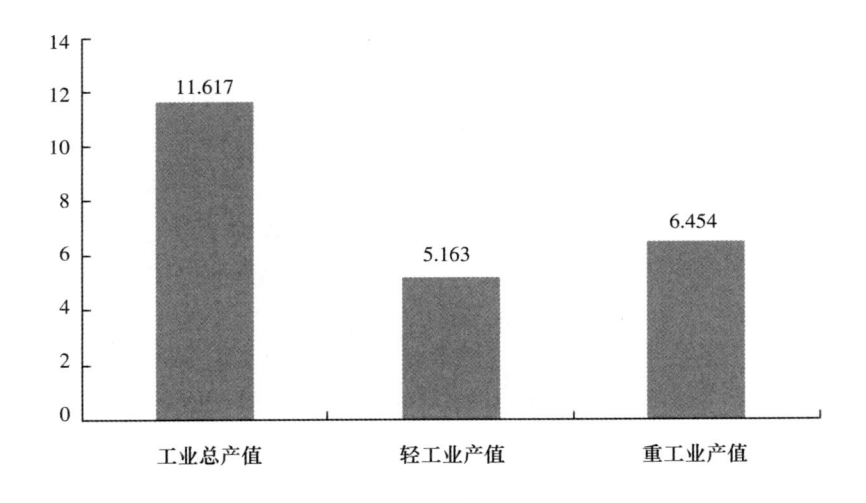

图6-4 2015年深圳市规模以上国有工业总产值及轻重结构(单位:亿元)
资料来源:《深圳统计年鉴2016》。

---

① 《深圳国企改革酝酿大动作"1+12"制度文件已制定》,《凤凰财经》2016年12月9日(http://finance.ifeng.com/a/20161209/15066025_0.shtml,2017年9月10日)。

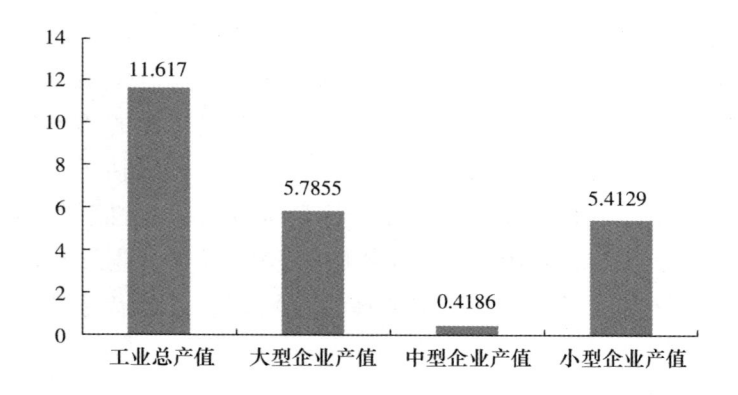

图 6-5　2015 年深圳市规模以上国有工业总产值及企业规模结构（单位：亿元）

资料来源：《深圳统计年鉴 2016》。

2017 年国有企业大力实施改革为先、发展为大、创新为上、人才为本、党建为基、风控为栏的"六为战略"，为深圳国际创新城、国际科技创新中心以及更新国企组织结构、组织模式服务。深圳市政府通过实施深化市级国有企业改革，深入重组审查工作，明确新一轮国有企业改革思路，更加重视成为国有企业改革先锋和实验领域。市国资委围绕权力与责任关系，结构调整，改革创新激励重点领域，形成 12 个配套改革文件，坚持以问题为导向，以目标为导向，积极探索"深圳模范"国有市场监督管理，建设国际一流国有企业资本投资公司。2017 年底前，国有企业制度改革的基本完成，是深化国有企业改革的重要内容。

国有企业是我国国民经济的支柱。发展社会主义社会的生产力，实现国家的工业化和现代化，始终要依靠和发挥国有企业的重要作用。深圳特区通过国有企业的改革，大大提高了生产资料占有的社会化程度。深圳国企股份制度改造的实践证明，股份制是国有大中型企业建立现代企业制度的主要财产组织形式，它对于国有企业的转换机制，增加经济效益具有不可替代的作用。[1]

---

[1] 《不限领域、错位发展、有所不为——国企改革的"深圳经验"》，《国资报告》2017 年 4 月 8 日（https://www.wxzhi.com/archives/801/cmq8ai07rpzyldj1/，2017 年 9 月 10 日）。

第七章　创新创业体制改革

党的十九大报告中提到："创新是引领发展的第一动力，是建设现代化经济体系的战略支撑。要瞄准世界科技前沿，强化基础研究，实现前瞻性基础研究、引领性原创成果重大突破。加强应用基础研究，拓展实施国家重大科技项目，突出关键共性技术、前沿引领技术、现代工程技术、颠覆性技术创新，为建设科技强国、质量强国、航天强国、网络强国、交通强国、数字中国、智慧社会提供有力支撑。加强国家创新体系建设，强化战略科技力量。深化科技体制改革，建立以企业为主体、市场为导向、产学研深度融合的技术创新体系，加强对中小企业创新的支持，促进科技成果转化。倡导创新文化，强化知识产权创造、保护、运用。培养造就一大批具有国际水平的战略科技人才、科技领军人才、青年科技人才和高水平创新团队。"因此，深圳作为改革开放的试验田，更需要为全国创新创业体制改革做出尝试，响应十九大的号召。

第一节　"经济特区"与南方谈话助推创业

工业化过程几乎是任何国家和地区实现经济发展的必由之路，我国也必然要对此进行尝试。1978年12月召开的中共十一届三中全会使我国进入了以改革开放和社会主义现代化建设为主要任务的历史新时期，作为中国经济改革和对外开放的"试验场"，深圳在城市"创业"初期需要大量的工业资本，那么如何高效地发展工业，就是深圳亟待解决的问题。回顾当时的发展，虽然深圳在某些方面的确略有不足，却也有着别处没有的优势,首先,深圳紧靠香港,区位决定了深圳相对于其他地方更容易直接接触到最新的技术、金融、市场信息。深圳可以利用这一点快速推动研究成果孵化成商品的过程。其次,深圳有着当时最开放的政策。"经济特区"给深圳带来的不仅是优惠的开放政策、宽松的创业环境,还带来了工作的高效率和大量的人才。于是,为了更好地发展先进工业,并以此来更新传统工业,将"研"与"产"结合,就有了园区的构想。

一 第一个外向型经济开发区——蛇口工业园

(一)改革背景

随着十一届三中全会的召开,我国发展进入了新阶段,深圳作为改革开放先试先行之地更是率先进入状态,利用自身作为"经济特区"的优势为全国高效发展工业做出尝试,而深圳选择了蛇口。正如袁庚所说,蛇口的发展"是从人的观念转变和社会改革开始的"[①]。于是,伴随着思想的解放,党中央批准了交通部党组《关于充分利用香港招商局问题的请示》,揭开了深圳工业大发展的序幕,最为显著的就是深圳蛇口工业园区的建立。

(二)探索之道

蛇口是位于深圳西部的一个半岛,站在岛上可以远眺香港,区位优势决定了从这里"试验"的开始。1979年1月3日招商局代交通部和广东省革委会起草致国务院的《关于我驻香港招商局在广东宝安建立工业区的报告》,1月31日袁庚和交通部副部长彭德清向时任中共中央副主席李先念、国务院副总理谷牧汇报在广东建立蛇口工业区的设想,当即得到批准,招商局蛇口工业区从此创立,同年7月,蛇口工业区基建正式开始,招商局独资开发我国第一个出口加工工业区——蛇口工业区,在当时计划经济体制还是我国的主要经济模式时,带领广大的创业者进行蛇口工业区的创建发展。

1981年,蛇口工业区进行了两方面的改革。第一,在住房制度上,蛇

---

① 刘建强:《蛇口基因——破解平安、中集、招行、万科、华为体内共同的密码》,《中国企业家》2008年第8期。

口实行职工住房商品化，这是我国住房制度改革道路上所尝试踩出的第一个脚印，住房商品化对深圳发展初期满足大量人口住房的问题来说不失为一种好的解决方式。第二，与以往的计划分配干部不同，蛇口工业区开始公开招聘人才，这就使各地及各高校的优质人才纷纷涌入蛇口，从人力资源配置的角度来说，这一现象与当时工业区发展外向型经济的要求相匹配。聘用制的好处就在于各个职位的人员可以有目标地进行调整，人才流动更为灵活。这一举措促使蛇口在两年后成立了管委会，增加了监督环节，让群众监督受聘者，该方式大大提高了蛇口工业区的创业积极性，并为我国人事制度改革跨出了第一步。在这一年，蛇口还进行了工资制度的改革，从以前的平均分配转变为基本工资+浮动工资的分配方式，这与我国市场经济相适应；同时，在用工制度上，蛇口也首推劳动合同制，这为我国用工制度提供了参考。

1984年，蛇口建立了蛇口区管理局，由工业区产生政府领导，拥有十分独立的自治权。1986年，蛇口工业区推出了竞争机制，希望建造一个完全是工业区主办，无须政府注资的商业银行。于是在工业区内部结算中心的基础上，就有了新中国第一家企业股份制的商业银行——招商银行。招商银行成立后的两年时间里，平安保险也在蛇口落地生根，这是新中国第一家由企业创办的商业保险机构。

深圳蛇口工业区可以说是中国特色经济特区中的一个样本，是广大创业者的奋斗范本，为改革开放踏出了第一步，并获得了一定的成绩。"蛇口模式"对全国有相当大的借鉴意义，那里诞生了一批又一批十分优秀的企业，比如：华为（1987年）、平安（1988年）、万科（1984年）等。

二 我国内地第一个科技园区——深圳科技工业园

（一）改革背景

19世纪80年代初，全球掀起了一股新技术革命的浪潮，当时世界上很多的工业大国和亟待发展的区域先后建立了以技术与知识集聚的园区，这是推动新技术发展的十分奏效的方式。新中国成立后实行计划经济下的重工业优先发展工业化战略，改革开放使工业化过程逐渐趋于市场化。在这个阶段，深圳经济特区于1980年建立，由于最初的"三来一补"政策的实施，出现了大批劳动密集型的企业，4年过去之后，市场机制指导下的工业化进程取得了令人瞩目的经济发展成绩，深圳的总产值变成当初的30倍，电子等一系列的工业部门已成型，但是也面临着由大量外来人口带来的城市压力，比如住房、交通、水电供应等硬性发展问题。于是，深圳考虑到要有新的创新创业模式来改革工业发展方式和科技体制。

（二）探索之道

深圳特区建立没多久就开始考虑科技体制的改革，美国硅谷给了深圳一系列的"产""研"结合的启发，但是当时深圳的科技资源并不是特别好，于是，深圳开始借助中科院的力量，尝试科技体制的改革。1984年，深圳与中科院两方协商共同投资，并由深圳负责人才的优惠政策，中科院负责专业技术与管理的人才投入。但是，深圳科技工业园的创办并不是立刻落地的，在选址和规划问题上就进行了多次的调研与修改，从上下梅林水库到车公庙、红树林一带，最后落地在了深圳湾畔。经过详细的规划和建设之后，深圳科技工业园从一张蓝图变成了正式投入使用的实体园区。

深圳科技工业园是我国对于高新园区的初试，当时的工业园有资金有技术，但是却没有一套适用的管理方式。反观当时我国经济都是以计划为主，自主管理的经验一片空白，办企业的流程繁复而冗杂，扯皮推诿的事情屡见不鲜，因此这种效率低下的方式并不适合特区工业园的发展。由于"特区"之"特"，科技工业园必然要打破常规，在管理方式上做出突破，于是，深圳科技工业园就采用了企业经营的管理模式，将整个园区当作企业来运行。

1986年，深圳科技工业园对法国和联邦德国的高科技工业园区进行了交流和观摩学习，并从中寻找科技园运营的经验教训。次年，由于深圳的民间企业有很大的创造力与发展潜力，深圳科技园在吸收了法、德的经验后就开始尝试建立民间科技开发基金和中心，期望能够做出类似"科技苗圃""新企业孵化器"的平台，为深圳的民间科技发展提供便利，激发民间的积极性与创造力，丰富工业园区的创新。如陈汉欣曾撰文说："我国民间科技的潜力巨大，有的适合活跃乡镇企业，有的适合于发展城市的商品经济，有的可以替代进口。其中也有一些发明创造，虽然目前数量不多，但如果开发成功，不但产品可以出口，甚至可以在国际商品竞争中取得优势。"① 1988 年，园区拿出 100 万元人民币对该设想进行投资，建立了一个以企业的方式进行经营的"新企业孵化器"——民间科技创业中心。创业中心并不只是一个只会"拿来"的平台，它不仅帮扶有潜质的民间科技企业，而且还着力培育我国专业科技人才的其他杰出企业外的发明，这为专业人才的成果转化提供了流程以及制度上的便利。科技园区在建立初期就吸引了许多其他国家的企业入驻。在南方谈话之后，园区内企业越来越多，园区发展速度速增，康泰、科兴等企业如雨后春笋般涌现，同时，一批类似华为等的企业陆续进入，整个园区发展欣欣向荣。在第一届国际（深圳）高新技术成果交易会上，深圳科技工业园中走出的华为、长城、海曼等科技企业及其产品的展示受到各方的重视。

1991 年，深圳科技工业园成为首批国家级高新技术产业园区之一，但由于其性质原因，深圳科技工业园与别的园区不同，它不是省市政府的派出机构，也就是说没有行政审批权限，在实际工作中带来了不少麻烦，某种程度上拖慢了园区的发展进程。

1996 年，深圳市成立了高新技术产业园区，也就是对深圳科技工业园进行扩建，面积从原来的 3.2 平方公里变为 11.5 平方公里，是国家"建设世界一流高科技园区"的 6 个试点园区之一。深圳软件园、国家 IC 设计深圳产业基地、孵化器等科研及转化机构都在园区内，形成一定规模的集聚效应。

正如 1999 年出版的《中国高新技术产业发展报告》上所写的那样："1985 年 7 月，中国科学院与深圳市人民政府联合创办了我国第一个高新技术产业开发区——深圳科技工业园。"② 也就是肯定了我国的科技工业园的发展源头在深圳科技工业园，深圳科技工业园率先做出了对高新区的尝试，并创办了科技商品交易所，形成了一条科技的产业链，促进并推动技术市场化的进程，为全国科技工业园区的创立提供了经验范式，实践证明深圳科技工业园的历史地位不可撼动。

---

① 杨广慧：《深圳十年的理论探索》，海天出版社 1990 年版。
② 徐冠华主编：《中国高新技术产业发展报告》，科学出版社 1999 年版。

三 "三来一补"政策的发展提升

(一) 改革背景

工业园区的建立对深圳当时的创新创业发展提供了新的契机,但是由于"三来一补"政策具有内在的产业缺陷,深圳的发展仍然面临着难以突破的困境。当时的深圳虽有优惠政策加持,但还是处于一个生产计划性较差,发展不稳定的状态,这是"三来一补"带来的弊端。随着发展的推进,逐渐暴露出了对外商的技术依赖性强、自主能力低、利润少等问题,在这种情况下,深圳市政府认为原先的政策需要发生改变。

(二) 探索之道

蛇口工业园和深圳科技工业园聚集了很多有发展潜力的企业,企业的发展需要相配套的政策,于是,1991年5月,深圳市委市政府第一次颁布了高新技术及其产业发展的地方性法规《关于加快高新技术及其产业发展暂行规定》,深圳高新技术产业以此为新起点,发展势不可当。而后的南方谈话更是进一步推动了当时创业、创新的进程。因此,1992年,深圳市认为原来的"三来一补"已经不能适应当时科技技术市场的发展了,就提出要对"三来一补"提高技术的要求,也就是要从劳动密集转向技术密集,并且要推广至边沿城市,这样才能解决之前产生的技术、自主能力、盈利水平、土地资源利用率低的状态。于是,深圳市的高新技术产业的发展路径在"八五"计划中定了调。

第一,要深化改革,要强化政府的宏观调控,并充分发挥"看不见的手"的作用,形成以企业为主的多种形式联合的技术开发体系。第二,要拓展国际市场,提高深圳的自主产品的核心竞争力,才能更好推动外向型经济发展。第三,要与国际接轨,积极学习国外的技术知识,引入国外人才与外资。第四,要有目标地对潜力巨大的高新技术企业进行定向支持,培育龙头企业与重点项目,利用好高新技术园区的优势。第五,要用新技术改良更新传统产业,推动产业进步。第六,要与国内的人才、技术培养基地(大学、科研机构等)进行合作,深圳是一个有多项优势且市场化程度较高的城市,这可以吸引高质量科技研究与高素质专业人才来深发展。

除此之外,深圳在后面的几年里先后出台了《鼓励和支持大型企业和企业集团建立技术中心暂行办法》及《深圳市技术进步奖励办法》，这为引进人才、吸引技术提供了制度保障。

四 改革成效：培育出世界"五百强"企业

在 1980 年到 1998 年的时间里，"经济特区"与邓小平的南方谈话助推了这一波创业浪潮，华为（1987 年）、富士康（1988 年）、比亚迪（1995 年）、大族激光（1996 年）等企业抓住了这一轮的发展契机，如今它们当中很多已经成为世界五百强企业。在"经济特区"建立的背景之下，依托区位、政策等优势，蛇口工业园与深圳科技工业园的先后建立为深圳创新创业发展奠定了工业基础，这是未雨绸缪、颇有远见的重大举措。1988 年，《深圳经济特区加快高新技术及其产业发展暂行规定》出台，深圳在中国内地率先确定了发展高新技术产业的基本思路，之后邓小平的南方谈话更是为深圳的发展推波助澜。而深圳建设如此规模的工业区与高新技术产业园区，目的就是为深圳今后 10 年乃至 40 年高新技术产业的发展准备好空间。创造工业园不仅是为了集聚人才、产业、技术、模式，更是为了引进外资和更先进的技术，从而迈出对外开放的第一步。深圳的高新技术产业发展态势良好，1998 年，深圳市政府将高新技术产业定位为"深圳的特色经济和第一经济增长点"。同年，深圳创新科技投资有限公司、深圳市中科融投资顾问有限公司以及中国高新技术产业投资基金成立，次年开始深圳每年都举办高交会，以促进科技发展，为迎接即将到来的互联网浪潮打好基础，以营造深圳的核心竞争新优势、构筑科学发展新高地，进一步搭建承接"创新创业"发展的重要平台。

第二节 WTO 下的新创业机遇

随着历史的发展与时代的转变，中国的市场经济体制不断完善，国际地位逐渐增强。2001 年，中国正式成为 WTO 的成员国，这意味着我们即将面对一系列的机遇与挑战。而在这之前，我国就已接入了互联网，从此拉开了互联网时代的序幕。随后 4 个互联网主干网先后建成，我国的信息网络由此搭建，互联网的发展逐渐兴起，1999 年，掀起了一股互联网的浪潮。深圳在"入世"与互联网的推进下,创新创业迎来了新的发展机遇。

对于新阶段的创新创业,在《迎接知识经济时代,建设国家创新体系》的报告中,提出:"国家创新体系是由与知识创新和技术创新相关的机构和组织构成的网络系统,其主要组成部分是企业(大型企业集团和高技术企业为主)、科研机构(包括国立科研机构、地方科研机构和非营利科研机构)和高等院校等;广义的国家创新体系还包括政府部门、其他教育培训机构、中介机构和起支撑作用的基础设施等。"[①] 这表明中国创新体系是知识创新和技术创新并举的系统。深圳在这一阶段也响应国家的号召,顺应时代的发展,进行进一步的自主创新培育。

一 深圳研究机构的建立

(一)改革背景

1994年,中国新任领导人江泽民视察深圳时,勉励深圳要"增创新优势,更上一层楼"。1995年,深圳市开始"第二次创业"。1995—2013年,是深圳市的二次创业阶段。这一时期,深圳市的产业开始向资本密集型与技术密集型发展,产业结构逐步提升(见图7-1)。

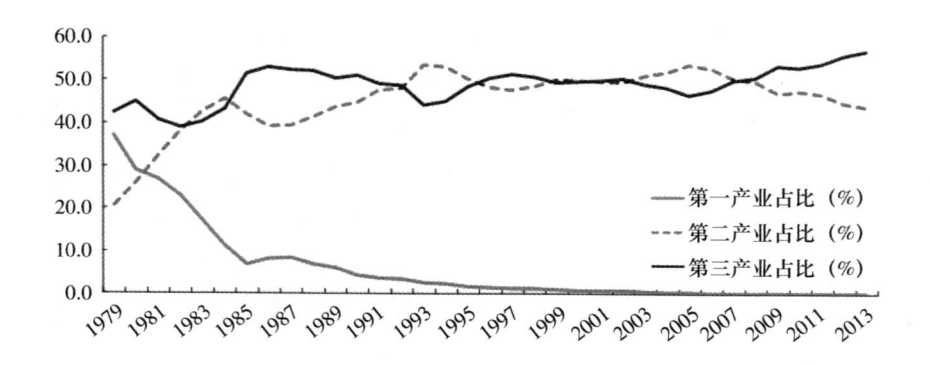

图7-1　1979—2013年深圳市三大产业占比的变化趋势

资料来源:深圳市统计年鉴。

---

① 何传启等:《迎接知识经济时代,建设国家创新体系》,《中国科学院院刊》1998年第3期。

这也是工业化发展到一定程度后对深圳的进一步发展提出的新的要求。一味地引进国外的模式与技术已经不能满足特区的发展需求，因此深圳迫切需要创造真正属于自己的东西，而一些初创的创新型企业缺少发展的政策、人才等条件，所以，1996 年，深圳清华大学研究院成立，1999 年，深圳开始建立深港产学研基地和大学城，希望能实现从与外界相互学习向自主创新的转变，以求进一步的创新发展。

（二）探索之道

为了满足人才与技术的要求，1996 年，深圳市政府和清华大学合作举办的清华大学研究院落地深圳，这是我国第一个"产学研资"一体化的教育平台。清华大学研究院大胆推行多维体制创新，集各类组织优势于一身：既是事业单位又不完全像事业单位，既是科研机构又不完全像科研院所，既像大学又不完全像大学，既像企业又不完全像企业，这种"四不像"的模式，全面实现了机制创新、目标创新、功能创新、文化创新，管理上更为灵活、富有活力。在用人机制上，清华大学研究院作为新型事业单位，不纳入机构编制管理范畴，不核定编制，不定级别，自主用人、广招贤才；在激励机制上，按照市场薪酬水平吸引国内外高端创新人才，研发团队可分享技术股权，充分调动科研人员研发的积极性；在投入机制上，以产业化为目标，将项目经费、股权激励、人才队伍建设捆绑在一起，配套支持；在运作机制上，以市场为导向，以"中心+产业化公司"模式运作加入的研发团队（如高端半导体激光器团队和新一代分子诊断及测序技术团队等），带动实验室设立产业化公司，以市场化理念运作科技成果，在研究院内部形成了良好的干事创业机制。

清华大学研究院立足深圳，服务珠三角，汇聚全球资源，通过"四个结合"——大学与地方结合、研发与孵化结合、科技与金融结合、国内与国外结合，整合创新产业链的人才、技术、资金、载体四大要素，构建研发平台、人才培养、投资孵化、创新基地、科技金融、国际合作六大板块深度融合联动的双创"立体"孵化器，一体化地支撑、服务和推动从科技项目到创业企业，再到企业上市、并购、独立发展的整个孵化过程，大幅提高科技成果转化效率，不断培育科技和产业发展新动能。

一是全力创建高科技研发平台。累计投入 6 亿元，重点建设了电子信息技术研究所、宽带通信技术研究所、航空航天技术研究所和综合技术研究所等 7 个研究所，下设十几个国家、省、市级重点实验室（含 2 个国家重大实验室分室），涵盖深圳市重点产业领域，聚集了大批高层次人才，拥有 973 首席科学家 5 人、千人计划 3 人、广东省创新团队和"孔雀计划"团队立项 4 个、专职研发人员近 300 人；积累了大批高科技成果，组织实施十余项重大科研项目产业化。二是积极为社会培养高端管理和创业人才。清华大学研究院博士后科研工作站迄今为止培养了 80 多名博士后，承担了清华大学面向深圳和华南地区的研究生社会实践活动，为珠三角地区数万余名企业家提供了高品质的管理培训服务。三是大力开展科技创新创业服务。1999 年设立力合创业投资公司，现更名为"力合科创集团有限公司"，定位于"中国科技创新服务业"的领航者，打造集股权投资、科技园区、科技金融、孵化器、国际业务、产业发展为一体的科技创新服务企业。四是助力珠三角提升创新能力。除在深圳设有创新基地外，还在东莞、珠海等地建设创新中心，创新服务辐射整个珠三角地带。五是积极打造完整的"金融＋产业"链。借力于科技特色的金融体制创新，将清华大学研究院科技资源、清华大学科技资源和海外科技资源，与自有资本、社会资本和金融资本进行深度融合，孵化企业。目前，已经形成了科技担保公司、科技小额贷款公司和科技融资租赁公司等比较完整的金融产业链。六是深度拓展国际合作网络。汇聚全球资源，搭建国际合作网络，致力于国际技术转移、国际投资并购和海外团队引进。2002 年成立深圳清华国际技术转移中心，被科技部认定为国家技术转移示范基地，以该中心作为海外合作的国内支撑点，在海外设立了北美中心、欧洲中心等 6 个中心。同时，通过国际化的网络，于 2011 年引进半导体激光创新科研团队（美国）、2014 年引进美国斯坦福大学戴宏杰院士领衔的创新团队、2016 年引进下一代分子诊断及测序技术团队（美国），均获得深圳市"孔雀计划"立项支持。此外，2014 年发起成立国际创新猎投基金，已投资芬兰、以色列等国的高科技公司；并于 2015 年开始与美国知名孵化器公司开展国际孵化、跨境加速业务。

目前，清华大学研究院累计孵化企业 1500 多家，创办和投资高科技企业 180 多家，培育上市公司 18 家，可控资产超过 70 亿元，成为培育和发展战略性新兴产业的一支新兴力量，为深圳创新创业和产业升级注入了强大活力与动力。

在清华大学研究院获得较好的效果后，深港产学研基地在深圳市政府、北京大学、香港科技大学三方的合作之下，于1999年8月在深圳高新区建成，这是深圳市创建国家创新型城市和建设有特色的区域创新体系的重大举措之一。基地充分发挥大学在解决国民经济重大科技问题、实现技术转移、科技成果转化中的原始创新作用，产学研紧密结合，围绕四方面开展工作：高科技研究与开发、科技成果孵化与产业化、高层次人才培养与引进、政府决策咨询。2008年，基地被科技部认定为国家高新技术创业服务中心，2009年，深港产学研基地产业发展中心被科技部认定为第二批国家技术转移示范机构。

作为深港合作建立的第一个实体研究机构，经过10年的探索和实践，深港产学研基地围绕信息技术、集成电路设计、装备自动化、环境、生物医学等学科领域建立了9个实验室，集聚了专职、兼职相结合的300多人的研发团队，在体制、机制创新等方面积累了丰富的实践经验，为地方创新体系的建设做出了应有的贡献。而这一系列成绩的取得，都以科技企业孵化器作为主要载体。

二 深圳大学城成立

（一）改革背景

深圳的高新技术产业起步早，受重视程度高，政策推进力度大，在20世纪90年代产业结构的调整中蓬勃兴起，已经显现出强劲的势头——产值占全市的工业总产值比例超过40%，高新技术产品产值变化如图7-2所示。

其中有相当的一部分是自主知识产权，产业的发展使对发展高科技的需求越来越强烈，高层次的人才供给和产学研的有机结合是其中的关键。与此同时，深圳率先提出实现现代化示范市这一目标，增创新优势，提出了"科教兴市"。

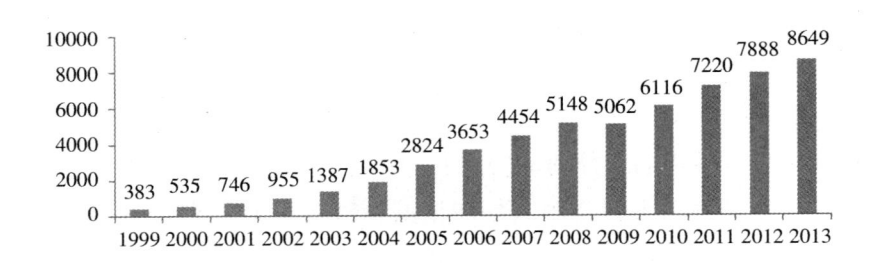

图 7-2　1999—2013 年深圳市具有自主知识产权的高新技术产品产值变化（单位：亿元）

资料来源：深圳市统计年鉴。

（二）探索之道

截至新旧世纪之交，深圳经济特区已经建立了 20 年，其区位、体制以及产业等各方面的优势已经形成了一种"磁力"，产生了一个磁场，不论是企业界还是教育界，越来越多地将它们的注意力瞄准深圳，希望在深圳找到与它们自身相结合的点，寻求发展。例如，当时在高新区已经形成了"虚拟大学"，即当时有 20 多所来自国内各地的高校为了寻找实施教育探索的平台，在深圳设置一些相当于"窗口"的机构，还陆续开办了一些在职研究生班。[①]

1999 年，深圳虚拟大学园成立，实行"一园多校、市校共建"的独特建设模式，成为国家科教改革的重要载体和先行示范。深圳以"虚拟大学"的形式汇聚了不少教育资源，但实际上在偌大的深圳，全日制高等教育就只有两所院校，一所是深圳大学，另外一所是深职院。在经济特区建立 20 周年之际，基础教育的发展已在全国处于领先地位之时，高等教育给大家的感觉是"发展慢了，规模小了，水平低了"，成为一块亟须补上的短板。

2000 年，深圳市留学生创业园有限公司成立，这是中国内地第一家以中外合作形式组建的留学生创业园。从深港产学研基地建立的经验上以及

---

① 庄心一：《深圳大学城　让著名高校扎根鹏城》，2016 年 6 月 29 日（http：//wb.sznews.com/html/2016-06/29/content_3558693.htm，2017 年 9 月 10 日）。

对外学习的过程中来看，深港差距仍存在，于是在与别人交流与向别人学习的过程中我们需要培养自己的人才与技术，所以我们建立了大学园。

在 2000 年 4 月 12 日召开的全市教育工作会议上，时任市委书记张高丽、市长李子彬、副书记李容根分别做了讲话，在高等教育方面，明确了"两条腿"走路——办好现有的两所大学，扩大办学规模，提高办学层次和水平；同时抓紧规划兴建大学园区，吸引国内外名牌大学来深办学，实现高等教育跨越式发展。①

在这一次会议之前的几个月，也就是春节前后，市委市政府的主要领导在迎宾馆先后与清华、北大两所高校的校长、书记进行了会谈，深圳想通过大力发展高等教育来完善提升城市现代功能，推动高新技术产业的发展；而高校并不满足于仅仅办"虚拟大学"，想来深圳探寻"产学研"相结合的可行路径，想建立办学实体。因此，2000 年，深圳大学城创建，成为全国唯一经国家教育部批准，由深圳地方政府联合著名大学共同举办、以培养全日制研究生为主的研究生院群。大学城选取的主要是三个方面的学科：其一，与"知识经济"相关的 IT 信息产业，也是当时深圳高新技术产业当中的支柱产业；其二，与新材料、生化相关的学科；其三，现代服务业相关学科。

可以说，这一重大决策的形成是国家宏观政策、深圳自身优势以及改革发展实践中的强大需求等诸多有利因素在特区这块土地上综合作用的结果，可谓"应时、应地、应势、应人"。

三 自主创新发展战略

（一）改革背景

2000 年后，全球互联网泡沫刚刚破裂，国外创业机遇减少，此时大量人才回国，深圳以其政策与发展平台吸引了一大批高质量人才，他们开办了许多互联网相关企业。一直到 2005 年，由于各种要素跟不上发展的速度，深圳提出了四个"难以为继"，即地少人多，污染严重难以为继；土

---

① 庄心一：《深圳大学城　让著名高校扎根鹏城》，2016 年 6 月 29 日（http://wb.sznews.com/html/2016-06/29/content_3558693.htm，2017 年 9 月 10 日）。

地、空间有限难以为继；能源、水资源短缺难以为继；环境承载力严重透支难以为继。为了解决这些问题，深圳决定建设自主创新型城市，在经过了一段时间的调研后，深圳发现改革创新之路并不会一帆风顺，在缺少资源的情况下，积极应对会刺激创新；而在资源丰富的区域中，就有可能背靠资源，不愿创新。为了切实推进改革创新，深圳决定利用拥有全国人大授予立法权的优势，通过立法建立起改革创新的激励机制、保障机制和责任机制，营造"鼓励创新，宽容失败"的社会环境，为敢于突破旧体制束缚者提供"护身符"。

（二）探索之道

早在1996年，深圳市就制定实施了《特区企业技术秘密保护条例》，这是中国第一部有关商业秘密的立法，对企业技术秘密的范畴、企业技术秘密保护措施、企业员工的保密义务及侵犯企业技术秘密的法律责任等均做了详细规定，对于社会整体的技术进步而言，极大地提高了积极性。2005年5月，深圳市第四次党代会提出了"实施自主创新战略，建设自助创新型城市"的发展目标。次年1月，《关于实施自主创新战略建设国家创新型城市的决定》（以下简称《决定》）出台，3月，《深圳经济特区改革创新促进条例》出台，成为全国第一个保护改革创新的专项法规。条例将改革创新明确列为深圳国家机关、公立非营利机构和人民团体的法定工作职责和绩效考核重要内容，规定了由深圳市政府设立改革创新奖项等一系列激励保障措施。根据该条例，对改革创新有突出贡献的组织和个人可获得表彰和奖励；国家机关、公立非营利机构和人民团体的工作人员对改革创新工作做出突出贡献的，应当作为其晋升职务、级别的重要依据；开展改革创新工作所需要的经费列入部门预算，予以保障。同年4月，深圳市召开大会，推出19个市属相关部门切实落实《决定》的20项政策。

深圳为了实现建设国家创新型城市的目标，提出要舍得名誉、时间与投入的口号，并且要达到创新型人才、企业、产业、知识产权密集的目标，同时要建立创新型人才高地、企业高地、产业高地、知识产权高地。从中国"入世"开始，深圳的高新技术产业就长期受到国外在专利问题上的质疑。"当时深圳的人均GDP已经达到7000美元，不可能指望人家再转让更高精尖的技术给你了。"中科院深圳先进技术研究院院长樊建平说。

深圳在这个时候不得不被动"求变"。全球金融危机爆发后，外方市场需求骤降，当时很多企业都面临巨大的财政问题，此时，只有创新才能拯救这些企业，而且创新不仅能让这些企业求生，还能求变。2008 年，深圳又颁布实施了《特区加强知识产权保护工作若干规定》，从司法、行政、民事等领域完善了知识产权保护体系，并从法律层面提供了保障；此后，深圳市政府积极推进成果转化立法工作，于 2013 年出台了《特区技术转移条例》，明确指出了政府要加大扶持力度、鼓励社会资本注入、拓宽融资渠道，并以条例成文的形式明确了转移方式及奖励的分配比例。2014 年修订的《深圳经济特区科技创新促进条例》对创新发展战略、目标、投入、关键技术与重大专项、政策措施、奖惩措施等内容做出了明确规定，充分保障了各类创新主体的积极性，增强了人们建设更高水平的国家自主创新示范区和现代化国际化创新型城市的使命感。

2016 年，深圳先后出台了《关于促进科技创新的若干措施》《关于支持企业提升竞争力的若干措施》《关于促进人才优先发展的若干措施》《关于完善人才住房制度的若干措施》《关于加快高等教育发展的若干意见》五大政策，在制度上"五箭齐发"，以制度创新释放制度红利、形成制度动力，为持续推动深圳创新驱动型经济的发展注入强劲活力。

四 改革成效：战略性新兴产业兴起

经过这一轮的改革，深圳抓住了中国"入世"的机遇，培育并打造出属于自己的人才优势、技术优势、自主创新政策优势。从我国第一个"产学研资"一体化的教育平台——清华大学研究院开始，深圳逐渐强化了自己的自主研发的能力；从深圳大学城的建立开始，深圳拥有了自己培养高层次专业人才的能力；从确定要建立国家创新型城市开始，深圳加强了自己自主创新政策的不断完善。深圳在短时间内吸引了各项要素，在各个方面坚持创新，这也是得益于之前低端劳动密集型产业退居周边城市，才为深圳的创新创业腾出发展的空间。同时，互联网浪潮为深圳带来了腾讯（1998 年）、A8 音乐（2000 年）、迅雷（2003 年）等一批优秀企业。2004 年，深圳拥有自主知识产权的高新技术产值占全市高新技术产品产值的 56.73%；全市拥有从事高新技术产品研究、开发的科技人员 78539 人；一些跨国机构也纷纷在深圳设立资本与技术密集型的制造基地。2005年底，深圳市专利数达到20900个，同时，风险投资与金融服务业也日趋活跃。早在"九五"期间，深圳就制定前瞻性的产业规划，重点发展计算机、通信、微电子及新型元器件、机电一体化、新材料、生物工程、激光七大高新技术产业，全面调整优化经济布局。2008年，国际金融危机来袭，深圳经济增速从年均25%急跌至个位数，面对加工贸易断崖式下跌，深圳先后出台了实施生物、互联网、新能源、新材料、文化创意、新一代信息技术、节能环保七大战略性新兴产业规划，并且这也给人才归国发展提供了契机。在金融危机前后，华大基因、大疆等企业不断壮大。

深圳从"三来一补"开始，到发展高新技术产业，再到用人才、技术、政策促进高新技术产业发展。不同措施的施行都是为了与客观的环境相适应，深圳在不同时期的发展都得益于其独特的眼光与前瞻性，因此深圳的发展速度飞快，呈跳跃式向前推进。

第三节 新时代下的创业浪潮

从创新创业的发展而言，深圳正在经历新一轮的浪潮，高新技术产业发展越来越好，为了加快高科技发展进程，深圳很快进入了低成本优势转型为创新优势的过程。而这一过程，更是一种发展模式的转变，由政策转向制度的保证。这是市场经济不断完善的象征，创新驱动制度变化，制度维护创新发展。产业越来越多样化，企业也越来越壮大，这些企业已经有了充分的自主意识，但是还需形成一个强大的生态体系。在集聚人才之后，创新增加，难免会出现一些管理问题，因此在能够培育自主创新的基础上需要一些配套保护措施，于是就出台了专项法规。法规出台后，一些研究院相继成立，为了政策向制度的转变，就需要有更高的发展目标，而深圳则建立了国家自主创新示范区。而后，为实现进一步高效发展，就要使创业更为"民主化"，就需要更新的发展模式，以创新理论与实践共同作用，培育新的创新生态圈。

一 首个国家自主创新示范区

(一) 改革背景

国家自主创新示范区是先进创新区域的典型代表,是国家创新体系的重要组成部分,肩负深化科技体制改革、探索科技与经济紧密结合的重任,对加快创新型国家建设具有重大战略意义。深圳经济特区作为国内首个国家创新型城市,推进国家自主创新示范区建设,有利于发挥深圳创新体系优、创新能力强、创新环境好的独特优势,率先完善创新体制机制,在开放合作中加速集聚全球创新资源,形成国际前沿水平的科技创新能力,服务国家发展战略需要;有利于经济特区在新时期发挥示范引领、辐射带动作用,为创新型国家建设做出新的贡献。并且深圳正处在破解难题、转型发展的攻坚期,迫切需要依靠科技创新解决经济社会发展不平衡、不协调、不可持续的问题。通过建设国家自主创新示范区,提升核心技术自主创新能力,推进战略性新兴产业跨越式发展,支撑经济发展转型升级,支撑社会管理不断创新,支撑民生幸福水平提高,支撑城市生态文明进步,使创新驱动成为推动经济社会发展的核心动力,实现有质量的稳定增长、可持续的全面发展,当好推动科学发展、促进社会和谐的排头兵,再创经济特区新辉煌。

(二) 探索之道

2012年11月4日,中共深圳市委、深圳市人民政府下达了《关于努力建设国家自主创新示范区,实现创新驱动发展的决定》,充分发挥科技对经济社会发展的支撑引领作用,完善以企业为主体的技术创新体系,创新科研机构建设的体制机制,加快科技管理体制改革。大力发展战略性新兴产业,积极优化产业组织形态,不断拓展科技创新与新兴产业发展空间。加强区域创新合作,全力推进深港科技合作,探索有深圳特色的协同创新模式,扩展国际科技合作的广度和深度。完善人才激励机制,促进科技和金融结合,大力弘扬创新文化。我们可以从图7-3中专利数量的增加看出深圳创新的发展趋势。

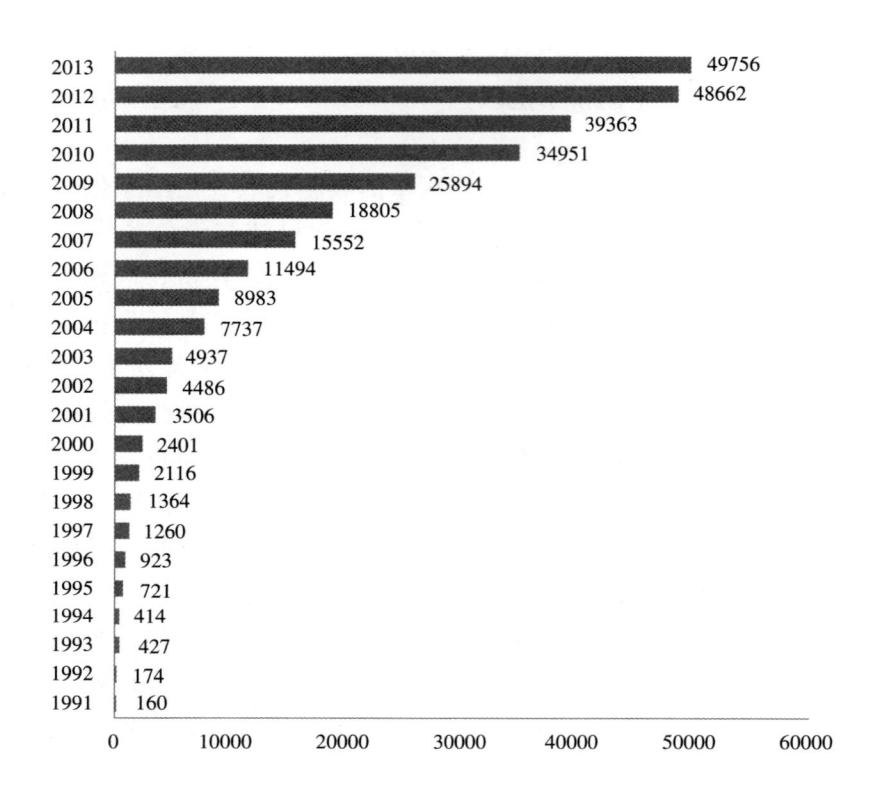

年份	专利授权数
2013	49756
2012	48662
2011	39363
2010	34951
2009	25894
2008	18805
2007	15552
2006	11494
2005	8983
2004	7737
2003	4937
2002	4486
2001	3506
2000	2401
1999	2116
1998	1364
1997	1260
1996	923
1995	721
1994	414
1993	427
1992	174
1991	160

图7-3 1991—2013年深圳市专利授权总数变化趋势（单位：件）

资料来源：深圳市统计局。

2014年，深圳建设国家自主创新示范区获批，成为继北京中关村、武汉东湖、上海张江之后第四个国家自主创新示范区，也是中国首个以城市为基本单元的国家自主创新示范区。2015年7月正式出台的《深圳国家自主创新示范区建设实施方案》，将示范区建设纳入法制化轨道，确保重大改革于法有据。该方案填补了现行法律规定的空白和不足，为示范区创造了良好法制环境和基础；整合现有政策，提升效力层级，发挥整体效能；破除体制机制障碍，为推进创新驱动发展提供有力法制保障。

2016年6月出台了《关于印发促进创客发展若干措施（试行）》，从创客载体、服务、人才和项目等层面对创客活动予以支持，着力降低创新创业的门槛，吸引全球创客汇集深圳。设立了包括创客空间、创客实践室和创客服务平台在内的多项支持创客发展的项目，引导构建一批低成本、便利化、开放式、多层次的创客空间，为创客集聚和活动开展提供空间、服务以及人才等全方位的支撑，满足不同层次领域创新创业团队的空间需求。还设立了个人创客项目，支持创客、创客团队在深圳发展，建立创客自由探索支持机制，对符合条件的创客个人、创客团队项目予以资助，打造创客活动品牌，为创客创新创业提供文化支撑。6月18日至22日举办了首届深圳国际创客周，围绕"创客深圳（MAKER @ SHENZHEN）"主题，展示创客发展成果；10月19日至23日举办全国大众创业万众创新活动周深圳分会场系列活动，通过展会、主题论坛、项目路演和创客大赛等多种形式，展示创意创业成果，交流草根创业经验，对接创客项目，激发大众创新创业热情。12月18日举办"发现双创之星"大型主题系列活动走进广东（深圳），引起了全社会对创新创业的广泛关注。

二 建立特色学院与新型科研机构

（一）改革背景

作为我国一线城市中最年轻、创新创业活动最活跃的城市，深圳有自身的特点和优势，比如说市场化运作、汇聚创新资源、融入创新全球化、参与国际竞争、科技和金融联合、抢占未来制高点、营造良好创新环境等。深圳依靠自身创新强劲动力、政策优惠、毗邻港澳的区位优势等形成自身创新格局，正在全球高新技术产业中产生越来越大的影响力。

但是深圳的创新发展也存在短板，主要体现在深圳科研院校数量较少，一流的研究型大学和综合性科研机构不多，基础研究人才缺乏，原始创新能力不强方面。从实践角度看，深圳的中小企业创新十分活跃，更多的是应用领域的创新或商业模式的创新，但是许多科技企业并未进行真正的技术创新，具有颠覆性的科技稀缺。

着力补齐基础性、原创性重大科技创新这一短板，引领创新成为深圳亟须解决的问题。牢牢抓住人才这个要素，吸引带动高端人才等创新资源向粤港澳地区聚集，重点建设一批具有国际影响力的特色学院及研究机构，引导它们对基础技术研究领域加大投入，开发一批世界领先的知识和技术成果，全面提升基础技术研发水平成为这一时期深圳创新发展的主要任务。

（二）探索之道

1. 建设特色学院

建设特色学院是深圳经济特区在新时期推进高等教育内涵式发展、创造深圳质量、加快建设国家创新型城市和现代化国际化先进城市的重要举措，是发挥特区优势、创新高等教育体制机制、快速集聚国内外优质高等教育资源的重要路径。要通过建设特色学院，充分利用深圳的科技创新环境和优势产业支撑，形成高等教育国际化和特色化高地，为创新型国家建设和我国高等教育改革发展做出特区应有的贡献。

特色学院建设以高端人才培养为主题，以改革创新为动力，坚持质量优先，体现深圳质量。一是突出需求导向，学科专业设置与人才培养、经济社会发展及市场需求相匹配。二是突出专业导向，按照"小而精"的原则，坚持特色化、专业化发展。三是突出开放导向，引进国内外一流高等教育资源，吸引国际一流人才，借鉴国际先进的教学和管理经验，坚持开放式、国际化办学。[①]

2012年南方科技大学正式设立并招生，目前在校生2100人，2016年计划招生1000人。2015年，该校教师人均科研经费在100万元以上，居国内大学前列；2014年开始，香港中文大学（深圳）已招收两届学生共900余人。2016年起开设11个专业，招收800名本科生、200名研究生。2016年，深圳北理莫斯科大学，已获教育部批准，学校选址龙岗区大运新城，占地约33.7万平方米，远期办学规模5000人，将招收首批60名研究生。哈尔滨工业大学（深圳），其由哈尔滨工业大学深圳研究生院以单独招生代码开展本科教育更名而来，将实施全日制本科和研究生学历教育，办学规模9000人。目前已获教育部批准筹建，2016年招收400名本科生、800名硕士生、130名博士生。而中山大学深圳校区，也已获教育部批准，2016年启动招收首批学生200名，前期在广州校区培养，待2018年新校区建成后，再迁至深圳。

---

① 《深圳市人民政府关于加快特色学院建设发展的意见》，2013年4月10日。

此外，正在筹建深圳技术大学，定位建成世界一流的开放式、创新型、国际化的高水平应用技术大学，其主要依托深圳大学应用专业筹建，办学规模2.5万人，其中专业硕士1500人。该校选址坪山区，占地150万平方米，将成为培养本科及以上层次高水平工程师和设计师的摇篮。2017年，依托深圳大学3个应用专业招收了300名本科生。

10个特色学院也已签约落户。如清华—伯克利深圳学院，开展引领国际教育的研究生教育。2015年，招收首批40名博士生；湖南大学—罗切斯特理工设计学院（深圳），主要在工业设计、视觉传达设计、数字媒体技术等方面开设学科专业。2015年，招收首批100名本科生；天津大学—佐治亚理工深圳学院，自2014年起，电子与计算机工程硕士学位项目招收研究生；深圳大学列宾班，第一批学员已完成学习课程，5名学生已赴列宾美术学院积极深造。

还有哈尔滨工业大学（深圳）国际设计学院，深圳吉大昆士兰大学，深圳墨尔本生命健康工程学院，深圳国际太空科技学院，华南理工大学—罗格斯大学创新学院（深圳），华大基因学院等正在稳步建设中。

深圳将采取扩规模的推动高等教育"规模倍增计划"，创一流的建设大学和学科计划，强师资的培育引进高水平教师计划，优服务的提升高校服务创新能力和国际化水平的系列行动，推改革的深化高等教育综合改革计划。到2030年，一批优势学科达到国内领先和国际先进水平，为深圳建设现代化国际化创新城市提供强有力的人才保证、科技支撑和文化引领，并推动深圳成为亚太地区重要的高等教育中心和创新人才高地。

2. 建立新型科研机构

《中共中央印发〈关于深化人才发展体制机制改革的意见〉的通知》指出，要支持新型研发机构建设，鼓励人才自主选择科研方向、组建科研团队，开展原创性基础研究和面向需求的应用研发。深圳博士后工作聚焦新兴产业、多学科交叉领域，大力推动源头创新和产业发展相融合，努力打造复合型人才引进培养平台，为新动能接续转换提供强有力的智力支撑。

深圳光启高等理工研究院博士后科研工作站是全国首个专注于超材料研发与产业化的企业博士后站点，经过多年人才创新培养，已经组建了一支国际化、多元化的博士后队伍,形成了技术研发的核心力量。博士后培养工作紧密结合国家重大科技项目,运用国家省市重点实验室、工程技术中心的平台优势,有力促进了超材料技术源头创新和整个超材料领域的产业化进展。技术源头创新、专利标准先行的特色,为光启博士后工作提出了更高的要求。光启博士后研究在注重基础研究的同时,将博士后科研与推动技术源头创新和产业化发展紧密融合在一起,致力于搭建从原理突破到工业产品的桥梁。作为一个年轻的科技创新机构,在充分尊重和信任的环境下,博士后自主研究、自我管理,创新活力和做事激情得到释放。目前博士后团队已申请国内专利1000余项、国际专利20余项、授权专利100余项,在国际知名期刊发表论文共计200余篇。

深圳以博士后科学工作站为平台,推动产学研用协同创新,打造青年科技人才的"淬火炉"。截至2017年6月底,深圳拥有博士后科研流动站4家、科研工作站(分站)105家、创新实践基地179家,累计招收博士后研究人员3450名,在站博士后研究人员1620人。博士后研究人员已经成为深圳实现创新驱动发展的重要生力军,博士后设站单位已成为深圳人才培养与科技创新的重要平台。

三 南山众创模式

(一)改革背景

深圳是一个高新技术产业发达的城市,其信息通信技术更是深深改变了社会的发展方式,由于知识网络的存在,传递与共享变得简单。创新不再是少数人的权利,深圳很显然顺应了社会边界"消失"的发展趋势,以生产者为内核的创新创业范式已经开始悄悄向将用户当作内核的发展模式转变。深圳作为互联网应用发展的高地,在以创新2.0支持"双创"发展的问题上必然有自己的新视角。

(二)探索之道

创新的2.0时代已经到来,这迫使我们不得不重新审视科技创新的发展路径,这是与现在的知识时代相匹配,把所有用户作为发展内核、全社会作为实操平台、双创作为发展目标的多方加入的新兴业态。联合大学与新型科研机构的建立带来了一流的创新人才,人才则是创新创业的新鲜血液。为进一步加快推动"大众创业、万众创新"向更大范围、更高层次、更深程度发展，深圳市南山区在市委市政府的统一部署下，紧紧围绕建设深圳国际科技产业创新中心核心区这一目标，把握粤港澳大湾区建设机遇，以供给侧结构性改革为指引，坚持市场引领和创新驱动，推动双创工作质量持续提升。

第一，突出市场主体，推动众创空间品质发展。众创空间在经历了近2年的极速扩张和新一轮洗牌之后，部分非市场主导的众创空间开始出现难以为继的情况，而南山区通过鼓励各类市场主体建设多元化、专业化的众创空间，推动众创空间实现了高度市场化的集群式发展。一是龙头企业开放平台快速释放双创资源。以腾讯众创空间为代表的互联网+产业型众创空间，通过为创业企业开放包括应用宝、QQ空间等应用平台，微信、腾讯视频等内容平台，广点通、腾讯云等能力平台在内的各项产业资源，帮助创业者快速成长。以TCL、德赛科技、卓翼科技等为代表的企业专注垂直领域打造"小而精"的众创空间，为双创主体提供从研发打样、小批量试制到大批量生产的全链条供应链及制造平台的精准服务，带动中小微创业者发展壮大的同时推动传统制造业加速转型升级。二是社会资本载体有效解决创新孵化痛点。推动以松禾资本为代表的创投+众创孵化器模式形成，有效地解决了当前科技孵化体系的三个痛点：其一，入驻企业"近水楼台先得月"，解决了缺"第一桶金"或后续融资的问题；其二，为初创团队的市场推广提供"现成"渠道，解决了企业缺少产业资源对接的难题；其三，创投型孵化器通过持股入驻企业实现双方利益捆绑，从而有效解决了其营利模式的问题。三是众创服务机构全力支撑空间品质提升。为全面提升众创空间发展质量和服务水平，深圳市众创空间协会、深圳市创客服务联盟、创客空间沙龙等一批市场化运作的平台型众创服务机构积极作为，以"创友会""创友营""企业公益大学"等为代表的一系列众创服务品牌全力支撑了南山区多模式、多业态众创空间的发展。

第二，强化雨林法则，推动双创群体质量提升。鼓励精英创业带动创新，草根创业促进就业，海归创业增添新动力，南山区全面营造有利于双创人才发展的"蒲式生长"环境。一是重点支持精英离职创业。通过支持辖区内企业、高校、科研机构的精英人才携带科技成果在职或离岗创业，借助其在技术经验积累、创新资源融合等方面的优势，并为其匹配全方位的要素支持，不断提升创新创业的成功率和双创项目质量。例如，通过对接华为系、腾讯系、华大系等离职创业互助平台，形成了一系列"创业系"和"人才圈"。依托腾讯离职员工孵化平台"单飞企鹅俱乐部"，有超过1.5万名"单飞企鹅"成为深圳创新创业大军，诞生了英威诺、拉勾网等典型科技企业及3W咖啡等创业服务机构；截至目前，腾讯离职员工创立的公司中已有超过30家企业估值超过1亿元。由华大基因前CEO王俊等人创办的碳云智能，不到半年便完成A轮股权融资，估值近10亿美元，被称为"医疗+人工智能"领域的独角兽公司。此外，原国民技术副总经理余运波依托其在信息安全领域的技术积淀，投入可穿戴智能硬件和服务型机器人领域创立肯綮科技，开拓了产业发展新思路。二是大力吸引海归创业。进一步落实南山区人才发展"领航计划"，通过安排专项产业发展资金，支持获得认定的"千人计划"人才、海归人才开展创业活动，通过有效激励机制建立，促进人才、技术、成果等资源的良性互动。引进加拿大瑞尔森大学博士后等专业人才，建立专注于3D视觉和人工智能领域的奥比中光。推动海外高层次人才"孔雀团队"入驻，带动美国硅谷YLX实验室核心团队移植南山创建光峰光电，实现先进激光显示技术全球首次产业化；支持柔宇科技团队在南山深耕创新，实现智能穿戴显示产品的颠覆创造。三是理性引导大学生创业。依托深圳大学、北大（深圳）研究生院等高校，建立面向大学生的创业平台和基地，加强创业实践与创新教育。以哈尔滨工业大学、中山大学产学研基地等大学生创业平台为基础，推动以高端激光雷达为特色的速腾聚创高速发展，带动创意族网络平台实现科技产品集聚创新，推出国际领先的Aelos机器人产品。设立面向大学生创业者的创业之星大赛大学生创新组，推动创业实践技能演练和创新意识提升。依托南方科技大学创客车间平台，激发大学生群体在二氧化碳传感器、近场毫米波实时全息成像系统、3D打印机等领域的创新研发热情。

第三，坚持需求导向，实现科技金融精准扶持。为切实解决双创企业的融资需求，南山区持续推动科技金融扶持计划，率先构建了"1+1+3+8"的南山科技金融新模式，即以"科技企业创新能力综合评价指标体系"为核心,以"南山科技金融在线平台"为依托,"政企联动、银保联动、投贷联动"相结合的科技金融生态圈,并推出了以"知识产权质押贷"为代表、专门面向科技型中小企业的8项贷款融资产品。"科技企业创新能力综合评价指标体系"在传统评价指标体系中增加创新能力、管理能力等指标,形成全面、综合的评价体系。采用客观可量化、易于验证核实的分项指标,从机制上保证了企业评级数据的有效性、公正性。设定四类评级结果并对应不同的贴息额度,金字塔型的设计结构既充分体现扶持政策的普惠性,又重点保障了高评级的优秀企业。"南山科技金融在线平台"依托"互联网+政务",建设科技金融项目网上审核系统,实现了业务流程的透明可追溯、企业数据的可跟踪采集、评价方式的客观及时;依托"互联网+金融",促进资金供给侧与需求侧高效对接,使金融机构对科技型中小企业的支持从原来的不愿做、不敢做转化为积极做、敢于做;依托"互联网+大数据",不断优化产业、行业、企业扶持政策,实现了对重点产业、行业、企业的精准扶持。

此外,通过构建"政企联动、银保联动、投贷联动"科技金融生态圈,进一步激活了区域科技金融氛围。而特点鲜明的"孵化贷""成长贷""集合发债""集合担保信贷""知识产权质押贷""研发贷""科技保理贷""微业贷"八项科技金融产品,则全方位支撑了科技企业融资需求。2014年至今,已有30家金融、类金融机构加入南山科技金融服务体系,累计服务辖区双创企业1251家次,提供74.3亿元的贷款支持,其中,深圳市广和通无线股份有限公司等7家科技型企业成功实现上市。

四 展望:建设国际科技产业创新中心

深圳是我国重要的创新创业基地,在经历建立"经济特区"南方谈话"入世"的过程中获得了长足的发展,而如今,宁远科技(2009年)、光启(2010年)、柔宇科技(2012年)、悦动圈(2014年)等企业也先后崛起。2015年,全市新创企业299925家,占企业总数近27%,即平均每100家企业中有27家是年内新创业的企业,其中新创私营企业295522家,占私营企业总数的27.29%,即每100家私营企业中就有27家是创业企业。2013年,深圳进行了商事制度改革,大大便利了企业的注册,因此创下了企业增数的高峰。而后发展的每一阶段都会有一定程度的制度释放,促进"双创"的发展效果显著。

推动大众创业、万众创新是党中央、国务院为推动经济结构调整、打造发展新引擎、增强发展新动力,在新时期做出的重大战略决策。深圳按照党中央、国务院战略部署,以"四个全面"为总体要求,以创新引领转型升级、促进提质增效,着力于降低创新创业的门槛,降低创新创业风险,提升创新创业的文化氛围,积极构建低成本、多层次的综合创新创业生态体系,释放社会创新创业的活力。截至2016年底,累计培育了237家创业孵化载体,有69家创客空间获得国家级众创空间备案,国家级孵化器累计达17家;2016年,深圳市PCT国际专利申请累计1.96万件,同比增长47.63%,占全国的46.59%,全市国内发明专利申请5.63万件,同比增长40.7%,总累计33.71万件;国内发明专利授权量1.77万件,同比增长4.2%,总累计11.15万件。

深圳过去是我国改革开放的前沿阵地,现在则是最早面临转型压力、率先进行转型发展的地区。同时,深圳也是我国重要的金融中心,具有层次多样、功能丰富的资本市场体系,为企业创新发展、市场定价和成果转化提供了高效平台。深圳市政府多年来注重服务理念,努力提高服务效率,重视知识产权保护,为企业创新发展营造良好的市场环境。深圳能否转型升级成功,能否由过去"三来一补"的传统加工基地升级成为"高新软优"的现代化创新城市,具有重要的典型意义。相对于其他地区,深圳具备发展高端产业、率先转型升级的人才、企业家、资本、技术和制度优势,近年转型发展呈现出明显的市场导向、企业为主、创新驱动、资本融合、产权保护等特点。同时,当前深圳转型发展也面临一些困惑,需要在实践中不断探索思考、谋划破题。

第八章　开放型经济体制改革

第一节　"引进来"开放体制探索

一　创办蛇口工业区的改革探索

（一）背景

1. 从国内环境来看，十一届三中全会做出了以经济建设为中心及改革开放的重大决策

"文化大革命"十年内乱，使党、国家和人民遭到严重挫折和损失。整个政治局面是一个混乱状态；整个经济情况实际上是处于缓慢发展和停滞状态。1978 年底，中共中央在北京召开十一届三中全会，这次会议彻底否定了"两个凡是"的方针，重新确立解放思想、实事求是的思想路线；停止使用"以阶级斗争为纲"的口号，做出把党和国家的工作重心转移到经济建设上来、实行改革开放的重大决策。

2. 从国际环境来看，我国经济实力、科技实力与国际先进水平的差距明显拉大，面临着巨大的国际竞争压力

20 世纪 70 年代世界范围内蓬勃兴起的新科技革命推动世界经济以更快的速度向前发展，我国经济实力、科技实力与国际先进水平的差距明显拉大。必须通过改革开放，带领人民追赶时代前进潮流。尤其是香港高速发展，工资是深圳这边工资的 100 倍左右，蛇口的"逃港"现象严重，中央才考虑在宝安县划一块地方出来，照搬香港的模式，提供特殊的政策支持，作为改革开放的突破口和经济建设的试验田。

(二) 改革探索过程

中国的改革开放正式从 1979 年蛇口最初的 2.14 平方公里"试管"开始，蛇口模式为整个中国的改革开放提供了一个可复制的样板。

1. 蛇口工业区成立

1979 年 1 月 31 日，中共中央副主席李先念、国务院副总理谷牧接见交通部长彭德清与袁庚，听取关于招商局在广东宝安建立蛇口工业区的汇报，并指示商议办理此事，此后很快获得批准，袁庚负责创办蛇口工业区。1979 年 7 月 20 日，蛇口工业区正式运作，开始大规模开发。招商局蛇口工业区是具有中国特色经济特区的雏形，第一个打开国门，对外开放，它的问世预示了中国改革开放春天的来临。1980 年 3 月，袁庚出任蛇口工业区建设指挥部总指挥。在计划经济体制还占据着垄断地位背景下，带领广大的创业者在蛇口工业区开展全面的改革探索，蛇口工业区当时的建设思路是：产业结构以工业为主、投资建厂以引外资为主、生产的产品以外销为主。

2. 全国最早实行工程招标

1980 年，为了克服工程建设中要价高、质量差、工期拖延的现象，蛇口工业区中瑞机械工程公司在全国最早实行工程招标，让参与投标的单位自由竞争、公平评标和参加竞标，此后工业区的基建工程项目大都采用招标方式发包，达到了质优、价平、建设速度快的成效。蛇口工业区的工程招标，在中国基建体制改革中起到了先锋和探路者的作用。

3. 全国率先实行住房制度改革

1981 年，蛇口率先在全国实行了住房制度的改革，实行职工住房商品化，迈出了全国住房制度改革的第一步。住房商品化解决了职工住房的问题，职工住房通过商品化的方式能够很好地不断地推出新的住房来满足职工需要，使"住者有其屋"。

4. 成立第一家真正意义上的股份有限公司

1981 年 4 月，袁庚向中央提议将距离南海东部油田中心 200 公里的赤湾建成一个深水港和石油后勤服务基地。1982 年 7 月，招商局以有别于全资开发蛇口工业区的模式，组成由六家中外企业合资的中国南山开发股份有限公司，开发建设赤湾，袁庚任董事长兼总经理。该公司的成立是中国改革开放以来第一家真正意义上的股份有限公司，它仅用3年时间，便在荒僻海滩上建成了初具规模的深水港区、石油后勤基地及其配套措施，为中国港口建设史上的首创之举。

5. 开创新中国人事制度改革的先河

1981年8月，蛇口工业区在各重点大学及各地公开招聘人才，大批专业人才会集蛇口，适应了工业区外向型经济发展的需要。袁庚主张废除干部职务终身制，实行聘用制，受聘干部能上能下，能官能民，职务随时可以调整变动。每个干部的原职务、级别记入本人历史档案，在工业区工作时仅作参考，调离工业区按原职别记入个人档案。1983年蛇口从首届管委会成立开始，受聘用干部接受群众的监督，每年由群众投一次信任票。干部聘任制极大地激发了蛇口发展的活力，破除了"铁饭碗"，开创了新中国人事制度改革的先河。1983年7月，蛇口工业区率先打破平均主义"大锅饭"，实行基本工资加岗位职务工资加浮动工资的工资改革方案，基本奠定了与市场经济相适应的分配制度。蛇口工业区率先在劳动用工上推行劳动合同制，成为中国用工制度方面的一项重大改革。

6. 蛇口区管理局成立

1984年，蛇口组建了一级地方行政组织——蛇口区管理局，虽隶属深圳，但主要政府领导由工业区产生，并得到了一些市级政府拥有的权力，有相当独立的自治权。同年，袁庚提出"时间就是金钱，效率就是生命"，把对市场经济的诠释浓缩在"时间"和"效率"的概念中，口号得到了邓小平的肯定，并逐步成为人们的共识和行为准则，被誉为"冲破思想禁锢的第一声春雷"，成为一个时代的文化坐标。1992年，袁庚又率先将"空谈误国、实干兴邦"的标语牌在蛇口竖起。

7. 第一家企业股份制的商业银行——招商银行正式成立

1986年袁庚提出引入竞争机制，由蛇口工业区负责、不要国家投资创立一个商业银行的设想。1986年5月，蛇口工业区向中国人民银行提交了关于成立招商银行的申请报告并在3个月后得到批准。1987年4月8日，在蛇口工业区内部结算中心的基础上，新中国第一家企业股份制的商业银行——招商银行正式成立。1987年12月6日，针对当时仅有一家国有保险企业难以满足外资企业对保险的需求的问题，蛇口工业区向中国人民银行递交了《关于合资成立"平安保险公司"的请示报告》。1988年5月27日,新中国第一家由企业创办的商业保险机构——平安保险在蛇口开业。

1990年,蛇口的人均GDP已经达到了5000美元,堪比"亚洲四小龙"。深圳蛇口工业区曾先后诞生了万科、平安、华为等数个跻身世界500强的大企业。2015年3月,蛇口片区与前海片区共同纳入广东自贸区,蛇口的发展进入一个新的历史时期。

(三)评价

1. 理论评价

(1)蛇口工业区是我国第一个外向型经济开发区,其创造的经济奇迹和民主、宽松的发展环境,被视作中国的"希望之窗",改革的"试管",开放的"模式"。最早按照国际惯例开创了社会主义市场经济运作机制;最早更新价值观念、时间观念、竞争观念、市场观念、契约观念、绩效观念和职业道德观念,成为推动中国改革开放的重要精神力量;最早成功地建立全新的劳动用工制、干部聘用制、薪酬分配制、住房制度、社会保险制、工程招标制及企业股份制。这些理念和制度创新对我国全面推进改革开放和社会主义市场经济体制改革产生了深远的影响。

(2)蛇口亦利用毗邻香港的地缘开放优势,充分发挥社会建设的"试管"作用,自觉探索从经济体制变革先锋到社会体制变革先锋的转型。每个社区建设都已形成了精细化、常态化的新型社区运行机制,推动蛇口从经济发展的标杆转变为社会发展的标杆。这些探索对深圳乃至全国的社会改革具有重要的意义。

2. 经济成效评价

招商蛇口创立于1979年,1987年,蛇口工业区实行公司制,成为蛇口工业区有限公司。经过多年的开发建设,招商局蛇口工业区有限公司已发展成为一家拥有房地产、现代物流业、园区服务业、高科技业等产业群组的大型投资控股型企业集团,孵化并培育了以招商银行、平安保险、中集集团、招商地产等为代表的知名企业。2015年12月30日,招商蛇口吸收合并招商地产实现无先例重组上市,截至目前,公司总资产达2616.87亿元人民币,业务覆盖39个城市,土地储备超3000万平方米，开发精品项目超 200 个，在建面积超 1300 万平方米，员工总数超 21000 人。

（四）展望

1. 蛇口工业区应以自贸区建设为契机推进更深层次的改革和更高层次的开放

蛇口工业区在当时的历史条件下，进行了大胆的改革探索，创下了多个全国第一，完成了改革开放初期所赋予的历史使命，在新的历史条件下，蛇口片区与邻接的前海合作区，被纳入中国（广东）自由贸易试验区，担负着我国新一轮深化改革和扩大开放的历史使命。蛇口工业区在未来的发展中，应结合自身社会改革建设方面的经验和优势，在深化改革完善社会主义市场经济方面做出新的贡献。

2. 蛇口工业区应以深化供给侧结构性改革为抓手，加快产业的转型升级

加大补短板力度，加强产权保护，扩大外资市场准入，增强营商环境对投资者的吸引力。培育创新力量，增强片区的创新能力，通过技术创新提高经济增长的速度和质量，促进片区的高端化、集约化发展。在新常态下，为我国经济结构转型升级和可持续发展探索出新的"蛇口模式"。

二 创办保税区的改革探索

保税区是经国务院批准设立的、海关实施特殊监管的经济区域。保税区具有进出口加工、国际贸易、保税仓储、商品展示等功能，享有"免证、免税、保税"政策，实行"境内关外"运作方式，是中国对外开放程度最高、运作机制最便捷、政策最优惠的经济区域之一。

（一）背景

1. 从国际环境来看，20 世纪末经济全球化进程不断加快

20 世纪 80 年代以后，特别是进入 90 年代，经济全球化促进了资源和生产要素在全球的合理配置，促进了资本和产品的全球性流动，促进了科技的全球性扩张。积极融入经济全球化发展潮流，实现与国际规则接轨，进一步扩大对外开放成为我国经济发展的战略选择。

2. 从国内改革开放进程来看，我国的对外开放已进入从特区到沿海、沿边等更大范围内开放的新阶段

我国是人口大国，拥有丰富的劳动力资源，而资金、技术和管理等生产要素的缺乏是困扰我国经济快速发展的几大难题，20 世纪 80 年代末期，深圳等特区进行了成功的改革开放实践，我国需要在全国更大范围内推进对外开放，大力引进资金、技术和管理经验，增加就业机会，扩大出口贸易。

3. 深圳已进入对外开放的新阶段，需要体制机制创新推动更深层次的对外开放

作为经济特区，是我国改革开放的窗口和经济体制改革的试验田，改革开放以来，深圳依托特区的优惠政策在引进外资、先进技术和管理经验方面取得了巨大成就，但也遇到了一些体制机制的问题和挑战，亟须在外贸的体制机制上创新，为外商和国内企业商品提供保税仓库分拨和投资加工转口或研究开发等方面的便利，促进进出口的持续增长，进一步扩大对外开放。

（二）改革探索过程

深圳是最早开始探索保税政策的城市，目前全市保税区域有福田保税区、盐田综合保税区、坪山出口加工区、前海湾保税港区和深圳机场保税物流中心。

1. 盐田综合保税区的改革历程

盐田综合保税区是由沙头角、盐田港保税区和盐田港保税物流园区整合而成。

沙头角保税区于 1987 年 12 月 25 日经深圳市人民政府批准创办，是中国创办最早的保税区，1991 年 5 月 28 日经国务院正式批准设立，沙头角片区围网面积 0.27 平方公里，建成厂房 30 栋，区内建筑面积 72 万平方米，其中厂房面积 66 万平方米，是全国所有保税区当中面积最小、土地使用率最高的园区。经过多年的发展，沙头角片区已发展成为投资环境良好的外向型经济区域，形成了黄金珠宝首饰、电子信息和高档电子电动玩具三大支柱产业，产品 90% 出口，投资商来自美国、德国、加拿大等国家和中国台湾、香港地区。2016 年 1 月 15 日深圳盐田综合保税区沙头角片

区通过海关总署、发改委等国家 10 部委封关验收。

盐田港保税区于 1996 年 9 月经国务院批准设立，位于盐田港区中部，南片区 0.71 平方公里，北片区 0.68 平方公里，南片区与盐田港的作业区相连；北片区位于盐田港大道以北，紧临盐田港，南、北两片以全封闭专用高架桥连接。1999 年 1 月 8 日南片区经海关总署封关验收合格，开始运作。区内现有产业主要为现代物流业，区内企业主要从事保税仓储、国际分拨配送、国际中转等业务，业务所涉及货物的种类主要包括平板电脑、办公电子设备、液晶显示屏、服装、鞋、玩具、日用品、红酒等。在园区内注册并运作的企业包括外商投资企业、民营企业、国营企业等多种性质，其中 500 强企业投资的 3 家。现有仓库 78 万多平方米，还有多个在建项目。

2004 年 8 月 16 日国务院批准盐田港保税区和盐田港实施"区港联动"，盐田港保税物流园区于 2005 年 12 月 30 日通过海关总署等国家部委联合验收。盐田港保税区将置换到紧邻盐田港保税物流园区的后方陆域。盐田港保税物流园区高起点、广空间的现代物流发展园区；与国际大港盐田港"无缝对接"；国内货物进区享受"入区退税"。保税物流园区享受保税区相关政策，在进出口税收方面，比照实行出口加工区的相关政策，即国内货物进入保税物流园区视同出口，办理报关手续，实行退税；保税物流园区货物内销按货物进口的有关规定办理报关手续，货物按实际状态征税；区内货物自由流通，不征增值税和消费税。

盐田综合保税区于 2014 年 1 月经国务院批准设立，园区围网面积 2.17 平方公里，一期封关面积 1.24 平方公里，包括沙头角保税片区和盐田港保税片区。2016 年 1 月 15 日，盐田综合保税区（一期）1.24 平方公里通过国家验收，其中 1.01 平方公里的盐田片区，是原盐田港保税物流园区所在区域，分南北两部分，以全封闭的跨线桥相连。按照《深圳盐田综合保税区产业发展规划（2016—2020）》，盐田综合保税区（一期）的盐田片区将发展成为智能物流示范区和物流综合体集聚区，重点发展多国集拼、国际中转与转口贸易、国际采购、国际分拨配送、保税仓储、保税展示与交易、跨境电商、供应链管理、流通性加工、多式联运等产业，建设临港保税物流中心。

2. 福田保税区的改革历程

福田保税区于1991年5月28日经国务院批准设立,1993年2月正式封关运作,园区东接福田口岸、南邻香港、西抵红树林保护区、北靠福田中心区,围网内面积1.35平方公里。依托毗邻香港的区位优势和先行先试的体制机制优势,充分发挥了福田保税区作为国家对外开放窗口的示范作用,是国内发展成就比较突出和极具竞争力的保税区域之一。区内建有日通车能力4000辆次的1号专用通道,经落马洲大桥与香港直接连通,以高科技加工、现代物流和国际商贸产业为主。目前区内企业近1800家,员工近8万人,世界500强在区内设立17家企业。

3. 深圳市其他保税区的创立

位于坪山新区的深圳出口加工区,于2000年4月27日经国务院批准成立,围网面积3平方公里,园区以高科技加工、现代物流业务为主。

深圳前海湾保税港区于2008年10月18日经国务院批准成立,规划面积3.71平方公里。一期围网面积1.174平方公里,依托深圳现代服务业合作示范区建设,以临港物流、国际商贸、增值业务、现代服务等为主。

深圳机场(B型)保税物流中心于2009年2月11日获得国家4部委的联合批复,一期面积重点发展临空快速物流,形成航空产业的聚集。

(三) 评价

1. 理论评价

(1) 沙头角保税区是我国最早探索保税区对外开放模式的地区。为全国保税区的建设贡献了深圳经验。深圳是最早探索保税区对外开放模式的地区,依靠先行先试的特区政策,1987年成立的沙头角保税区是我国第一个保税区,从1987年到1990年国家正式批准第一个保税区的4年时间里,沙头角保税区通过自身的探索,为我国保税区开放模式的正式建立积累了丰富的实践经验,为后来我国各地保税区的建设提供了深圳样板。

(2) 保税区成为深圳特区对外开放的重要载体和经济发展的重要支点。保税区域是参照国际自由贸易区实行"境内关外"模式运作的特殊关税区域，是深圳特区实行对外开放的重要载体。各保税区在改善贸易与投资环境、扩大招商引资和拓展功能运作等方面，取得了巨大的成就，显示出其特有的经济活力和辐射功能，成为带动全市乃至整个珠三角地区对外开放和经济发展的重要支点，为特区建设和发展做出了重要的历史贡献。

（3）加入世贸协定后，保税区发展遇到了诸多挑战，转型升级迫在眉睫。从优惠政策层面看，加入WTO后，关税下降，使得保税区物流吸引力下降；深圳整体的产业升级使低附加值的加工贸易企业将会寻求更具成本竞争力的内地。从微观企业层面来看，本来企业需要从国外进口的料件在周边就能够找到，保税区加工贸易企业的节约进口材料关税成本的优势丧失。从竞争层面看，随着国家政策的变化，保税港区、综合保税区、保税物流中心、新型保税仓、出口监管仓遍及祖国大江南北。就在深圳地区，随着盐田保税物流园区、前海湾保税港区、华南国际物流中心两仓的陆续建成运作，福田保税区面临同城兄弟的厮杀极为惨烈。

2. 经济成效评价

2008年，深圳市保税区全年工业总产值为862.5亿元，占全国保税区的24.9%，进出口总额469.47亿美元，占全国保税区的34.45%。2012年，深圳保税区完成进出口总额1099.9亿美元，占全市进出口总额的23.6%，居全国海关特殊监管区域首位；工业产值996.5亿元，实际利用外资5615万美元，以只占深圳土地面积的1.3‰的土地实现了全市4.8%的工业产值和23.6%的进出口额，单位面积工业产值和进出口额在国内同类园区中排名第一。2010—2014年的5年中共实现工业产值5142亿元，进出口额5162亿美元，税收489.6亿元。

从蛇口工业区到保税区，深圳特区"引进来"战略取得了巨大成功，外国资本、技术、人才、管理等生产要素大量涌入，2015年，深圳市实际利用外资64.97亿美元，进出口总额4424.59亿美元，进出口总额连续23年位居全国大中城市第一。改革开放以来外贸进出口额和实际利用外资额趋势如图8-1、图8-2所示。

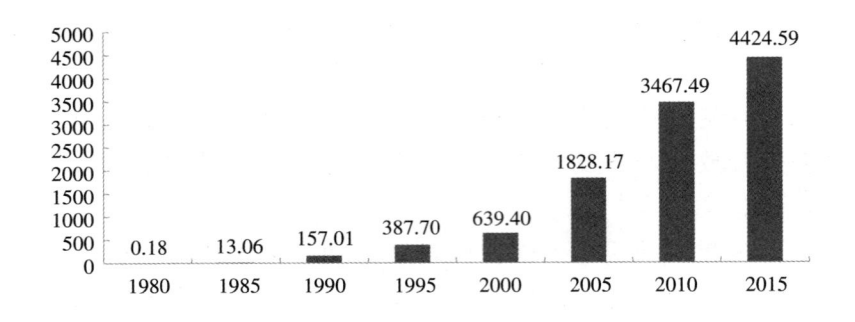

图 8-1　改革开放以来外贸进出口增长趋势（单位：亿美元）

资料来源：深圳统计年鉴（1980—2016）。

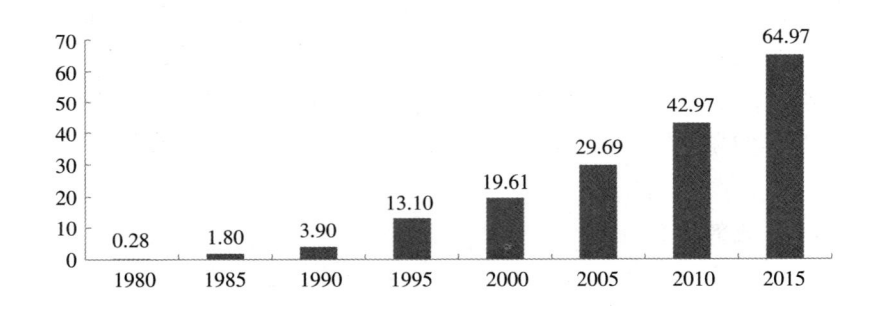

图 8-2　改革开放以来实际利用外资增长趋势（单位：亿美元）

资料来源：深圳统计年鉴（1980—2016）。

（四）展望

1. 自贸区是保税区转型升级的重要方向

以纳入自贸区为目标，积极推进制度创新，通过提升基础设施和配套设施、增强产业科技创新能力、升级空间载体、创新政府管理体制与服务模式等多种举措，推进保税区的制度创新和产业升级，形成保税区转型升级的"深圳模式"。

2. 粤港澳大湾区的规划和建设为深圳市保税区的发展提供了新的历史机遇

深港合作、粤港澳合作是国家的重要发展战略，粤港澳大湾区是国务院规划的第一个湾区经济城市群，作为对外开放的重要载体，保税区的转型升级应积极融入粤港澳大湾区建设，成为粤港澳大湾区新一轮更高层次开放的重要支点和粤港澳合作发展的典范区，尤其是福田保税区应充分发挥地理优势，依托广深高速公路，建成广深高速公路创新走廊的桥头堡，积极融入落马洲河套地区开发，共同打造粤港澳大湾区的核心创新引擎。

第二节 "走出去"开放体制探索

一 背景："走出去"的条件初步成熟

（一）从国家发展战略上来看，"走出去"战略已进入加快实施阶段

2000年3月，江泽民同志在全国人大九届三次会议上就把"走出去"战略提高到国家战略层面。2002年，在党的第十六大报告中，江泽民同志提出："坚持'走出去'与'引进来'相结合的方针，全面提高对外开放水平。"2003年10月，党的第十六届三中全会通过的《关于完善社会主义市场经济体制的若干重大问题的决定》指出，继续实施"走出去"战略是建成完善的社会主义市场经济体制和更具活力、更加开放的经济体系的战略部署。2005年，温家宝总理在政府工作报告中提出，要进一步实施"走出去"战略，鼓励有条件的企业对外投资和跨国经营。

（二）从深圳的改革开放进程来看，深圳改革开放事业已进入新的历史时期，也具备了实施"走出去"发展战略所需的资本实力和技术能力

进入21世纪以来，在经济全球化的背景下，国际竞争日趋激烈，贸易壁垒不断加大。同时，深圳自身面临着"四个难以为继"的发展约束，亟须拓展国际发展空间。

深圳经济总量在全国大中城市中名列前茅，人均GDP已达到国际中等发达国家的水平，具备了一定的资本输出能力以及产业和产品竞争能力。2006年，深圳全市外贸出口额达1265亿美元，连续14年外贸出口额居全国大中型城市第一。坚持把高新技术当作支柱产业来发展，2016年全市高新技术产品产值超过6000亿元，其中具有自主知识产权的产品产值达3708亿元，全市认定高新技术企业1505家。

深圳市已经形成了很多具有国际竞争力的跨国企业。深圳市共有运作正

常的境外企业和境外机构367家，遍布80多个国家和地区，在美国、英国、瑞典、韩国、印度、俄罗斯等国已设有20多个研发型企业，初步培育出一批年销售收入超百亿元，具有一定国际竞争力的跨国企业，如华为技术有限公司、中兴通讯股份有限公司、康佳集团等。深圳市充分发挥外向型经济优势和高新技术产业为主的优势，鼓励有条件的企业开展跨国经营，向境外投资，在更高层次和更宽领域扩大对外开放，参与国际竞争。

二 探索：成为城市重点发展战略

（一）"走出去"首次被写入深圳城市重点发展战略

2007年4月5日，在全市"走出去"工作会议上，"走出去"首次被写入深圳城市重点发展战略，深圳市委书记李鸿忠在对走出去的意义进行阐述时表示，深圳经济的发展此前靠的是低廉的劳动力和土地资源，发展水平还处于产业发展链条的低端，如果只锁定在这一步，很容易出现之前的"拉美现象"，深圳应该向中端、高端进军。深圳20年前靠的是引进投资、引进技术发展的，而现在，新特区的改革开放的新内涵就是要走出去。同时印发了《中共深圳市委深圳市人民政府关于大力实施走出去战略的决定》（征求意见稿）和《深圳市实施"走出去"战略规划纲要》（以下简称《纲要》），确定了50家具有实力和优势的大型企业作为"走出去"重点企业予以重点扶持，为广大中小企业开展跨国经营提供有利条件。从企业所有制属性看，应采取以民营和股份制企业为主，国有企业为辅、利用外企资源携手并进的发展方式。根据战略规划，到2010年，深圳要打造5家以上年营业额达10亿美元、海外业绩占50%以上的跨国企业"航母"。2家以上年营业额达100亿美元、海外业绩占50%以上的大型跨国公司。深圳对外直接投资存量达22亿美元，年对外直接投资超过2.5亿美元，境外企业数量超过600家，对外承包工程和劳务累计合同额达到200亿美元，营业额达170亿美元，在高新技术等领域的国际承包工程市场形成较强竞争优势。

（二）出台"走出去"支持政策

2007年6月15日，深圳市在全国大中型城市中率先出台"走出去"战略相关政策：《中共深圳市委深圳市人民政府关于大力实施"走出去"战略的决定》及5个相关配套文件。重点解决企业"走出去"的扶持资金、境外经贸区建设、海外市场拓展、风险防范与应急保障等 10 个关键问题，是深圳市鼓励企业"走出去"的纲领性指导文件。明确将大力扶持跨国航母型企业，培育深圳市本土的跨国公司群。在走出去的过程中，要创造更好的城市软环境，让企业形成总部留在深圳，加工制造基地等向海外延伸的布局。

（三）深圳企业"走出去"同"一带一路"沿线国家合作

深圳自"一带一路"远景与规划出台以来就积极对接国家"一带一路"建设，支持深圳企业"走出去"同"一带一路"沿线国家开展经济合作，努力打造海上丝绸之路桥头堡。截至 2016 年初，深圳已在 38 个沿线国家布局 137 个项目，涉及金额逾 420 亿美元，主要集中在通信、医药、能源、机械等领域；华为、华大基因等企业已在沿线国家设立一批研发中心，境外投资 1000 万美元以上的研发企业累计达 85 家。同时，深圳通过人文交流，与沿线国家增进了解互信，与 52 个沿线城市结为国际友城和友好交流城市。

（四）深圳市走出去战略合作联盟揭牌

2016 年 4 月 8 日，深圳市走出去战略合作联盟揭牌，并与多家国内外机构签订了战略合作协议，联盟将搭建信息、人才、金融和风险防范等服务在内的综合服务平台，助力深圳企业开拓国际市场，助力深圳企业更好地"走出去"。

三 评价：国际市场接轨的急先锋

（一）理论评价

深圳实施"走出去"战略不仅是应对经济全球化挑战的客观要求，也是深圳所处历史发展新阶段的内在要求，更是国家赋予的对外开放使命和责任。

1. 通过实施"走出去"战略，拓展了城市发展空间，缓解了资源环境的发展制约

深圳经过近 40 年的高速发展，面临着土地资源不足、发展空间不够、生态环境压力加大等约束，"走出去"战略通过产品、资本、技术输出，不仅打通了国际市场，而且充分利用国际优势资源，破解了土地空间、资源环境制约的难题。

2. 通过实施"走出去"战略，推动了产业的优化升级，提高了企业的自主创新能力，增强了企业国际竞争力

"走出去"的企业直接面临国际竞争,必须不断通过产业升级提升产品的质量,不断通过科技创新提升技术水平,才能获得国际竞争的优势地位。

3. 深圳"走出去"战略,为我国"一带一路"倡议的实施积累了丰富的"走出去"经验

深圳自 2007 年开始实施"走出去"战略以来,取得了丰硕的成果,不仅形成了华为、中兴等一大批实力强大的跨国民营企业,而且积累了丰富的支持企业"走出去"的制度政策经验。为落实"一带一路"国家倡议,打造海上"丝绸之路"桥头堡奠定了坚实的基础。

(二)经济成效评价

进入 21 世纪以来,深圳积极实施"走出去"开放战略,尤其是近年来积极对接国家"一带一路"建设,支持深圳企业"走出去"同"一带一路"沿线国家开展经济合作,努力打造海上丝绸之路桥头堡。截至 2015 年,深圳已走出去 3700 多家企业和机构,足迹遍布世界 127 个国家和地区,已在 38 个"一带一路"沿线国家布局 137 个项目,涉及金额逾 420 亿美元,主要集中在通信、医药、能源、机械等领域;企业完成"一带一路"工程承包营业额 84.9 亿美元;华为、华大基因等企业已在沿线国家设立一批研发中心,境外投资 1000 万美元以上的研发企业累计达 85 家。同时,深圳通过人文交流,与沿线国家增进了解互信,与 52 个"一带一路"沿线城市结为国际友城和友好交流城市。

2015 年,深圳吸收合同外资 256 亿美元,同比增长 134.9%;境外中方协议投资额 165.7 亿美元,同比增长 214.7%,深圳实际对外直接投资 51.3 亿美元,同比增长 28.9%,其中一部分企业在欧美发达国家建立起研发中心,境外投资不断向价值链高端延伸。

四 展望:"走出去"与创新中心建设互动

(一)深圳应全面融入"一带一路"对外开放国家倡议,打造海上"丝绸之路"桥头堡,为"走出去"战略赋予新的生命力

"一带一路"倡议为深圳企业"走出去"提供了新的历史机遇,扩大与"一带一路"沿线国家的经贸合作,在新的历史条件下,为深圳"走

出去"战略注入新的活力。

（二）深圳"走出去"战略应与科技创新深度融合，服务于深圳打造国际科技、产业创新中心

深圳已经具有全国范围内科技创新优势，正在打造国际科技、产业创新中心。"走出去"战略应深度结合科技创新，重点支持科技创新企业走向世界。

第三节 "国际化"开放体制探索

一 前海改革：从"深港现代服务合作区"到"自贸区"

前海位于深圳南山区，由双界河、月亮湾大道、妈湾大道、宝安大道和西部岸线合围而成，占地面积约15平方公里，紧邻香港国际机场和深圳机场两大空港，具有良好的海陆空交通条件和突出的综合交通优势，在粤港澳大湾区内具有重要战略地位。深港合作成为前海发展最鲜明的主题，依托深港经济圈，前海致力于打造珠三角的"曼哈顿"。

（一）背景

1. 从国家层面来看，内地与港澳的合作是国家重要发展战略

自2003年开始，内地与港澳先后签署《关于建立更紧密经贸关系的安排》（CEPA）及一系列补充协议，其中许多领域开放以广东作为先行先试区。按照商务部规划，"十二五"末要基本实现内地与港澳服务贸易自由化，而广东则提出要提前一年实现这一目标。然而，CEPA实践仍存在落实效果欠佳、准入门槛过高和配套法律法规不完善等问题。香港对内地服务输出占比一直徘徊在35%，并未刺激本港服务业大幅"北上"；甚至香港在内地输入服务贸易总量的比例还趋于下降，从2001年的25.1%跌到2010年的15.4%。

2. 香港正经历着"被边缘化论"的焦虑，具有拓展内地市场的内在需求

过去30多年，香港充分参与了国家的改革开放和工业化进程，并成功将经济模式由制造业转至服务业为主。但香港也同样正经历着"被边缘化论"的焦虑，也迫切希望为其服务业拓展包括深圳在内的广大内地市

场,"深港合作"成为两地共同的战略选择,希望能通过参与深圳前海的发展,促进香港服务业的进一步发展,以期巩固在国家发展中的战略性地位。

3. 经过30多年的高速发展,深圳也存在深化改革和扩大对外开放的外部压力和内在需求

2008年的世界金融危机席卷全球,给深圳出口经济带来严峻的考验和挑战,在经过30多年高速发展之后,深圳也正在面临着特区政策优势丧失等国内竞争的压力,深圳需要全面学习借鉴香港融合西方文明与中华文化的制度设计,通过学习、消化、创新,形成具有中国特色、适应深圳市情的一系列制度创新,增创深圳体制机制新优势。

(二) 改革探索过程

1. 成立前海深港现代服务业合作区

2010年8月26日,在深圳经济特区"30岁生日"当天,国务院批复同意《前海深港现代服务业合作区总体发展规划》,着力发展金融业、现代物流业、信息服务业和科技服务和其他专业服务,定位为现代服务业体制机制创新区、现代服务业发展集聚区、香港与内地紧密合作的先导区和珠三角地区产业升级的引领区,在营业税、企业所得税和个人所得税等税收项目上实行财税支持政策。2011年1月10日,深圳前海管理局正式挂牌。同年7月6日,《深圳经济特区前海深港现代服务业合作区条例》(以下简称《条例》)正式公布并施行,赋予前海管理局探索实行法定机构管理模式。前海的改革开放已经告别摸着石头过河的改革状态,建立起一种自顶端设计的、谋定后动的改革状态。前海管理局为进一步推动前海区域开发建设,相继成立前海开发投资控股有限公司、深圳市前海合作区管理服务有限公司、深圳市前海商务秘书有限公司。以控股公司为主体,推动各项工作落实。

2. 实行比特区还要特的先行先试政策

2012年6月29日,香港回归祖国15周年之际,国务院发布关于支持深圳前海深港现代服务业合作区开发开放有关政策的批复。支持深圳前海深港现代服务业合作区实行比经济特区更加特殊的先行先试政策,打造现代服务业体制机制创新区、现代服务业发展集聚区、香港与内地紧密合作

的先导区、珠三角地区产业升级的引领区。支持前海在金融改革创新方面先行先试，建设我国金融业对外开放试验示范窗口。在国家税制改革框架下，支持前海在探索现代服务业税收体制改革中发挥先行先试作用。支持前海建设深港人才特区，建立健全有利于现代服务业人才集聚的机制，营造便利的工作和生活环境。支持前海在深港两地教育、医疗、法律事务、电信业务等方面开展合作试点。2012年12月7日，习近平总书记在党的十八大后离京视察的第一站就选择前海，并对前海开发开放做出重要指示：前海开发开放是深圳经济特区发展的新契机、转型升级的新推力、改革开放的新起点、粤港深港合作的新平台。依托香港、服务内地、面向世界。充分发扬特区敢为天下先的精神，落实比特区还要特的先行先试政策。

3. 前海跨境人民币贷款业务启动

2012年12月27日，为支持前海深港现代服务业合作区开发建设，规范前海跨境人民币贷款业务管理，经中国人民银行批准，中国人民银行深圳市中心支行发布了《前海跨境人民币贷款管理暂行办法》，这标志着深圳前海地区跨境人民币贷款业务正式启动。在前海注册成立并在前海实际经营或投资的企业可以从香港经营人民币业务的银行借入人民币资金，并通过深圳市的银行业金融机构办理资金结算。

4. 前海土地管理改革

2013年5月24日，前海管理局对外公布已获深圳市政府批复的《前海深港现代服务业合作区土地管理改革创新要点（2013—2015年）》，一是土地批租制度改革，前海管理局根据产业类型和项目建设情况，实行弹性年期制度，这项改革打破了我国土地出让一次性住宅70年和商业40年使用年限的界定，可以更有效地展现土地价值。二是将土地资源与地上资产捆绑起来，避免前海开发房地产化。前海的土地资源还将与资本进一步捆绑在一起，实现土地、资产、资本三位一体化综合管理。

5. 前海蛇口片区纳入广东自贸区

2015年4月27日，"中国（广东）自由贸易试验区深圳前海蛇口片区管理委员会"挂牌，广东自贸试验区前海蛇口片区正式启动，前海进入新的发展阶段。前海蛇口片区是广东自贸区重要组成部分，规划面积28.2平方公里，根据产业形态分为前海金融商务区、前海湾保税港区和蛇口商务区。

（三）评价

1. 理论评价

开发建设前海，是国家在深圳经济特区成立 30 周年的历史节点上所做出的一项重大战略决策。前海深港现代服务业合作区肩负着探索改革开放科学发展的新路子、探索内地与香港紧密合作的新途径、探索转变经济发展方式的新经验的历史使命。

（1）前海合作区在"一国两制"框架下，为港澳与内地的全方位合作探索了新的模式。通过前海现代服务业的合作发展，整合深港两地资源，集聚全球高端要素，重点发展金融、现代物流、信息服务、科技服务及专业服务、港口服务、航运服务和其他战略性新兴服务业，打造亚太地区重要生产性服务业中心、世界服务贸易重要基地和国际性枢纽港。推进深港经济融合发展，成为粤港澳深度合作的示范区。

（2）前海合作区不仅是深圳改革开放新的战略支点，而且在"21 世纪海上丝绸之路"建设中发挥重要的支撑作用。把自贸区体制机制创新、前海国家服务业开放发展战略平台功能、蛇口发达的港口航运产业基础更好结合起来，形成区位、政策、体制和产业的叠加优势，为深圳深化改革和扩大对外开放提供新的战略支点，同时，进一步发挥新时期深圳经济特区先行先试作用，更好服务国家"一带一路"建设，成为"21 世纪海上丝绸之路"建设的重要支点。

（3）前海合作区为我国实施自贸区战略、积极打造开放型经济新体制贡献了新经验。前海合作区着眼于制度创新，在转变政府职能、创新管理模式、促进贸易和投资便利化等方面大胆探索，着力构建符合国际惯例的运行规则和制度体系，积极营造国际化、市场化、法治化营商环境。前海合作区不仅可以成为粤港服务贸易自由化的先行地，也为中国加入新型服务贸易规则谈判提升议程设置能力和话语权。为我国实施自贸区战略、探索开放型经济新体制和构建全方位对外开放新格局做出了新贡献。

2. 经济成效评价

（1）形成以金融为核心，高端化、国际化的现代服务业体系。截至 2017 年 5 月，已入驻世界 500 强企业 167 家，全年片区注册企业实现增加值1416亿元，同比增长39%；合同利用外资为547.67亿美元，同比增长151.5%，占全市的84.9%，列全国自贸区第一位；实际利用外资为38.03亿美元，同比增长70.6%，占全市56.5%，列全国自贸区第二位。

（2）港资企业作为经济支柱的作用日益显现。在前海蛇口自贸片区注册的港资企业已达4564家，注册资本达3898.82亿元，2016年，前海蛇口自贸片区港企实现增加值392.61亿元，占自贸片区27.7%。前海深港青年梦工场已培育80多家港澳青年创业团队，50%的香港团队获得融资，总融资金额近2亿元。香港汇丰在前海成立内地首家港资控股公募基金公司；周大福、新世界、东亚银行、香港嘉里、九龙仓等一批知名港企入驻。

（3）制度创新硕果累累。截至2016年，前海累计推出267项制度创新成果，其中，全国首创或领先达75项；全省复制推广37项，占全省的56%。在国务院最新发布复制推广的19项改革创新举措中，有6项是前海蛇口自贸片区首创，按照中央要求，已有15项完成复制推广，4项正在推进落实中。前海在全国率先推动实现跨境人民币贷款、跨境双向发债、跨境双向资金池、跨境双向股权投资和跨境资产转让"五个跨境"。

（4）营造了市场化、法治化、国际化的营商环境。出台了"一条例两办法"（即前海合作区条例、前海管理局暂行办法和前海湾保税港区暂行办法），构建前海法制建设基本框架。承接省、市下放的131项行政审批权。全力推进深港人才特区和国家人才管理改革试验区建设，支持拥有香港职业资格的专业人士在前海直接执业，构建前海人才工作联盟。在法治环境方面，前海也积极对标香港，首创"港籍调解"与"港籍陪审"制度；借鉴香港廉政公署经验，成立前海廉政监督局。

（5）已经成为"一带一路"建设的重要支撑点。截至2017年5月，共有来自"一带一路"沿线国家中28个国家在前海蛇口自贸片区投资设立251家企业，注册资本合计148.25亿元。前海企业累计在"一带一路"沿线国家设立企业（机构）35家，协议投资额12.12亿美元。

（四）展望

1. 前海合作区应在粤港澳大湾区的建设中发挥现代服务业的核心引擎作用

粤港澳大湾区的规划和建设为前海合作区的发展提供了新的历史发展

机遇，前海合作区应充分发挥深港现代服务业的合作优势，充分发挥处于粤港澳大湾区的核心位置的地理优势，打造粤港澳大湾区现代服务业发展的核心引擎。

2. 前海合作区应结合深圳科技创新优势，打造全球金融科技创新和专业服务创新发展的高地

深圳已成为具有全球影响力的创新"硅洲"，创新业态丰富，创新要素集聚，正在打造国际科技、产业创新中心，前海合作区应充分发挥深圳科技创新优势，成为现代服务业创新发展的高地。

二 湾区经济：从深圳湾区到粤港澳大湾区

（一）背景

1. 从世界经济版图来看，湾区经济是全球经济增长和区域经济开放的重要引擎

纽约湾区位于美国的东北部，面向大西洋，河流密集，陆路交通便利，港口优良，纽约是美国的"经济中枢"，尤其是在商业和金融领域发挥着巨大的全球影响力。曼哈顿被称为世界的"金融心脏"。旧金山湾区是美国乃至世界上重要的科技创新中心和科教文化中心，聚集着全球优质人才、资本、技术等要素，其科技实力引领全球科技创新的发展方向。东京湾区位于日本的中东部，面向太平洋，拥有关东平原腹地，湾区沿岸形成马蹄形港口群，工业沿湾区逐步向西和向东北发展，形成京滨、京叶两大工业地带，东京湾区是世界上经济实力最强的湾区和全球重要的金融、航运、制造中心。

2. 从国家发展层面来看，"一带一路"建设为深圳发展湾区经济提供了重大历史机遇

"一带一路"倡议是以习近平同志为总书记的党中央立足全球形势变化，统筹国际国内发展，加快构建对外开放新格局的重大决策。深圳积极落实国家部署，主动作为，着力提升湾区经济综合实力，打造服务"一带一路"的重要引擎。通过加快发展湾区经济推动建设粤港澳大湾区，努力为"一带一路"提供有力支撑，致力于打造海上"丝绸之路"桥头堡。

3. 从深圳自身发展实际来看，深圳急需新的国际化视野来思考未来的

发展方向

经过近40年的高速发展，深圳已成为国内第四大城市，并具有全球影响力的科技创新城市，站在新的历史起点，深圳需要在全球新的坐标系中，站在更高处，用国际化视野思考自身定位、谋划未来发展。通过发展湾区经济不断提升城市的发展层级，加速建设成为世界一流湾区城市。

（二）改革探索过程

1. 深圳在全国首次提出发展湾区经济

2014年，深圳市市长许勤所做《政府工作报告》中首次提出发展湾区经济，并重点着墨指出：发达的湾区经济是世界一流滨海城市的显著特征，深圳毗邻港澳、背靠珠三角、地处亚太主航道，要紧紧抓住我国实施海洋强国战略、建设21世纪海上丝绸之路及世界经济重心东移等重大机遇，发挥综合优势，联合打造区域协同的湾区经济，并强调深圳市将重点打造前海湾、深圳湾、大鹏湾、大亚湾等湾区产业集群，并将"湾区经济"列入2015年的十大重点工作之一。许勤市长参加了宝安区人大代表分组讨论，他在现场再次强调了发展湾区经济对于深圳的重要意义，并指出：湾区经济是深圳用一个全新的国际视野来思考未来所找到的方向。

2014年9月17日，以"建设国际化湾区名城"为主题的2014深圳国际化城市建设研讨会在五洲宾馆举行。海内外经济学家齐聚，就"湾区经济"展开深入探讨。2015年3月发布了政府公报《市委市政府关于大力发展湾区经济建设21世纪海上丝绸之路桥头堡的若干意见》，提出，到2020年湾区经济形态和布局基本形成，到2030年建成全球一流湾区城市，成为海上丝绸之路中核心城市。

2. 粤港澳大湾区规划的提出过程

2015年12月2日，深圳与澳门政府签署《关于深化深澳合作共同参与粤港澳大湾区建设备忘录》，双方将充分发挥地域优势，在经贸、金融、文化、创新创业等方面建立更加紧密的合作关系。

2015年3月底，国家发改委、外交部、商务部联合发布了《推动共建丝绸之路经济带和21世纪海上丝绸之路的愿景与行动》。首次明确提出："充分发挥深圳前海、广州南沙、珠海横琴、福建平潭等开放合作区作用，深化与港澳台合作，打造粤港澳大湾区。"2015年11月，广东省"十三五"规划提出：创新粤港澳合作机制，打造粤港澳大湾区，形成最具发展空间和增长潜力的世界级经济区域。2016年3月，国务院发布《国务院关于深化泛珠三角区域合作的指导意见》，要求：优化区域经济发展格局，充分发挥广州、深圳的辐射带动和示范作用，携手港澳共同打造粤港澳大湾区，建设世界级城市群。2016年3月，国家"十三五"规划纲要提出：支持港澳在泛珠三角区域合作中发挥重要作用，推动粤港澳大湾区和跨省区重大合作平台建设。

2017年1月，马兴瑞省长在广东省政府工作报告中提出，携手港澳推进珠三角世界级城市群和粤港澳大湾区建设。粤港澳大湾区城市群要和洛杉矶、纽约、东京湾去比。2017年3月6日，在十二届全国人大五次会议广东团全体会议上，全国人大代表、广东省发改委主任何宁卡发言时系统论述了粤港澳大湾区，提出：广东的广州、佛山、肇庆、深圳、东莞、惠州、珠海、中山、江门9市和香港、澳门两个特别行政区形成的粤港澳大湾区，具备建成国际一流湾区和世界级城市群的基础条件，粤港澳大湾区是我国改革开放的前沿和经济增长的重要引擎。

2017年3月，李克强总理在政府工作报告中提出"研究制定粤港澳大湾区城市群发展规划"，发挥港澳独特优势，提升粤港澳大湾区在国家经济发展和对外开放中的地位与功能，同年4月，在会见香港新任特首林郑月娥时进一步指出：2017年中央政府要研究制定粤港澳大湾区发展规划。

2017年4月，深圳市委书记王伟中基层调研"第一站"来到前海，强调在粤港、深港合作上下更大功夫，深度参与粤港澳大湾区规划，抢抓粤港澳大湾区建设重大机遇。

（三）评价

1. 深圳首次提出了"湾区经济"的发展理念

从"深圳湾区"到"粤港澳大湾区"，并逐步上升到国家战略层面，深圳的湾区经济战略为我国加快构建开放型经济体制探索出了一条新的发展道路。

2. 深圳发展湾区经济为"一带一路"建设的顺利实施提供了重要支点

深圳提出的湾区经济战略服务于国家"一带一路"建设，深圳依托自身的科技、金融等方面的优势，为"一带一路"提供重要支撑，并致力于打造海上"丝绸之路"桥头堡。

3. 湾区经济为深圳经济的转型升级提供了新的发展思路

湾区经济以开放性、创新性、宜居性和国际化为其最重要特征，具有开放的经济结构、高效的资源配置能力、强大的集聚外溢功能和发达的国际交往网络，这些发展理念为深圳发展注入了新的活力，推动了深圳经济和产业的转型升级。

（四）展望

1. 深圳应努力成为粤港澳大湾区科技创新的核心引擎

深圳已成为具有全国影响力的科技创新中心，应积极打造国际科技、产业创新中心，充分发挥科技创新优势，成为粤港澳大湾区的科技创新引擎，引领粤港澳大湾区的科技创新方向，打造世界一流的科技湾区。

2. 深圳应在粤港澳大湾区建设的背景下加强与香港的合作

应借助前海合作区和落马洲河套地区开发等合作平台，加强与香港在科技创新、现代服务、航运物流等方面的合作，共同打造粤港澳大湾区的核心引领区。

3. 深圳应加强湾区经济的发展规划，加快打造湾区经济西部发展轴和湾区经济东部发展轴

通过打造湾区经济西部发展轴，加强与广州、东莞以及珠江口西岸城市的经济合作；通过打造湾区经济东部发展轴，带动惠州、河源、汕头等粤东地区的经济发展，打造"深莞惠河汕"经济圈。

第九章　行政体制改革

行政管理体制是指在既有的政府职能范围内，在管理行政事务的行政机关内部，围绕职权的划分和运行所形成的一种制度化的关系模式，它是行政责权划分、行政组织结构、行政制度与方式、行政运行机制的总和。高效合理的行政管理体制安排，是建设社会主义现代化强国的重要组成部分，并将为经济、社会、文化、生态等领域深化改革提供制度支撑。习近平总书记在十九大报告中指出，为适应新时代中国特色社会主义现代化，要进一步深化机构和行政体制改革。他指出，特别是要"统筹考虑各类机构设置，科学配置党政部门及内设机构权力、明确职责"。深圳特区改革开放以来的行政体制改革是中国行政改革发展的一个缩影。回顾深圳行政体制改革的历程，总结经验教训，对深圳乃至中国的行政改革具有重要的启发意义。

中国的行政体制改革是伴随着中国的改革开放而展开的，它既是适应经济体制改革的需要，也是政府自身转型、深化政治体制改革的必然要求。行政体制改革始终以完善市场经济体制为目标，以让市场在资源配置中起决定性作用为导向。改革开放之初，深圳经济特区作为中国改革开放的"窗口"和试验场，随着其行政环境全面快速的发展变迁，其政府的改革和发展也不断推进。与其经济体制改革一样，深圳在行政体制改革的诸多方面也发挥着"中国改革试验田"的角色，并先行大胆探索了一系列行政体制改革新举措，为全国各地的行政管理体制改革积累了经验，树立了模范。

纵观深圳的行政体制改革大体可以分为四个阶段：1980年至1993年为建立深圳特区的时代，这一阶段的行政改革主要围绕着"去计划经济体制化"的目标展开；1993年至2001年为深圳经济发展的高速增长态势不断回落的时期，处于"后特区时代"，这一阶段的行政改革目标是推动市场经济体制的深化；2002 年至 2012 年，深圳从依靠"特殊政策"发展转变成"特别能改革、特别能开放和特别能创新",[①] 进入"新特区时代"，这一阶段的行政改革聚焦于提升城市的综合竞争力；2012 年十八大以来，经济发展步入新常态，这一阶段的行政改革旨在不断推进政府职能转变，积极构建服务型政府。

第一节　围绕市场经济体制建设的行政改革

一　去计划经济体制化的行政改革

1980 年，深圳经济特区正式建立，标志着深圳的"特区时代"来临。中央政府赋予经济特区的使命，就是作为改革开放"试验田"，发挥"窗口"和示范作用。立足于这一使命，在整个"特区时代"，深圳进行了以党政机构改革为主要内容，以"去计划经济体制化"为主要目标的行政体制改革。

（一）"特区时代"（1980—1993）的行政改革背景

1. 适应市场经济体制改革的要求

作为改革试验的先行区，经济特区首先需要在经济体制改革方面打开"破"与"立"的局面。而行政体制作为政治体制和经济体制的结合体，对它进行的改革，既是经济体制改革的客观要求，也是中国政治体制改革的重要内容。如前所述，特区成立初期，其政府机构与职能的设置基本上沿用了计划经济体制时代的传统模式，旧体制下的权力高度集中、机构臃肿、政企不分、条块分割、层次繁多、官僚主义、办事效率低下等现象仍然存在。因此对深圳而言，破除计划体制下行政体制的藩篱，适应经济体制改革的要求，把构建新的行政体制同改革旧的计划经济管理体制紧密结合、同步推进，为市场经济的发展创造条件，是行政体制改革的核心目标。

2. 中央政府支持保改革动力充足

经济特区的建立承担着中央赋予的特定任务和使命，特区的使命就是

[①] 2005 年 3 月，时任深圳市委书记李鸿忠定义的深圳特区新内涵。

改革试验,为全国的改革开放探索道路。特区建立初期,中央政府包括最高领导人邓小平同志始终鼓励特区特事特办、新事新办,鼓励特区打破常规,跳出现行体制,赋予深圳经济特区先行先试的权力,同时对改革过程中存在的失误抱以宽容的心态。中央的支持犹如一把"尚方宝剑",使特区政府有了强大的政治动力和使命感,并配以各方面配套优惠政策基础上的"先行先试"特权,同时强化了深圳摸着石头过河、打破常规敢于立新和为其他省市创造经验的责任感。这也是这一时期深圳进行行政改革的主要动力所在。

(二)行政体制改革的主要内容

1. 改革政府机构,初步形成大系统体制

(1)第一次(1981年8月—1982年5月):精简机构,减政放权

1981年8月,深圳进行了首次政府机构改革,根据精简、高效和减少层次的原则对政府机构进行了初步的改革,以精简机构、减政放权为重点,围绕减少环节和提高办事效率两大目标开展。主要举措有:①撤销、合并重叠的行政机构;②改革政府领导体制,精简领导班子,逐步实现党政职能分开;③减少不必要的中间层次和审批环节,市属综合性中间机构基本撤销;④撤销官商部分的行政机构。经过改革,行政机构由原来的65个减少为18个,机关行政人员由原来的2237人减为867人,精简了机构,减少了层次和人员,初步克服了机构重叠、官商不分的现象。这次改革,在全国率先打破了按行业、产品门类设置政府经济管理机构的旧模式,精简了政府机构,初步实现了向企业和市场让渡政府权力,初步建立起了新型的行政管理体系框架。

(2)第二次(1983年12月—1985年5月):加强宏观调控职能,建立决策咨询体系

为适应外向型经济发展和城市建设的需要,加强政府的宏观调控职能,充实大系统经济管理体系,建立健全决策咨询体系。1984年4月,深圳市委颁布《深圳市机构改革方案》,其主要改革举措有:①党委部门,主要是建立和健全岗位责任制,做到分工合理,职责分明,人员精干,提高工作效率。同时,设立对外友好协会、对外贸易促进会、特区顾问建设委员会等机构。②政府部门通过改革,进一步搞好政企分开,强化综合管理部门,建立

健全决策咨询体系，形成"四委五办"的架构，提高工作效率。这次改革增设了政府管理经济的职能机构，强化了政府咨询决议能力和宏观调控能力。市政府局级行政机构由原来的18个增至22个。

（3）第三次（1986年9月—1987年8月）：减少行政管理层次，改进决策咨询体系

1987年3月，深圳市颁布《深圳市级行政机构改革方案》，以调整政府行政管理层次、减少中间环节、强化监督职能和完善决策咨询体系为重点。改革的基本内容有：①减少行政管理层次，变原来的三级管理为二级管理，各委、办、局为同一级平行机构。②根据经济发展需要，新组建了贸易发展局、引进外资办公室、经济协作办公室、行政监察局等机构，使经济综合管理和经济监督职能进一步加强。③改革了国有资产管理体制和运营体制。这次改革进一步减少了管理层次，简化了办事环节；同时在机构体系上，形成了综合管理、行业管理和资产管理三大管理系统，促进了政府组织结构的合理化。改革后，市政府机构增至39个，市委工作机构9个，群团机构6个；机关工作人员2367人。

（4）第四次（1988年2月—1988年9月）：理顺党政关系，初步形成大系统体系

党的十三大提出了政治体制改革的要求。根据党政分开的精神，1988年9月，深圳市颁布《深圳市直党政机构调整方案》，其主要内容是：①理顺党政部门的关系，撤销了市委中与市政府对应、重叠的机构；②减少重叠、提高效率，撤并了一部分业务相近的职能部门；③推进政企分开，取消对企业的机构编制管理，赋予企业应有的劳动人事权。改革后，特区政府初步形成大系统的管理体系，政府对企业的管理也随之由直接管理转变为间接管理，由微观管理转变为宏观管理，由单一的用行政手段管理转变为经济、法律和行政手段并用的综合管理。这次改革后，市政府的机构分为办公机构、组成机构、办事机构和局委归口（或受委托）管理的直属局（处）等共计41个。

（5）第五次（1991—1993）：出台"三定"方案

1992年，中共十四大前后，深圳被列为国家和省机构改革的试点城市，依照中央的统一部署进行行政机构改革，深圳市下发《关于印发深圳

市直属机构改革方案要点的通知》。1993年9月,市编委批复下发各部门"三定"方案,以转变职能、理顺关系、减少政府对企业的微观干预和加强宏观调控为重点。其基本内容包括:加强党的领导,理顺党政关系;转变政府对企业的微观干预,理顺政企关系;转变对事业单位的管理职能,理顺政事关系;调整党政机关部门之间职能配置,理顺其相互关系;进一步划分市与区(县)的职能,理顺市与区(县)的关系;进一步发展社会中介组织,完善社会自我管理机制。改革后市政府工作部门调整为40个,市委工作机构调整为8个,群团组织调整为5个,机关工作人员编制3077名。通过本轮机构改革,市政府的机构为40个。①

2. 引进竞争机制,改革干部人事管理体制

深圳经济特区建立之后,传统体制的人事行政管理不再适应经济体制改革的需要,建立一支精干、廉洁、高效的政府工作人员队伍和人才竞争机制显得尤为重要。

(1)大胆改革干部任用制度

1980年开始,深圳率先在中外合资企业中推行董事会领导下的经理(厂长)负责制。其后又率先在国营企业中推行厂长(经理)聘任制、任期制和选聘制,并逐步推广到事业单位和行政机关部门。实行干部任期制和聘用合同制,改变了过去领导干部长期沿用的单一型委任制,废除了企业干部职务终身制,实现了干部能上能下和选能任贤的目的。

(2)探索现代公务员制度

1987年10月,党的十三大将干部人事制度改革提上日程,并把建立国家公务员制度作为实施分类管理的起点和重点。根据会议精神,深圳市提出改革特区政府机关人事制度,争取率先建立和推行国家公务员制度。经过一段时间的理论研讨和赴外考察,1988年5月拟出了《深圳经济特区建立公务员制度的初步方案》,并选择职能较明确、专业性较强的部门进行试点,成立具体职能部门,推行和管理公务员制度。此后又先后出台了《深圳经济特区国家公务员工资制度方案》《深圳市实施国家公务员制度总体方案》以及"三定方案"(定机构、定职能、定编制)。1989年初,

---

① 李荣根:《八大体系:深圳行政管理体制改革探索》,海天出版社1998年版,第70—75页。

深圳市又制定了《深圳市政府机关工作人员年度考核方案》,并选择工商、税务、审计、人事、财政和技术监督等各局进行试点。1990 年,这一方案在全市全面推行,并成为最早出台国家公务员单项管理制度的城市。

(三)"特区时代"行政体制改革的评价

综观这一时期的深圳行政体制改革,虽然内容十分庞杂,但这些改革冲破了传统计划经济体制的束缚,既为经济特区对外开放和市场经济的发展扫除了一定障碍,也为全国其他地区的改革产生了带动、激励和促进作用。

1. 行政体制改革与经济体制改革高度统一

中国改革的逻辑起点是高度集中的计划经济体制,这一体制的特点可以概括为党政不分、政企不分、权力高度集中、资源完全由政府控制。行政管理体制作为政治体制和经济体制的结合体,对行政体制进行的改革,既是经济体制改革的客观要求,也是中国政治体制改革的重要内容。这一时期深圳把构建新的经济体制同改革旧的行政管理体制紧密结合在一起,同步推进,为市场经济的发展创造有利条件。同时,这一过程也可以理解为政治体制改革(通过行政管理体制改革)寓于经济体制改革之中。

2. 以"去计划经济体制化"为基本目标

虽然这一阶段行政管理体制改革的现实起点和基本内容都是行政机构改革,行政机构的总数增增减减,组织机构不断地被分分合合,但改革总体上从单纯的机构调整、人员裁减依次深入理顺党政关系、政企关系等层面,甚至提出了转变职能的目标。虽然有些改革目标到现在也没有完全实现,但改革的基本取向始终是不断深入地消除传统的高度集权的计划经济体制的弊端,为经济发展开辟新道路和创造条件。

3. 行政改革的高频性、渐进性与应景性

从 1980 年到 1993 年底,深圳特区政府几乎每两年进行一次大规模的政府机构改革,频率非常高。这一方面反映出深圳经济发展速度之快以至于已有的政府改革成果很快就会不适应经济社会环境发展的要求,需要不断地改革政府管理体制为经济社会的迅速变迁开辟新空间;另一方面也反映出每次改革虽有大致的方向,但远景目标并不明确,改革具有应景性、探索性、复杂性等特点,具有明显"摸着石头过河"的渐进性特征。

二 深化市场经济体制的行政改革

1992年中国共产党第十四次全国代表大会确立了建立社会主义市场经济体制的改革目标。同年10月11日，国务院批复设立了上海市浦东新区，以开放浦东为标志的中国全面改革开放序幕拉开。这也意味着，深圳改革开放初期为全国探路的阶段性任务基本完成，其"示范窗口"地位、"试验场"的唯一性以及"先行先试"的特权被打破。同时前期特区拥有的各项经济优惠政策的绝对优势亦日渐丧失，特区的发展进入"后特区时代"。但即便是在"特区不特"①的时期，深圳的城市规模和经济体量仍实现了跨越式发展。在中国由计划经济向市场经济发展的进程中，深圳探索了由计划经济体制向社会主义市场经济体制的转型道路。

（一）"后特区时代"（1993—2001）的行政改革背景

1. 政策趋同和体制趋同带来新挑战

党的十四大确立了发展社会主义市场经济目标，形成了全国全方位改革开放格局。"市场经济"已经不再是经济特区的专利。② 新的形势给深圳带来了新的挑战。

一方面，内地在特区化。中国改革已经从部分地区先行进入整体推进阶段。伴随着改革的全方位推进，特区发展对内地产生了巨大的示范效应。许多内地城市不仅效仿了经济特区的改革措施，甚至在一些方面实施了较特区更灵活、开放，力度更大的政策举措。另一方面，特区在普通化。经过十多年发展，特区人民生活水平已与内地拉开差距。虽然这不违背"让一部分人先富裕起来"的政策思想，但过大的差距必然会引发社会动荡，从而使得中央政府不能再赋予特区更多的优惠政策。此外，随着中国"入世"步伐的加快，为向国际惯例靠拢，达到国际关于非歧视原则和平等竞争的要求，中央已公开对关贸工作组提出12点建议，同意取消中国内地差异化的投资和税收政策。经济特区面临政策趋同的危险，特区将不再"特"。

---

① 胡鞍钢：《我为什么主张"特区不特"》，《明报》1995年8月23日。
② 陶一桃、鲁志国：《中国经济特区史论》，社会科学文献出版社2008年版。

与政策趋同相伴随的是特区与内地的体制趋同。经济特区在建立之初,就明确了市场对于经济发展的作用,大胆地创新了经济体制。20世纪80年代,经济特区率先享有"市场经济制度"这一稀缺资源,从而使得特区在80年代初利用体制落差加速发展。然而,党的十四大正式确立建立社会主义市场经济体制的改革开放目标,经济体制改革在全国范围推展,"市场经济制度"不再是特区所拥有的稀缺资源,特区的体制优势被弱化。

2. 转变政府职能是行政改革的"突破口"

改革开放以来,深圳市政府开展了几次大规模的机构调整和精简,但在历次的机构改革过后的一段时间内就会出现反弹,陷入"精简—膨胀—再精简—再膨胀"的怪圈,并且政府部门职能关系不清、不顺和政企、政事、政社关系不畅的现象依旧存在,政府改革难以产生新突破。政府和学界认为行政机构改革难以跳出怪圈的原因是,政府职能边界还未收缩到位。[1]

同时,在社会主义市场经济改革目标已经确立、全国多层次全方位开放的新格局下,在特区的优惠政策正在减少与消失的新环境下,已有的政府管理方式表现出其与市场主导下高效资源配置的不适应性,投资成本不断攀升,行政办事效率低下,行政"三乱"(乱收费、乱罚款、乱摊派)现象突出。在这样的背景下,深圳的行政改革步入新阶段,转变政府职能、缩减行政审批事项和加强依法行政成为当时深圳行政体制改革的主旋律。

(二)行政体制改革的主要内容

1. 开展"三定"工作

1991年至1993年,社会主义市场经济体制成为我国经济体制改革的目标取向,为了建立与市场经济体制相适应的行政管理体制,深圳开始了政府机构的又一次改革。深圳被列为国家和省机构改革的试点城市,在政府部门开展"三定"(定职能、定机构、定编制)工作,减少政府对企业的微观干预,加强宏观调控,转变职能,理顺关系。这次改革的主要内容

---

[1] 黄宝:《深圳行政管理体制改革研究》,硕士学位论文,南京师范大学,2012年。

包括：（1）转变政府对企业的管理职能，理顺政企关系；（2）调整政府部门之间职能配置，理顺相互关系；（3）转变对事业单位的管理职能，理顺政事关系。

2. 改革行政审批制度

1997年初，深圳市在全国率先对行政审批制度进行改革。于1998年2月正式出台《深圳市政府审批制度改革实施方案》，对市政府审批事项进行了全面清理、调整和规划。1999年3月，《深圳市审批制度改革若干规定》发布，标志着审批制度进入实质性改革运行阶段。2001年，国务院批转的《关于行政审批制度改革工作的实施意见》明确了行政审批制度改革的指导思想。根据这一指导思想，深圳市进一步推进行政审批制度的改革：对能够由市场调节的取消审批；依法规范继续保留的审批核准事项；制定严密的审批操作流程，减少审批环节，简化审批手续，处理好"放"与"管"的关系。经过改革，使市政府原有审批事项从1091项减少为351项，比原来减少740项，审批制度改革取得了阶段性的成果。

3. 推行法治政府建设

1993年底，广东省提出"加强法制建设，推行依法治省"的要求，并确定深圳市为全省依法治市工作试点市。1994年初，深圳市委制定了《深圳市依法治市工作方案》，全面启动了依法治市试点工作。1999年1月，深圳市委又做出《关于加强依法治市，加快建设法治城市的决定》，着重从9个方面实现行政机构和行政行为的法定化：组织机构职能法定化、组织机构编制法定化、行政程序法定化、行政审批法定化、行政收费法定化、行政处罚法定化、政府投资行为法定化、行政执法责任法定化、政府内部管理法定化。2001年正式实施《深圳市机关工作人员行政过错责任追究暂行办法》，其中规定行政机关工作人员的63种行为将被追究行政过错责任。这一时期深圳在建设法治政府依法行政方面取得了较好的成果，将深圳的依法行政水平推向了全国的前列。

4. 完成第六次机构改革

2001年7月，根据中央统一部署的机构改革方针，深圳市政府公布了《深圳市市级党政机构改革方案》。此次改革的目标任务是：形成结构合理、关系协调、职责清晰、精干高效的党委部门运行机制,加强和改善党的领导;建立管理科学、运转协调、廉洁高效、行为规范的行政管理体系,建设高素质的专业化行政管理干部队伍,逐步建立适应社会主义市场经济体制的地方行政管理体制。这次改革虽然也涉及政府机构的设立、撤并等内容,但主要内容是精简人员编制。根据上级政府的意见,深圳市各级机关行政编制将精简10%,其中市级机关行政编制将精简16.9%。同时,本次改革强调转变政府职能、理顺党政关系、提高行政效率。这次改革主要是为了完成中央政府精简人员编制的统一安排,是一次被动的执行性改革,特色不明显,力度也不大,在全国影响微弱。

(三)"后特区时代"行政体制改革的评价

在"后特区时代",深圳市在政策性优势逐渐减弱的情况下仍然保持了相对快速发展的趋势。虽然行政改革特别是审批制度改革是使深圳能够继续保持快速发展的重要原因之一,但无论是横向还是纵向比较,此阶段的行政体制改革与上一阶段都存在显著的差异。

1. 改革频度明显降低

1993年到2001年,深圳市政府没有大规模系统性的行政体制改革,仅有的第六次党政机构改革,是在中央统一部署下被动执行的。审批制度改革、依法行政均是政府行为层面的改革,政府职能、政府体制方面进展不大。

2. 改革成效并不显著

就1997年初的行政审批制度改革而言,一些改革举措由于各种原因并没有真正落实到位,甚至还出现了变相增加审批事项、随意附加审批条件的"回潮"现象。在某些领域(如党政机构设置、办事程序、行政收费项目等)特区采用了某些内地不好的模式,以致出现了特区内地化、改革落后于内地的情况。2001年初,深圳市政府宣布推行政府工作"提速"运动,目的是提高行政效率和优化投资发展环境,但实际效果并不明显。经济发展甚至开始由市场推动向政府主导演变,这成为深圳行政体制改革难以推进的深层原因。

3. 改革的影响力减弱

1993年到2001年,除行政审批制度改革之外,深圳市其他的改革举措在全国的影响力明显减弱。甚至而言，这一时期国内政府管理当中影响力显著的创新举措，如政务公开、行政审批、政府服务"承诺制""首问责任制""一条龙""窗口"式办公制度等均是其他地方实施之后，深圳才开始推行的。

第二节 提高城市竞争力的行政改革

进入21世纪，深圳的行政环境发生了深刻的变化。2001年12月11日，中国成为世界贸易组织（WTO）的第143个正式成员，深圳面临着更加激烈的竞争态势。"在加入世贸组织之后，国家给予特区的优惠政策在实质上已消失，特区也只有象征性的涵义了"[1]，全国各地在经济发展、招商引资等方面的竞争日益激烈，呈百舸争流之势。2005年初，新任深圳市委书记李鸿忠提出"三个特别能"的特区新内涵，认为特区应从依靠"特殊优惠政策"发展的地区转变成"特别能改革、特别能开放和特别能创新"的地区。这标志着深圳进入"新特区时代"。

一 "新特区时代"的行政体制改革概况

（一）"新特区时代"（2002—2012）的行政改革背景

1. 入世带来的机遇和挑战倒逼改革

2001年12月11日，中国正式加入世界贸易组织。入世之前，深圳基本走的是以改革促开放的道路，而入世之后，特别是在世界贸易组织规则约束与国内外竞争激烈的环境下，深圳市政府的管理面临着前所未有的新挑战，至此可以说深圳进入了以开放促改革的时期。国际大市场、周边的香港以及内地各城市更加激烈的竞争态势，对深圳形成了巨大的外部压力。内外双重压力夹击之下，特区如何增创行政体制优势，特别是建立一个适应于全球化竞争环境的行政体制，是特区政府亟须应对的问题。

2. "特区不特"和"内地化"危机驱动改革

20世纪末的大环境就已经显现了"特区不特"和特区"内地化"的

---

[1] 胡谋：《特区，你如今还"特"吗？》（专访），《人民日报》2003年6月18日第5版。

发展趋势。2001年，时任国家总理的朱镕基在答香港记者问时明确表示：现在特区已经不"特"了，已经没有什么特别优惠的政策了，全中国都是一样的。① 至此，"特区不特"正式被政府明确提出。在行政体制改革领域，深圳市政府没有大规模系统性的行政体制改革，仅有的行政体制改革大都局限于行政行为的调试与改善，而在体制创新方面屈指可数。除行政审批制度改革外，其他改革在全国影响甚微。并且在行政办事程序、行政收费项目、党政机构设置等领域，特区向内地看齐。甚至在某些领域的改革，如政务公开、行政审批、政府服务"承诺制""首问责任制""一条龙""窗口"式办公制度等方面，均是在其他地区实施之后，深圳才开始效仿。"特区不特"和特区呈现内地化的发展趋势，使得深圳面临着"被抛弃"的前途危机。基于此背景，深圳作为我国改革开放政策的试验田和前沿阵地，如何在政治体制改革中显示深圳特区"试验田"的作用，是特区政府期望解决的大问题。

3. 现有行政体制制约经济体制改革

随着我国各方面建设进入全面转型的攻坚阶段，社会的整体转型、民主法治建设、区域综合协调发展、社会治理模式创新和公共服务体系建设等是此阶段改革的重要任务。行政管理体制改革处于经济、社会、政治等领域改革的结合部，成为引领各项改革深入下去的关键点，是今后一个时期内我国改革开放事业的优先发展领域。对于深圳而言，在现有行政体制框架下，经济体制改革独领风骚所能够发挥的空间已经非常有限，并且日益受到行政体制改革乃至政治体制改革的掣肘。因此，在行政管理体制改革上寻找突破口，以行政管理体制改革带动经济、社会、政治建设是深圳改革开放全方位、持久深入下去的必由之路。

4. 传统行政架构限制政府效能提升

在大部制机构改革之前，传统行政机构设置、职权结构和运行机制的小部门制存在着严重的弊端，主要体现在四个方面：第一，立足于衙门式管理和审批，突出的是管的职能，与建设服务型政府的理念和目标不一致；第二，传统小部门制将职责细分碎片化和串联处理，部门之间职能交

---

① 《朱镕基答记者问》，人民出版社2009年版，第397页。

叉混乱，存在大量互相推诿的扯皮现象，政府管得多、管不了、管不好的现象依然严重；第三，传统行政架构为金字塔式的层级结构，各层级部门集决策、执行、监督于一身，极易导致腐败和强部门、弱政府的现象，权力部门化、利益化、个人化成为一种难以遏制的事实；第四，传统行政管理模式是没有成本概念的指令式管理，缺乏动力、活力与效率，在人员岗位的配比上趋于"多管控、少服务"和"大决策小执行"。行政成本过高和服务效率过低以及严重的腐败现象亟须通过政府的权力运行机制改革加以解决。

（二）行政体制改革的主要内容

1. 管理向服务转型的行政审批制度改革

（1）第二次、第三次行政审批制度改革：取消与下放审批权

进入21世纪，全国各地迎来新一轮发展热潮，深圳面临着激烈的竞争压力。为进一步优化经济发展环境，深圳进行了第二次行政审批制度改革。2001年初，深圳市政府提出政府工作"全面提速"的口号，随后出台了《深圳市进一步深化审批制度改革实施方案》，对行政审批制度展开了大力度的改革。此次改革不仅针对管理内容，而且更加注重管理方式的改革。改革重点是在继续精简不合时宜的审批项目的基础之上创新审批服务方式：对能够由市场调节的坚决取消审批；对继续保留的审批和核准事项依法进行规范；尽量减少审批环节，简化审批手续，改进审批方式，增加审批透明度，制定严密的审批操作规程，同时注重审批的后续监管，正确处理好"放"与"管"的关系。这一轮改革在市、区、镇（街道）三级同时进行，行政审批事项再减少277项，减幅接近38%，得到了社会各界的积极支持，在全国产生了较大的影响。

为适应中国加入世贸组织的大形势，提高审批服务质量，改善审批服务方式，2003年7月，深圳市政府又一次进行了深化行政审批制度的改革，出台了《关于深化我市行政审批制度改革的实施方案》，正式启动深圳市第三次行政审批制度改革。主要举措包括：从分散审批向集中审批转变，建立行政服务大厅，更好地实现联合办公、降低企业和市民审批申请成本；从分散监督管理向集中监督管理转变，统一收费，银行进驻办公大厅，保证落实收支两条线，现场设立集中监督管理机构；结合机构改革提

高审批工作人员素质和进一步减少审批事项；加强中介组织管理，使中介组织从官办的事业单位转变为企业化经营的民间组织，在职能、人事、财务方面与所挂靠的政府部门彻底脱钩，隔断其与政府部门的行政隶属关系，实行企业自主经营、行业自律管理。第三轮改革的基数为701项，较此前保留的439项又有不小的增幅。改革后清理结果：作为行政许可保留239项，取消265项，作为其他非行政许可保留197项。

（2）第四次行政审批制度改革：非行政许可改革

2006年7月，深圳市委市政府开始推动第四次审批制度改革，并颁发施行了《深圳市非行政许可审批和登记若干规定》，改革内容包括：一是凡涉及公共资源配置的审批事项和有营利性指标及额度限制的审批事项，必须改为实行公开招投标、拍卖和抽签等依托市场化办法进行；二是凡涉及几个部门审批和管理的审批事项应改为由一个部门为主负责审批和管理；三是市政府及各部门通过规范性文件设定的审批项目、部门无法实施有效监管的审批事项，原则上一律取消；四是除法律、行政法规明确规定需年检、年审的资质、资格外，其他年检、年审一律取消或实行备案制管理。

2."行政三分制"创新行政权力运行机制

传统行政体制下，政府部门集决策权、执行权、监督权于一身，使得腐败问题层出不穷。因此，在以精简机构、简化和规范行政审批制度为代表的政府职能得以初步转变之后，调整政府权力运行模式便顺理成章地成为政府改革的重点。2001年11月，中央编制办公室选取深圳作为深化行政体制改革、创新公共行政体制改革试点，正式拉开了深圳市第七次行政机构改革的序幕。同时按照十六大报告提出的"精简、统一、效能的原则和决策、执行、监督相协调的要求，继续推进政府机构改革"的精神，"行政三分制"的改革设想在深圳酝酿而生。改革的主要内容是，深圳市政府按照大行业、大系统分成决策、执行和监督三个职能板块。在事务分析和职能分析的基础上，以大行业、大系统的方式设立决策部门，并就每个决策部门关联的业务设若干个执行局。决策权在决策局，执行权、审批权在执行局；决策局只管决策，而执行局则是单一的执行；单独设立监督部门，监察局、审计局地位相对独立，部门首长直接对市长负责。通过这种职能性的分权、重组、协调与内部监督，进一步转变政府职能，使政府从"全知全能"转变为"有限责任"，从权威命令转变为科学决策，从人治管理转变为依法行政，提高政府管理的科学化、理性化水平，克服传统"部门行政"的权力部门化、部门利益化、利益个人化弊端，实现政府价值追求的"公共服务性"回归。然而，由于原初方案涉及许多部门的撤并而遭遇较大的改革阻力。同时"行政三分制"被广泛报道，并产生与政治上"三权分立"的联系与想象，从而带来实施的政治阻力。

3. 推行大部制改革

党在十七大报告中明确提出关于政府大部门体制"加大机构整合力度，探索实行职能有机统一的大部门体制，健全部门间协调配合机制"改革的构想，此后涌现出湖北随州、广东深圳和佛山顺德区一批改革的先行尝试者。其中，深圳的大部制改革在中国地方区域行政体制改革上具有标志性意义，形成了深圳模式，并成为大部制改革的全国示范。

大部门体制亦称大部制，是我国深化行政体制改革的重要探索，是"在政府部门设置中，将那些职能相近、业务范围雷同的事项，相对集中起来，由一个部门统一进行管理，从而最大限度地避免政府职能交叉、政出多门、多头管理，达到提高行政效率、降低行政成本的目标"。2008年，《珠江三角洲地区改革发展规划纲要（2008—2020）》提出，支持深圳市等地在政府机构设置中率先探索试行职能有机统一的大部门体制，再一次肯定了2003年"行政三分制"的改革思想。传统的政府职能部门基本上按照行政事务的性质划分，在整体上存在着职能分工过细，机构臃肿，权限交叉，政出多门，运作不畅，职责不明，权责不对称等问题，既增加了管理成本又降低了行政效能。2009年大部制在中央部委推进，为深圳重启改革提供了契机。此次改革，按照职能有机统一、功能定位准确、部门数量精干的要求，深圳开启了以转变政府职能为核心、以创建大部门管理为重点的新一轮改革。

主要内容包括：

（1）以转变职能为核心，宏观上厘清边界，微观上改革行政审批制度改革提出"坚持市场化改革方向，凡不该政府做的，政府要坚决退出，即使市场暂时做不好的，政府也要充分放手，积极创造条件支持社会组织和企业去做"，从宏观上重点厘清政府、市场、社会的边界。按照这一思路，深圳从微观上清理审批事项入手，对各部门职能逐一梳理分析，31个政府工作部门及相关部门共取消、调整、转移284项职责及行政审批事项。① 调整后既大幅降低了市场准入门槛，给企业松了绑，又向社会和市场让渡了更大空间，还权还利于民，为企业、社会组织的培育发展创造了良好的条件，在大力推进职能转变的同时强化了服务质量，给政府转型打下了坚实的基础。

（2）整合机构，融合业务，实现"一龙治水"

按照职能有机统一、功能定位准确、部门数量精干的大部门体制要求，整合职能相同和相近的内、下设机构，实现内设、下设机构和领导职位数大幅削减。这次改革，除教育局、公安局、司法局、民政局、审计局、口岸局、台办7个机构保留不变之外，其他的工作部门、直属机构等都纳入了调整范围，初步形成了大部门管理体制的架构。通过改革，进一步融合了部门职能，扭转了过去"多龙治水"、相互扯皮的局面，实现了相近业务的归口管理与负责，强化了政府的市场监管、城市社会管理和公共服务职能，为建立服务型政府创造了良好的条件。

（3）建立"委""局""办"的行政权力运作架构

此次大部制改革将职能梳理、机构归并与"行政权三分"的思想结合起来，将许多原来分散在不同部门之间性质相同的事项进行整合，建立起一种决策权相对集中而执行权相对专门化并使二者之间产生因职权不同形成的相对分离、相互制约关系，以更好地实现监督功能。通过改革，建立起了"委""局""办"的政府整体运作架构。重新调整后的市政府架构由7个委员会、18个执行局和6个办公室共同组建，各"委"和下属的"局"归口联系，初步建立起大部门体制下决策权、执行权整合集中又相互分离的"决策科学、执行专业"的行政权力运作机制（见图9-1）。

---

① 深圳市人民政府新闻办公室编：《深圳政府机构改革相关背景材料》，2009年9月8日。

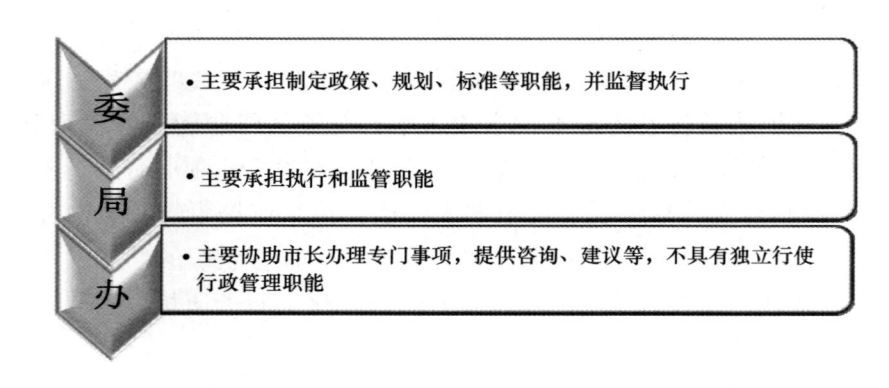

```
委  • 主要承担制定政策、规划、标准等职能，并监督执行
局  • 主要承担执行和监管职能
办  • 主要协助市长办理专门事项，提供咨询、建议等，不具有独立行使
     行政管理职能
```

图 9-1 大部制下政府机构职能划分

4. 试点功能新区建设创新城市管理模式

深圳与我国其他大都市基本类似，城市管理架构为"两级政府、四级管理"。"两级政府"是指市政府和市辖区政府，"四级管理"是指市政府、市辖区及作为区政府派出机关的街道办事处和社区工作站（居委会）。在此体制下，区政府的存在增加了一级行政流程，而街道和社区工作站都属于区政府的派出机构，从而导致管理链条加长，重复行政现象普遍。行政资源大量集中在市、区两级，而街道和社区直接面对市民，却拥有较少的资源，财权、事权无法到位，面临着有事无权、有事无财的局面，严重制约着基层管理效率和执行力，弱化了政府提供公共服务的能力。

为了加快特区内外一体化进程，提高城市管理水平，深圳将缩减行政管理链条纳入视野，并明确提出实现"一级政府、三级管理"的城市管理模式，提高城市精细化管理水平。2007年5月31日，深圳市在光明产业园区的基础上，将光明、公明街道合并，成立了光明新区。新区的成立不仅是为推进特区一体化发展，也是对"一级政府、三级管理"体制的试点探索。在管理体制上，新区不同于一般的行政区和开发区，而是兼具二者部分特征的功能新区。新成立的光明新区管理委员会作为市政府的派出机构，管理光明、公明两个街道，全面负责经济发展、城市建设和管理及社会事务；同时成立的中共深圳市光明新区工作委员会，作为市委派出机构，与光明新区管委会合署办公；而辖区内人大、政协、法院、检察院、人民武装等方面的职责由原来的宝安区继续承接，并且光明新区的国民经济统计计入宝安区。2009年7月，深圳市政府又将大工业区与坪山、坑梓两个街道整合，设立坪山新区。坪山新区的行政区划、管理体制、内设机构与光明新区基本相同，设一个综合办公室、8个局和3个中心，比光明新区多一个社会事务服务中心。为构建"一级政府、三级管理"的新型模式，深圳还进行了相关的配套制度创新和突破。

5. 创新公务员管理方式

（1）实行"三分管理"改革，推进公务员队伍的专业化发展

公务员分类管理是现代政府行政中对公务员队伍进行科学管理的重要手段，是指"将适合分类的各种公务员职位，依工作性质、难易程度、责任轻重及所需人员任职资格条件予以职位类别和等级系列进行划分的制度"。深圳对公务员分类管理改革率先进行探索，重点是从综合管理类职位中划分出行政执法类和专业技术类职位，并根据两类职位的性质和特点建立独立的职务序列。从制度上对各职类的入职门槛设置、选人方式、晋升机制、交流规则进行了分别设计，并将通过建立分类培训、分类考核、等级管理、执法监督等配套制度和制定各类公务员服务标准体系、职业行为规范等，形成完整的分类管理制度体系，推进公务员专业化建设，提高公务员队伍的服务能力和效率。

（2）推广聘任制改革，"铁饭碗"变成"瓷饭碗"

深圳从2007年1月开始公务员聘任制试点，目前已基本建立聘任制公务员管理制度体系，并招聘了两批聘任制公务员，为真正实现公务员"能进能出、能上能下"排除了制度障碍。在制度设计上，聘任制公务员在权利义务、职务升降、薪酬待遇等方面都与委任制执行一样。以聘任制的形式，通过聘用协议规定了选聘方式和工资制度，不仅为机关聘任高层次人才提供了多元化的渠道，而且通过制度上对各职类的入职门槛、选人方式、晋升机制进行了分别设计，打破了公务员队伍管理的刚性，使退出机制更加灵活，各部门将根据公务员的工作表现决定是否留用，增强了对公务员的激励和约束。通过职位分类和聘任制的实施，部分公务员"官帽"被摘掉，"铁饭碗"变成"瓷饭碗"，一方面给公务员以压力，另一方面又给勤奋有能力者以努力工作就能提升的干劲，彻底告别行政级别的

束缚,通过职级晋升来体现公务员的自身价值。

二 "新特区时代"行政体制改革的评价

中国加入世界贸易组织之后,深圳进入"新特区时代"。此阶段的行政改革是在竞争激烈的环境所产生危机的推动下开展的,甚至在局部带有追赶性质,核心目标是提高城市的综合竞争力,主要体现在以下方面:

首先,在这一阶段深圳市政府从城市竞争力的角度看到政府管理,对行政改革的重要性的认识提高。中国加入 WTO 后,深圳政府开始从城市竞争力的角度认识政府管理及其改革问题。前任市长于幼军就指出:"政府服务水平是衡量地区投资发展环境优劣的重要指标。"《深圳特区报》在 2002 年 5 月专门发表了《建设廉洁高效的政务环境——论加强软环境建设》的评论,提出"把软环境建设作为深圳发展的生命线,一定要把政务环境的建设摆到十分突出的位置"。在 2003 年和 2004 年度的政府工作报告中,均以较大的篇幅谈到政府改革的问题,足见政府高层已经认识到政府管理问题成为影响深圳城市竞争力和持续发展的重要瓶颈。

其次,深圳市政府以国内其他地区为标杆分析问题,对行政改革紧迫性的认识提高。2002 年深圳市委、市政府由最高领导组团,专门赴上海、江苏等地考察,目的是了解这些地方政府改革的进展和经验。以往深圳被视为国内改革试验田,是改革经验的输出地,现在则开始以国内其他地区为参照分析自己存在的问题并以此激活自身的竞争意识、忧患意识和危机意识。这种心态变化的意义是深远的。

再次,这一时期的深圳市政府的行政改革理念吸收并采用了先进的改革理念,行政改革与世界政府发展趋势的契合度得到提高。进入这一阶段,不仅政府管理体制改革方案的设计吸收深圳学术界的人士参加,而且政府改革的理念与学术界最新理论主张的契合度提高了。在 2004 年的政府工作报告中,政府就提出了许多以前未曾有过的政府改革思路和理念,如建设责任政府、服务型政府、廉价政府、法治政府和企业型政府。

最后,在"新特区时代",深圳市政府开始强调公共行政体制的创新性,并注重行政改革层次的提升。这一阶段的两次大规模行政改革的最初动因都是落实上级政府的部署，但也可以看出，改革的思路不再是通过机构调整和人员的裁减来促进政府职能的转变，而是试图通过政府体制的创新来统合性解决职能、机制、行为、作风等方面存在的问题，也就是说，试图将行政改革从以往的组织、人员、行为等要素层面上升到体制的层面。

第三节 建设服务型政府的行政改革

党的十八大以来，我国的内部环境和外部世界格局发生了深刻的改变，我国经济增长方式转型和各项事业的深化改革，使得行政体制改革在这个时期进入改革深水区。这一时期，以习近平同志为总书记的党中央加快推进行政体制改革、转变政府职能，把简政放权、放管结合作为"先手棋"。在当前我国所处的特殊时代以及现实国情，加之西方新公共管理改革浪潮推动下，建设服务型政府成为当前我国社会发展的必然趋势，并得到社会各界的广泛支持，中央、各省（自治区、直辖市）服务型政府建设发展正如火如荼。基于此背景，深圳市围绕理顺政府、市场、社会关系，积极探索决策、执行、监督相互制约又相互协调的行政运行机制，以"市场、效率、服务"为导向，不断推进政府职能转变，积极构建服务型政府。

一 十八大以来的行政体制改革及成效

（一）十八大以来（2012—2017）的行政改革背景

1. 世界经济下行的挑战

近几年来我国所面临的外部环境发生了深刻的转变。虽然目前美国经济呈现复苏的迹象，但日本、欧洲和其他新兴经济国家的经济形势仍不乐观。在西方发达国家的经济危机的影响下，继续保持经济稳定增长变得艰难，许多国家开始建立和完善不同形式的经济保护政策，这就让本来得益于世界贸易和经济全球化的我国经济渐渐失去了优势，面临着国际大环境的考验。为使得我国经济继续保持中高速增长就必须转变经济增长方式，由外部驱动转型为国内内需的内部驱动，这样的重大转变并不是一朝一夕就能达成的,内部驱动的转变主要需要一套较为完善的行政体制来作为保障,推动经济顺利转型。深圳作为典型的出口导向型经济体,世界经济的发展和国际贸易保护政策更是直接影响着深圳的经济。国际整体经济形势不景气对深圳经济发展有着巨大的制约作用。经济增长方式的转变是维持深圳经济中高速增长的唯一出路。而经济增长方式的转变必然伴随着行政体制更为深刻的变革。伴随着我国经济发展进入新常态,为促进经济向新常态平稳过渡,当前亟须应对的两大难题,就是经济发展方式的转型和行政体制的革新。

2. 经济转型升级的需要

目前中国改革正处于重要战略机遇期,经济处于新常态,经济增长方式和结构都面临突破和调整的巨大压力。从2015年开始,旨在调整经济结构,使要素实现最优配置,提升经济增长的质量和数量,以去产能、去库存、去杠杆、降成本、补短板为重点的供给侧结构性改革正式拉开序幕。2017年,习近平同志在十九大报告中又明确指出,深化供给侧结构性改革。要实现经济发展方式的成功转变,就需要一套先进合理的行政体制来支撑经济的顺利转型。从我国改革开放的历史经验来看,我国在完善社会主义市场经济体制的同时也在加快行政体制改革的步伐。在经济由计划转型为市场过程中,政府为了与经济改革相适应,也在不断地改变着其职能定位,加强宏观调控和摆脱微观经济干预等措施,这些措施方法都为行政体制改革从强政府模式到服务型政府模式的转变奠定了坚实的基础。2012年,十八大提出要全面深化经济体制改革,政府与市场的关系是深化经济改革的核心问题。中国改革开放前后不一样的历史条件,所面对的环境也是不同的,所以对行政体制改革带来的问题和挑战也是不一样的,问题和机遇并存。行政体制改革的同时,经济环境变化也没有止步不前,在一直处于变动的情况下,为了与变化相符合,使经济基础和上层建筑相适应,这就对行政体制改革本身有了新的要求。

(二)行政体制改革的主要内容

1. 推进简政放权

简政放权是深化政府改革、加快转变政府职能的关键之举。党的十八大以来,"简政放权"始终是改革发展的一大高频词。深圳在简政放权方面做了很多探索和努力，扎实推进简政放权放管结合职能转变，并取得显著成效。

2015年，深圳出台"简政放权"新方案，发布了《深圳市2015年推进简政放权放管结合转变政府职能工作实施方案》，要求深入推进行政审批改革、权责清单改革、商事制度改革等8大领域的改革，并提出于12月底前，在医疗、教育、就业和社会保险等领域，试点推进部分公共服务事项的同城通办、就近办理、一证通办。2015年初，深圳32个市直部门晒出了"权责清单"、共梳理出行政职权事项5326项，当年在全国率先编制了覆盖市、区、街道三级的权责清单体系。晒清单，保证权力"真放""实放"，深圳以政府权力的"减法"换取市场活力的"乘法"。

2016年，深圳推行多项简政放权新举措。其中，8月1日起，深圳在全国率先推行机关、群团和事业单位"多证合一、一证一码"改革，再次跨出简政放权"一大步"。据市编办相关负责人介绍，"多证合一、一证一码"是指将机关和群团统一社会信用代码证书及事业单位法人证书、组织机构代码证、税务登记证、刻章许可证、住房公积金登记证和社保登记证等多种证照，由多部门分别审批改为"一表申请、一门受理、一次审核、信息互认、一证一码、档案共享"的创新管理模式。仅2016年一年，深圳就取消、转移、下放293项行政职权事项。

2017年，简政放权、深化政府职能转变依然是深圳市行政体制改革的重头戏。深圳进一步统筹推进第五轮市区财政体制和政府投资事权、市区职能调整等改革，增强市级决策统筹和区级执行落实能力，实现重心下移、财力下沉、权责匹配、效能提升。通过深化行政审批制度改革，再精简一批行政职权事项，推进投资项目"多审合一、多评合一"。

2. 创新审批制度

（1）第五次行政审批制度改革："并联法"与"目录"管理

2011年开始，深圳市选取部分与群众利益关系密切的部门，如药监、市场监管、交通运输、人居环境等，开展了行政审批标准化试点，2012年深圳市委市政府出台了《关于加快政府职能转变深化行政审批制度改革的工作方案》《实施行政审批标准化指导意见》《实施行政审批标准化操作规范》《市级行政审批事项调整目录》《行政审批事项目录管理办法》等文件，明确提出要继续以行政审批制度改革为突破口，加快推进行政体制创新和政府职能转变。一是加大审批事项压减、下放、转移和管理力度，压住审批事项的"反弹风"。二是创新行政审批方式，启动依靠电子平台的跨部门协同办理窗口，完善政务服务体系，建起便民办理"并联法"。三是规范审批事项标准，强化审批监督制约。四是摸清家底，实行目录化管理，把一个政府投资项目所有审批主体、审批事项以及审批的条件、时限和要求，都目录化；五是再造流程，分类压缩审批时限。把办理事项划分为即办、普通、复杂事项，分别压缩审批时限。

专栏9-1：编制权责清单取消转移一批职权事项

清理行政职权编制权责清单，是深圳贯彻落实十八届三中全会有关"推行地方各级政府及其工作部门权力清单制度，依法公开权力运行流程"要求的具体举措。国务院要求，各部门审批事项底数弄清，汇总形成中央政府"行政审批事项目录"，锁定改革目标，把这些项目拿到太阳底下"晒晒"，让全社会监督，这是推进整个行政审批制度改革工作的起点。

2015年，深圳市32家市直部门清理行政职权事项5326项，其中有行政处罚2725项、行政许可293项、行政强制504项、行政征收57项、行政裁决8项、行政检查304项、行政确认166项、行政给付33项、行政指导63项、其他服务1173项。在围绕压缩办理环节、缩短办理时限等方面，共有316个职权事项减少了办理环节386个，394个职权事项减少了办理时限3591个工作日，330个职权事项减少了申请材料348份。缩短办理时限方面，市发改委优化社会投资项目管理，核准项目平均办理时限4.7个工作日，仅为规定办理时限8个工作日的58%。在简化材料方面，对于本部门核发的证书、证明等，绝大多数部门已不再要求提供复印件，由部门自行核对。

（2）第六次行政审批制度改革：晒清单与优流程

2014年开始，深圳把"精简优化行政审批，着力减少政府对资源的直接配置"列入全市改革计划的一项重点。这一轮的行政审批制度改革在"如何放好权"和"如何防止反弹"等问题上进行了不少有益尝试和探索。一是晒清单，保证权力"真放""实放"，在此次改革中，深圳首次对涉及30个部门的近千项行政服务事项进行了全面梳理，并要求各市直部门、区、街道编制权责清单[①]和行政职权运行流程图；二是优流程，让

---

① 雷燕：《编制权责清单拟取消转移一批职权事项》，《深圳晚报》2015年1月16日。

审批真正提速提效，更加注重减事项、压时限与优化审批流程相结合，按照应减必减、能优则优、该放就放的原则和思路不断优化审批流程；三是强监管，让政府"有形的手"管准、管好，真正实现从"重审批"到"重监管"的工作理念转变。

专栏9-2：行政审批制度改革成效

审批制度改革的效果显著，企业和居民满意度提升，也大大提升了深圳市的营商环境。尤其是企业界给予了很好的评价：深圳某生物科技公司董事长表示："深圳的行政审批有两个直观感受，一是规范，二是便捷，周到又便民。"深圳某医药连锁公司经理认为："深圳市通过审批改革，多证合一，一周左右就能办齐手续，深圳的审批速度是全国最快的，大大降低了企业经营成本。"

（3）第七次行政审批制度改革：强区放权

强区放权，是深圳市委市政府为破解城市建设和城市管理中市区权责不对等、行政效能不够高等问题而推出的一项重大改革，是"放管服"改革在深圳的具体化举措。2015年，深圳市以罗湖区城市更新改革为突破口，率先开展了强区放权的试点，由此拉开了"强区放权"的改革序幕。"强区放权"以进一步推进简政放权、促进政府职能转变为突破口，全面深化改革，建设与现代化国际化创新型城市相匹配的现代政府，提升深圳整个城市的竞争力。

2015年8月，根据市政府签发的《关于在罗湖开展城市更新改革试点的决定》，罗湖区迅速与7个对口部门衔接，梳理出涉及城市更新工作的事权共计25项，其中22项事权通过授权或委托的方式下放至区行使，其余3项因法律规定等原因无法下放，以绿色通道形式加快审批。改革的效果十分显著，城市更新审批由改革前的30—39个月压缩到12个月。

2016年12月7日，《市政府公报》发布了《深圳市人民政府关于施行城市更新工作改革的决定》，旨在进一步推进城市更新领域强区放权。重新发布的《深圳市城市更新办法》有三项变化：一是原由市规划和国土资源委员会及其派出机构行使的城市更新项目的行政审批、行政确认、行政服务、行政处罚、行政检查等职权，除地名许可、测绘查丈、房地产预售、房地产权登记、档案管理等事项外，调整至各区政府（含新区管理机构）行使。二是原由市住房和建设局行使的城市更新项目的建设工程施工许可及竣工验收备案、建筑节能（绿色建筑）施工图抽查及专项验收、超限高层建筑抗震设防审批、质量安全监督等职权，调整至各区建设主管部门行使。三是城市更新单元计划由各区政府审批，报市规划国土委备案。至此，源起于罗湖的城市更新改革在深圳全市推行。

专栏9-3：罗湖区"强区放权"成效

　　罗湖区城市更新改革试点开展以来，市、区两级部门认真落实市委市政府简政放权、提速增效的要求，罗湖区系统承接了原分散在市规委、市住建等7个市直部门的22项城市更新审批权，在区层面上进行资源整合、流程再造。审批层级由四级变为两级，审批环节由25个变为12个，审批时间从3年压缩到1年。在集中开工的六大项目中，兆鑫·汇金广场、银湖时代中心、深圳（罗湖）互联网金融产业总部基地3个项目，都是试点后向区里申报的项目，8个月走完审批流程。

　　改革试点以来，罗湖区10个月内完成了7个项目区级计划审批、14个项目规划审批、7个项目建环委审批，推动9个项目开工。2016年，罗湖除了上半年六个集中开工项目外，下半年8个城市更新项目启动或完成拆迁，老城区改造步入了快车道。过去的一年，罗湖在改革试点中结合基层实际大胆创新，推出了"一站式"服务、"一张图"查询、标准化手册等创新举措，实现了"高效更新""阳光更新"；建立了城市更新与补齐城区短板、推进城市治理的联动工作机制，实现了"协同更新"，逐步探索出一套老城区城市更新的新模式。

　　此后，强区放权在全市多个领域展开，根据2017年初市政协召开"深化强区放权改革"情况通报会，市编办已研究制定《关于进一步推进强区放权改革若干措施》，提出33项具体举措和149项拟下放事权，大幅精简市直部门审批权，扩大重点领域区级事权，增强区级政府的经济社会发展、城市建设管理和公共服务供给能力。首先是下放投资项目管理事权。市级主要负责对全市经济和社会发展全局有重大影响项目的投资建设，如水污染治理、大气环境整治、重大交通基础设施建设等，其余政府投资项目一律下放区级承担，相关配套事权一并下放。其次是下放城市建设管理事权。将城市更新、土地整备、工业用地招拍挂、公园管理、户外广告审批管理、城市次干道和城市支路规划建设管理等事权全部下放各区。最后是下放公共服务管理事权，将市里承担的"农转非"入户指标卡

审批管理、高校应届毕业生接收、民办社会福利机构审批等事权下放各区。此外，行政执法事权及驻区机构管理权也同时下放。同时，还着力增强基层履职履责能力，进一步加强基层机构及人员配备，提升基层政府管理服务能力，切实保障基层接得住、管得好。统计数据显示，2016年深圳全市取消、转移、下放市级行政职权近300项，清理规范行政职权中介服务事项50余项。规划国土、交通运输等驻区部门调整为市区双重管理，下放充实到基层的编制超过2300名。

3. 改革商事制度

党的十八届三中全会决定对商事登记制度进行改革，改注册资本实缴制为注册资本认缴制，取消了经营范围的登记，从以往的"重审批轻监管"转变为"轻审批重监管"。在国家简政放权的大背景下，深圳提出完善现代市场体系，提高资源配置效率和公平性，并最早开始了商事制度的改革探索。

（1）商事登记制度改革正式启动

2012年5月，深圳市委市政府出台了《关于加快推进商事登记制度改革的意见》，2012年10月，深圳市人大常委会审议通过了《深圳经济特区商事登记若干规定》，旨在建立以"营业执照"为中心，商事主体资格与经营资格相分离，审批与监管、监管与自律相统一的商事登记制度。2013年3月1日，深圳商事登记制度改革正式启动。深圳市将原来纷繁芜杂的18种营业执照缩减至8种，大大缩减了甄别发放执照的时间；一个地址可以办理多照；企业无须年检只交年度报告；新的营业执照不再记载企业的营业范围、注册资本和实收资本等信息，但这些信息需要在公司章程中体现，公司章程会被上传到一个信用信息公示平台，接受监管部门和市民的公开监督；注册时所需要提交的企业的审批文件、验资报告、经营范围等事项都不需要提交了，前置审批降至12项，无须验资，不需要租赁凭证。2013年就新增36万商户，2014年又新增46万户，相当于每天诞生1000多家企业。

（2）从"四证合一"到"多证合一、一照一码"模式

2014年7月1日，深圳实现全业务可以通过全流程网上商事登记方式办理；12月1日，深圳在全国率先推行营业执照、组织机构代码证、税务登记证和刻章许可证"四证合一"登记模式，经办人只需要填写一份

"四证"联合申请书,提交给商事登记部门,即可完成"四证"申请,大大简化了商事主体的登记程序。

专栏9-4:商事制度改革成效

　　商事主体改革促进了商事主体的爆发式增长。自2013年3月1日启动改革至2017年1月31日,全市新登记商事主体178.0909万户,比改革前增长了2.75倍;其中企业108.1834万户,比改革前增长了3.51倍,个体户约69.9075万户,比改革前增长了1.97倍。深圳市累计商事主体达268.7087万户,其中企业和个体户分别为152.9137万户和115.7950万户。

　　2015年,一家新开张的川湘餐馆老板,刘女士,便切身体会到了这一商事制度改革带来的便利。她介绍说:"我原来以为办一个餐馆会很麻烦,过来人告诉我要跑很多部门,了解情况后,我只是去银行申请了一个数字证书,然后在网上登记了我的资料,几天之后我就接到通知,领到了四个证。十余天就办下了餐饮服务许可证,真的非常便捷。"而在"多证合一、一证一码"登记模式推行后,给个体工商户带来了更大的便利。

　　2015年7月1日起,深圳市推行公司、个人独资企业、合伙企业、各类分支机构和个体工商户"多证合一、一证一码"登记模式,只发放记载统一社会信用代码的营业执照,不再发放商事主体的组织机构代码证、税务登记证、社保登记证和刻章许可证,营业执照具有以上证照的功能。"多证合一、一照一码"登记业务采用"网上申请、网上审批、网上发照、电子存档"的全流程网上登记方式。

　　商事登记制度改革是深圳简政放权、推进审批制度改革与转变政府职能的一个突破口。2016年,深圳市进一步加大清理力度,及时落实国务院决定,全年共取消转移下放293项行政职权事项、其中取消222项。下一步,深圳还将进一步在提高注册登记便利化、探索"负面清单"管理模式、提高登记质量、简化商事主体退出机制、充分运用大数据提升信息监管和信用监管水平等方面加大改革力度。

4. 开展"多规合一"

　　为贯彻落实国家部委关于开展市县"多规合一"改革的精神,2015年,深圳市在龙岗区开展试点改革,制定"多规合一"试点方案。编制龙岗区综合发展规划、重点片区综合发展规划和片区(大社区)综合发展规划，形成各类规划定位清晰、功能互补、统一衔接的规划体系。完善政府空间规划体系，探索整合各类规划衔接协调工作机制，推进经济社会发展规划、城市总体规划、土地利用规划、生态环境保护规划等"多规合一"，形成一本规划、一张蓝图。在区级层面，全面整合和优化提升已有的各类规划，编制《龙岗综合发展规划》。在大运新城、深圳国际低碳城、平湖金融及现代服务业基地等重点区域层面，编制《重点片区综合发展规划》。在片区层面，编制《片区（大社区）综合发展规划》。

以往不同职能的规划由不同的部门分别制定，就可能存在着"规划打架"的局面，"多规合一"则充分发挥综合规划的统领作用，从源头上消弭传统规划各自为政、彼此"打架"的尴尬，把各项规划统筹起来，成为承接发展战略及产业、交通、生态、文化等各层次规划的统一平台。从目前的改革实施情况观察，龙岗的《综合发展规划（2014—2030）》实施"多规合一"，最大的创新是打破"自上而下"的规划发展取向和工作方式，上下结合，以社区为规划的出发点和落脚点，通过研究社区、改善社区进而改善龙岗。

5. 打造法治政府

全面推进依法治国方略实施以来，深圳特区在法治政府建设方面进行了积极的探索。2014年11月，深圳市出台了加快建设一流法治城市的《重点工作方案》和六项工作《实施方案》（"1+6"方案），提出重点加强法治政府建设，改进政府立法和规范性文件制定工作，推进政府机构职能部门化，健全依法决策机制，加大重点领域执法力度，强化对行政权力的制约和监督，全面推进政务公开和政府法律顾问制度建设；从立法质量提升、法治政府建设、司法体制改革、全民普法守法、法治工作队伍建设、反腐倡廉六个方面提出了具体的实施方案。[①]

作为全国首个法治政府试点城市，为了解决政府权力的过度蔓延问题，规范政府行政权力，深圳市出台了《深圳市规范行政处罚裁量权若干规定》，指导督促市级行政执法部门认真制定、及时报备、严格执行行政处罚裁量权实施标准。深圳在全国最早建立法治政府指标体系和考核标

---

① 涂晟：《"1+6"方案助推一流法治城市建设》，《深圳特区报》2014年12月4日。

准，确立政府立法工作法治化、重大行政决策法治化等12个大项、50个子项和268个细项的评价标准，使各部门有法可依。2015年，深圳市行政执法部门编制了本部门的权责清单，就每项行政职权逐一编制外部、内部流程图，全面推进行政执法职权运作的公开化、透明化。在法治政府建设方面，深圳提出完善和提升法治政府建设指标体系，强化考评力度，把法治政府建设成效作为衡量各级行政机关领导班子和领导干部工作实绩的重要内容。从2010年起，深圳还将法治政府建设纳入每年全市政府绩效评估体系。2014年，在深圳还诞生了内地首份政府购买服务负面清单，政府购买服务目录涉及两大类40款240项内容，同时明确了政府购买服务的禁区。清单的出台，将行政权力锁定，减掉政府的冗余权力，增强了市场和民间的活力。凭借《法治政府建设指标体系》和《政府法律顾问制度》，深圳于2012年和2014年先后获得"中国法治政府奖"。

（三）十八大以来行政体制改革的评价

党的十八大以来，深圳须臾不忘"改革开放是深圳的根与魂"，锐意推动各项改革，在突出简政放权、加快转变政府职能上成效显著，职能部门始终坚持做好配套服务，充分激发了市场活力和资源，以及经营者的创业热情。该放的权坚决放开、放到位，该管的事管住、管好，充分发挥市场在资源配置中的决定性作用，积极推进政府职能转变，建设服务型政府。

1. 以问题为导向抓改革解难题促发展

城市更新是公认的硬骨头，罗湖区是深圳最早的建成区，土地匮乏成为制约老城区发展的老大难。党政"一把手"多次调研，亲自推动，罗湖在2015年8月拿到了城市更新改革试点的"尚方宝剑"，市规土委、市住建局等单位将本单位与城市更新相关的事权共计25项，其中22项事权通过授权或委托的方式下放至区行使，其余3项因法律规定等原因无法下放，以绿色通道形式加快审批，审批环节压缩过半，审批时间压缩近2/3。2016年10月15日，第288号政府令签发，提前结束了两年的试点，全市推广罗湖区城市更新改革经验，全市当年列入城市更新的项目就达91个，为近年之最，在寸土寸金的深圳全面开启土地二次开发的供地新模式。

2. 以重点领域和关键环节的改革攻坚

要深刻把握改革的主要矛盾，既抓重要问题、重要任务、重要试点，又抓关键主体、关键环节、关键节点，以重点突破带动全局。这是重要的改革方法论。党的十八大以来，深圳经济特区牢记嘱托，全面贯彻落实中央部署要求，始终以特区的责任担当和主动作为，以"踏石留印、抓铁有痕"的毅力全面深化改革，以重点领域和关键环节的改革攻坚，带动和牵引全局改革。率先在全国实施的商事登记制度改革，是最典型的例子。2013年3月1日，深圳市正式实施《深圳经济特区商事登记若干规定》，率先启动了商事制度改革。一年多以后，深圳商事登记制度改革的做法在全国推广。随后，在简政放权、转变政府职能、激发市场活力、完善市场监管体制等方面，深圳推出了一系列改革举措。

3. 制度改革激发市场活力

来自深圳市企业注册局的数据显示，自2013年3月1日启动改革至2017年1月31日，全市新登记商事主体178.0909万户，比改革前增长了2.75倍；其中企业108.1834万户，比改革前增长了3.51倍，个体户约69.9075万户，比改革前增长了1.97倍。深圳市累计商事主体达268.7087万户，其中企业和个体户分别为152.9137万户和115.7950万户。商事主体改革促进了商事主体的爆发式增长。深圳的商事登记制度改革充分发挥了企业的市场主体作用和市场机制基础性作用，实现社会经济资源的优化配置，降低了创业、创新、创富的门槛，打造了公平、规范、自律的市场经济秩序，营造了规范化、市场化、国际化的营商环境，重塑了深圳特区的制度优势。此外，深圳的商事主体改革率先探索了注册资本认缴登记、年检改年报、先照后证、全流程网上商事登记、"多证合一"、自主申报、企业简易注册登记等多种改革，改革创新成果在全国推广和复制，充分发挥了特区先行先试的排头兵作用，为全国商事登记制度改革提供了有益的借鉴，"深圳实践"最终上升成为"中国实践"。该放的权坚决放开、放到位，该管的事管住、管好，充分发挥市场在资源配置中的决定性作用，商事登记制度改革同时也被认为是深圳积极推进政府职能转变的一个缩影。

4. 政府治理能力逐步现代化

党的十八届三中全会描绘了全面深化改革的宏伟蓝图，提出了"完善和发展中国特色社会主义制度，推进国家治理体系和治理能力现代化"的总目标。基于这一目标，深圳大力推进政府治理能力现代化，出台了《关于推进政府转变职能、行政审批制度改革和制定市区权责清单的工作方案》，以深化规划国土管理体制机制改革、政府投资管理体制改革、产业资金扶持方式改革等为试点，实施重点攻坚突破。负面清单制度、市区街道三级权责清单体系等改革亮点频频闪现。根据市编办统计，近年来我市加大清理力度，不断精简行政职权事项。2012年以来，先后出台涉及市级部门行政职权事项调整的文件15份，调整行政职权事项超过1000项，其中2016年共取消转移下放293项行政职权事项。同时，着力清理规范中介服务事项，完成市直部门两批53项中介服务事项清理规范工作，切实减轻企业和群众负担。

二 深圳行政体制改革的方向及展望

（一）深圳行政环境的特点

一个地区或国家的行政体制改革必然同其所处的行政环境的更迭相适应。因此，对于深圳未来行政体制改革的前瞻性探讨，必须基于对其所处的行政环境的分析。当前，世界经济复苏乏力，中国长期积累的深层次矛盾日益明显，经济发展进入新常态。深圳的行政环境发生着深刻的变化，为行政体制改革带来了新的挑战和机遇。

1. 经济发展处于新常态

世界经济发展进入转型期，中国经济呈现出新常态，从高速增长转为中高速增长，经济结构优化升级，从要素驱动、投资驱动转向创新驱动。依据经济发展规律，这一变化将会在未来持续很长的一段时间。要实现向经济新常态的过渡，当前比较紧迫而重要的改革之一便是行政体制改革。从行政环境来看，新常态也意味着行政环境的新变化。具体表现在：政府要简政放权，从原来的权力型政府转向服务型政府，由经济型政府转向社会型政府；市场要由原来的初级市场经济、政府主导的市场经济甚至带有某种权贵性质的市场经济，转为现代法治市场经济；企业结构也要从原来主要依靠公有制企业来拉动经济增长，转向主要依靠非公有制企业和混合所有制企业来拉动经济增长；权力结构由原来的人治，转向现代法治，实施依宪治国和依法执政。

2. 大湾区城市群的建设

粤港澳大湾区建设无疑是 2017 年全世界关注的热点之一。"湾区经济"首次出现是在 2014 年深圳市政府工作报告中。2015 年 4 月，打造粤港澳大湾区被正式写进国家《推动共建丝绸之路经济带和 21 世纪海上丝绸之路的愿景与行动》。2016 年，广东省政府工作报告提出"开展珠三角城市升级行动，联手港澳打造粤港澳大湾区"。2017 年，李克强总理在政府工作报告中提出要推动内地与港澳合作，研究制定粤港澳大湾区城市群发展规划。至此，粤港澳大湾区正式列入国家战略层面加快规划发展。

目前我国正在加快建设丝绸之路经济带和 21 世纪海上丝绸之路（以下简称"一带一路"），深圳作为粤港澳大湾区的核心城市和我国改革开放的窗口，地处粤港澳大湾区和海上丝绸之路战略要冲，与"一带一路"沿线国家的交流合作紧密，应当继续肩负起改革开放排头兵的角色。站在"粤港澳大湾区"和"一带一路"建设这一崭新起点上，为破除行政体制壁垒，让要素顺畅流动，资源优化配置，释放出深圳的更强功能，进一步创新体制机制，减少行政体制对经济发展的束缚，让行政体制机制助力经济社会发展。

3. 一个公民权利主导的时代

随着社会主义市场经济的不断发展和执政党"以民为本"理念的贯彻，我国社会逐渐从"官本位"向"民本位"、从政府"权力"主导的社会向公民"权利"主导的社会转变，公民的权利意识不断觉醒，维权意识不断加强。从深圳的情况看，这表现在以下几个方面：第一，上访批次和人次、行政诉讼案件等维权行为呈现不断递增趋势。第二，利益主体组织化趋势已经出现。目前，深圳自发成立、自主运作的各类利益组织不断增多。这些组织一般都具有很强的动员能力和集体行为能力。第三，有组织的群体性施压行动不时出现。在政府机关及主管部门前聚集、静坐、请愿事件有日益增加的趋势。第四，通过参与政治来维护权利的趋势已经出现。这不仅表现在广大市民对参加立法听证、价格听证等的参与热情上，更表现在人大代表竞选上。随着公民权利时代的到来，利益组织越来越多，利益矛盾和冲突会越来越频繁，政治参与愿望会越来越强烈。

4. 一个日益开放的全球化、信息化、"互联网+"时代

无论是从经济规模、进出口贸易额、投资力度、创新能力，还是城市建设方面来看，深圳已经达到或接近国际化标准。可以说，深圳已经更加深入广泛地融入经济全球化的进程之中，并且正在迈向现代化国际化创新型城市之列。与此同时，深圳的信息化水平已经达到或接近世界先进水平，信息社会已经到来。由于深圳毗邻港澳，部分境外电台电视直接覆盖深圳，人们可以通过电视、互联网、短信、微信、微博、BBS论坛及其他城市的媒体等途径迅捷方便地获取各类信息，每个人都有机会和能力对政府发表看法甚至批评。网络媒体和网络舆论的影响力越来越大，而且比传统媒体更能反映民意。在这一新的条件下，政府以往行之有效的信息控制和舆论引导方式不仅可能于事无补，而且会因信息渠道的多样性和传播的高速而出现难以控制的负面效应。

（二）深圳行政改革的方向

习近平总书记在十九大报告中指出，为适应新时代中国特色社会主义现代化，要进一步深化机构和行政体制改革，转变政府职能，深化简政放权，创新监管方式，增强政府公信力和执行力，建设人民满意的服务型政府。他指出，特别是要"统筹考虑各类机构设置，科学配置党政部门及内设机构权力、明确职责"。与此同时，"统筹使用各类编制资源，形成科学合理的管理体制，完善国家机构组织法"。此外，还需要"赋予省级及以下政府更多自主权。在省市县对职能相近的党政机关探索合并设立或合署办公"。结合深圳行政环境的特点，这些思想描绘出深圳市行政体制改革未来发展的四大方向，并为指导服务型政府建设提供了行动路线图。

1. 继续推进简政放权"放管服"

十九大报告指出要深化机构和行政体制改革，转变政府职能，深化简政放权，创新监管方式，增强政府公信力和执行力，建设人民满意的服务型政府。未来，深圳市将进一步推动市级部门的简政放权，增强政策制定和综合监督能力。强化区级统筹能力、执行能力，增加必要的行政资源配给，优化权责匹配。创新市、区级"互联网+政务"服务机制，深化"一门式、一窗式"审批制度改革。继续以"放管服"改革为着力点，加快推进政府职能转变，加大购买服务力度。简政放权既是"攻坚战"，也是

"持久战"。唯有"放""管""服"的车轮同时转起来，改革才能"蹄疾而步稳"，服务型政府的阳光也才能照进市场和民众，最终真正为社会发展创造良好的环境。

2. 推进合并后的机构整合和职能融合

深圳的历次政府机构改革往往主要对政府直属部门进行合并重组，而很少触及内设机构。这使各个政府机构的内设机构千篇一律，并很难适应经济社会发展的需求。以过去两届大部门制改革为例，各级政府合并的大部门仅对其综合管理的内设机构进行合并，如办公室、财务、信息、人事等，而很少针对职能机构加强重组。这也使一些政府机构在合并以后仍然是"两张皮"，无法真正打通职能交叉、重叠乃至矛盾之处，使机构改革无法带动和引领职能转变。

习近平总书记在十九大报告中开宗明义地指出机构设置要统筹考虑，特别强调了内设机构的配置问题，明确了政府机构改革的发展方向。这意味着政府机构改革不应仅仅停留在表面，而应深入政府机构内部，并逐步优化内设机构的设置。与此同时，破解机构合并后的"同床异梦"现象，切实推进合并后的机构整合和职能融合，是今后一段时期政府机构改革需要重点关注的课题。这就要求政府机构改革不应只是加减法，而应引入乘除法，通过内设机构的合理设置产生加成效应，通过上下联动的机构改革产生倍增效应。

3. 统筹使用各类编制资源

十九大报告指出要"统筹使用各类编制资源"，这为破解政府机构编制难题提供了思路。编制管理可以确保政府机构的人员安排得到有效控制，并避免机构膨胀和人浮于事。但是，编制管理也导致人事安排的僵化和固化，难以适应行政体制改革的要求。很多政府部门存在"忙闲不均"的现象，一些部门可以说是门可罗雀的"清水衙门"，而另一些部门则是炙手可热的"肥水衙门"。受制于刚性编制管理，还有许多部门存在"想要的人进不了，不想要的人赶不走"的问题。许多政府机构迫于工作需要，不得不引入大量编外人员，但是同工不同酬和其他人事管理问题也成为困扰它们的难题。因此，使各类编制资源"动起来"，并可以灵活有效地统筹使用，是推进行政体制改革的关键环节。此次报告特别指出编制资源的统筹使用思路，这就要求盘活既存人力资源并激活新增人力资源，从而可以实现政府编制管理的优化配置。

4. 强化对政府的监督和制约

深圳政府管理中存在的一个基本问题是，无论是政府的自我约束机制还是外在控制机制都还不完善，这使本来稀缺的政府资源不能保证运用目标的公共性和运行过程的科学性，其结果是腐败现象的日趋严重和决策失误时有发生，严重影响了政府的合法性和有效性。"行政三分制"的改革设想试图解决这个问题，但没有成功。如何借鉴人类政治文明的成果，实现政府公共权力控制的民主化、法治化和程序化，这也是深圳今后行政改革的一个重要命题。

第三篇

继往开来、走进新时代

第十章　深圳改革创新成就

党的十八大以来，深圳不断推进供给侧结构性改革，在完善竞争性商品市场体制的基础上，加大构建面向国际的竞争性要素市场体制，并成功探索出了一条构建竞争性市场体制的路径。资本、劳动、土地、技术等要素市场的竞争性形态建立，推动了产品市场质量、效益的提升，发展模式从"深圳速度"向"深圳质量"迈进，生产方式从"深圳制造"向"深圳创造"突破。不仅如此，深圳更加注重发展的可持续性和包容性，在营商环境上持续下苦功，下真功夫，将环境改善落到实处，营造和打造了支撑创新的先进文化、立体式的双创政策体系、高效平等的服务体系、规则对接的国际化平台，不断将新的改革创新推向前进。

第一节　构建了竞争性的市场体制

一　面向创新的多层次资本市场

深圳近年来，从再融资新政到减持新规，从新股发行常态化到严打违法违规行为，一系列监管措施瞄准资本市场的沉疴旧疾。治理市场乱象的监管组合拳有利于改变偏重于赚快钱、热衷于短线投机的投资取向，服务实体经济的股市定位有助于推动市场正本清源，更加注重激发创业、创新的活力。

资本市场不是圈钱场，而是炼金场，深圳给予了我们一个很好的示范。2017年以来，监管部门在推进新股发行常态化的同时，也针对再融资、清仓减持等乱象有针对性地出台措施，打破了短期投机者的盈利模式，封堵资金的政策套利行为，较好地纠正市场激励机制，有力倡导价值投资实践，推动机构将盈利重心更多转向如何发现、培育"金子"上，将超额回报建立于持久、真实的价值创造上。

资本市场不是"平面镜"，而是"孵化器"。资本市场是经济的晴雨表，是一国经济结构的证券化映射，但这不应是简单的镜面成像。我国经济正处于升级转型重要时期，融资结构仍以间接融资为主，产业结构以重工业为主导，区域经济结构性不平衡，内生增长动力不断提高。作为资源配置最有效率、风险承担分散的经济部门，资本市场应承担起推动经济转型升级的重任，成为创业、创新的"孵化器"。在这方面，美国股市发展历程已证明大国崛起离不开健康发展的资本市场。美国前十大市值股票几度改头换面，苹果、微软、亚马逊、Facebook 等科技股位居前列，而这些在全球产业链中占据绝对主导地位的科技巨头正是由美国资本市场"孵化"出来的。而当前中国 A 股市场前十大市值公司依然是银行、石化企业，科技型企业则难觅身影，部分有创新能力的细分科技企业甚至难以在 A 股上市。

激发资本市场活力离不开对资本市场定位的准确认识。深圳早已看出，要加快形成融资功能完备、基础制度扎实、市场监管有效、投资者权益得到充分保护的股票市场。《国务院关于进一步促进资本市场健康发展的若干意见》明确提出，到 2020 年，基本形成结构合理、功能完善、规范透明、稳健高效、开放包容的多层次资本市场体系。这就内在要求资本市场应夯实市场发展根基，形成完善的法治环境，为经济转型升级服务，为孕育世界级创新型企业服务。

激发资本市场活力也离不开监管引导和护航。任何一个市场经济中都有杠杆和泡沫的存在，但不能形成一个单纯依赖高杠杆、狂吹大泡沫的价值取向。任何一个市场经济部门都允许劳动者获得合理的回报，但炼金是一个血与泪的长期过程，如果仅靠资金空转、钻监管空子就可以轻松赚钱，那么资本市场最终只会沦为名利场、圈钱场，这不是市场各方所希望看到的。《中国证券报》认为，市场监管有效不仅在于纠正侧重赚快钱的市场取向，更在于维护三公原则，为价值投资者创造更好的市场环境，推动资本市场稳定健康发展，行稳致远，为中国经济转型升级发挥更大的历史性作用。

二 联通国内外的劳动力市场

21世纪是知识经济的时代，人力资本正成为最重要、最宝贵的资源。深圳的经济和社会发展也离不开高质量的人力资本。深圳经济特区近40年的飞速发展，与深圳拥有丰富的人力资本是密不可分的，随着深圳这种得天独厚的政策优势逐渐退化，和国内其他大型城市在人力资本吸引方面的"你追我赶"，深圳仅靠"外部供血"的方式已经渐渐无法满足其经济高速增长的需要。于是深圳转变观念，由"外部供血"方式逐渐转变为"自己造血"，为深圳的可持续发展奠定坚实的人才基础。深圳基于此给全国提供了以下参考：

第一，转变增长策略，实现内涵式增长。特区过去的增长方式体现为一种以开放促改革，从宏观到微观，由上至下的非均衡发展模式，未来的转型方向应是由内到外，由微观到宏观，先改善经济运行效率再注重技术进步的增长方式。随着特区经济发展到一定高度以及外部市场环境的变化，继续以往过度依赖要素投入的增长方式已经行不通。尽管中国腹地广阔，区域发展也极不平衡，这使得特区在一定程度上存在通过产业转移和再调整进一步释放增长动力的可能性，但特区的产业转型越来越面临空心化困境。深圳基于这一现实，致力于深化改革，重新激发改革活力，在扩大开放领域的同时致力于提高企业微观治理水平，从经济基础上提高人力资本水平和要素使用效率。

第二，提高区域一体化程度，促进资源的优化配置。特区存在深刻的区域分割现象，在全国层面这一问题毫无疑问将更为严重。尽管地方政府为增长而竞争的制度安排对于中国经济增长极为重要，但当经济发展到一定程度时，资源的优化配置要求一体化程度更高的市场体系，这是实现高效、科学和内生经济增长的必然要求。深圳顺应这一要求合理配置劳动力资源，提高劳动力要素的质量，促进内生性进步，才能做到提高要素的使用率。

第三，提高公共治理水平，实现政府科学决策。真实的发展情境中，经济增长从来都离不开政府这一主体的参与，这就需要我国政府在制定发展政策时更加注重维持经济的开放性和市场的竞争性，在发挥经济职能的基础领域完善运行机制，从根本上改变政府与企业之间的关系，将经济增长的主体赋予企业，在增长路径和增长策略的选择上将主导权交还企业，迫使企业在国内、国际市场展开更为公平而激烈的竞争，在严峻的市场竞争过程中逐渐成长壮大，发挥资源禀赋优势，提高资源配置和使用效率，培育动态的竞争能力和适应能力，从而创造经济持续增长的内生动力。深圳的市场经济发展就做到了这一点，为让市场充分发挥资源配置的作用，进行了一系列深入而彻底的改革。

三 配置灵活的立体式土地市场

20世纪70年代末开始的家庭联产责任承包制是改革开放至关重要的改革，它部分地释放了亿万农民的自由，为城市化和工业化提供了最优质廉价的劳动力。所谓"中国奇迹"，从某种意义上来说，就是一点点土地自由的奇迹。

毋庸置疑，深圳是这个奇迹中最亮眼的部分。从1980年一个3万人的小渔村，到2016年人口超过1500万的国际大都市，30多年增长500多倍，对百年上海形成全方位赶超的局面，堪称城市发展史上的经典案例。

深圳是快速、大规模城市化的缩影，是千万人背井离乡的选择，也是对中国这40年改革成果的最好诠释。但是很多人却忽略了，深圳成功的背后，土地制度变革才是最根本的推手之一。

和深圳"敢为人先"的气质一脉相承，深圳的土地制度变革，始终处于全国先锋的位置。在特区建立早期，深圳就顶住压力，允许外商有偿使用土地，而且一租就是50年。1987年，深圳首次公开拍卖土地使用权，推动了我国土地有偿使用制度的改革，产生了深远的影响，甚至推动了宪法的修订。1992年，深圳实施"统征"，率先在关内实现土地全部国有化和农民市民化。2004年，深圳又再次实施"统转"，在全域实现土地全部国有化，以及农民市民化，深圳成为全国第一个没有农村建制的城市。

这一系列的改革举措，缓解了一直含混的土地流转和土地使用权问题，保障和促进了劳动力的合法迁徙流动，极大地加快了城市化进程。从历史经验看，弹性灵活的土地制度，是深圳的活力之源。

然而30多年之后，土地又开始成为深圳发展的瓶颈。深圳全境拥有1991.7平方公里的划定土地。在这1991.7平方公里中，有916.2平方公里的农用地不可动用。剩下的土地,特别是区位好的土地,已经基本被占用完毕。进一步城市扩张和工业化,尤其是大项目,缺乏合适的空间,深圳的发展面临用地困难、无地可用的困境。现有的土地(用地)制度与深圳发展阶段之间的摩擦不适日益明显——在这一背景下,土地制度的改革再次被提上议事日程。改革的第一步,是要把脉现实的问题,而解决现实,最好的办法就是从历史入手,厘清问题的来龙去脉,从中找到解决问题的突破口。

因此,深圳自 2012 年土地综合改革试点以来,针对土地制度存在的多个关键困难问题,进行了大胆的探索。前海蛇口自贸区的土地改革试验取得了丰硕成果,在"梯级土地开发模式""带设计方案和管理方案"出让的土地交易新机制、"三维地籍"理念的立体化土地管理等方面实现了制度创新和突破;探索并成功实施了土地弹性年限制度;在"双竞双限"土地拍卖模式的基础上进行了创新,首创了"竞人才住房面积"的土地拍卖模式。这些制度探索形成了可复制的土地改革经验,为全国土地改革形成了可复制的经验和模式。

四 高效转化的技术创新市场

长期以来,借助模仿式创新的后发优势,一些地方经济发展迅速。但随着劳动力、土地等要素成本的不断上升,这一模式的边际效应正在逐渐减弱。走向源头创新,方能实现经济的可持续增长。这是几乎所有推动创新的城市和地方都想做的事。问题是,怎么做?谁来做?深圳将企业作为技术创新的主体,就这个问题交了一份完美的答卷。

深圳技术创新的最显著成效是崛起了一大批自主创新能力很强的企业,尤其是一批具有国际竞争力的大企业。早在 10 年前,全市高新技术企业中工业产值超亿元的企业近 300 家,超 10 亿元的企业 50 家,超 20 亿元的企业 30 家,超 50 亿元的企业 11 家,超 100 亿元的企业 6 家,超 200 亿元的企业 2 家。这些具有一定规模的高新技术企业中,70% 以上是本土的创新企业。其中华为、中兴、中集、比亚迪已经成为跨国经营的大企业,40 余家企业在国外上市,70 多家成为国内行业的龙头企业。

首先,深圳的发展得益于它除了华为、中兴之外,还有大量坚持自主创新的中小企业如雨后春笋般涌现。科技型中小企业已经成为深圳开展自主创新的生力军。并且，深圳是全国第一个以企业专利为主要专利构成的城市。

其次，深圳在技术开发方面的优势在于一开始就摆脱传统的束缚，利用企业自身的技术开发能力，形成了以企业为主体的技术开发体系。为充分利用国内外科研力量，深圳的企业把研究机构向外延伸，与许多科研院所建立了稳定的合作关系。康佳、华为、中兴通讯、开发科技等公司还在美国硅谷、韩国、印度等地设立研发机构，追踪行业世界最新先进技术，确保产品的先进性、独创性。凭借政策、体制和环境的优势以及科技成果产业化程度高的特点加强技术和人才的引进，是深圳近年高新技术发展迅猛、势头强劲的重要因素。

最后，深圳的技术成果转化率和利用率高。深圳开展技术创新主要通过引进国外最新科技成果和企业自主开发两种形式。一般来说引进的成果较为成熟，而企业则以市场为导向进行自主开发，这两种技术创新方式使深圳的科技成果转化率达到了90%，远高于国内其他城市。

从应用技术创新向关键技术、核心技术、前沿技术创新转变，从跟随模仿式创新向源头创新、引领式创新跃升，深圳就这样在科技创新领域一步步爬坡过坎。当今世界，科技已成为国家间、城市间竞争的主战场。源头创新的能力会成就一个城市的发展，也会集聚起一个国家未来的实力。

第二节　建立了开放包容的营商环境

一　鼓励创新支撑型文化

"建设创新型国家，是国家发展战略的核心。"国务院参事王京生在《国家创新战略的文化支撑》演讲中提到，他认为，文化的形态不同造成了国家创新能力的迥异，国家创新战略有赖于文化的支撑。

"深圳观念"是深圳创新文化的标志。深圳在改革开放中提出的"时间就是金钱，效率就是生命""空谈误国，实干兴邦""敢为天下先""改革创新是深圳的根，深圳的魂""鼓励创新，宽容失败"等一系列创新观念，"闯"入一个个传统观念的雷区，引燃一个个振聋发聩的思想观念大爆炸：关于特区姓"社"姓"资"问题的争论、关于"时间就是金钱，效率就是生命"的大讨论、关于特区是否继续"闯"的分歧和争辩……这些理念之争带来了当时中国思想界最关注的前沿突破，使人的思想观念和精神状态进入了一个新境界，推动了深圳乃至全国改革开放的时代进程。"深圳观念"中"敢为天下先""改革创新是深圳的根，深圳的魂""鼓励创新，宽容失败"都直接与创新相关，创新已成为这座城市的精神内核，成为这个城市最鲜明的精神标志。

深圳的移民文化为城市创新注入不绝动力。深圳已经是一个拥有人口近1500万的大都市，但本地原住民不到30万，深圳95%以上的人口都是新移民。深圳移民来自全国各地，带着各种各样的动机和梦想来到深圳，而有一个共同点就是对原居住地的"不满足"，所以需要到这里来实现自己的满足，寻找这种满足感的过程就是实现梦想的过程。对于每一个来深圳的移民来说，"闯深圳"就意味着"告别传统"，丢掉自己原有的某些旧的文化习惯。这种特质使深圳形成了"敢于冒险、崇尚创新、追求成功、宽容失败"为内核的创新文化和氛围。移民文化还有一个特征，就是能够容纳不同的文化和个性。这种多元化的文化使得移民们既能保持各自的个性又相互包容相互借鉴，这就形成了深圳文化开放和兼容的特性，为创新提供了更多可能。同时，移民网络形成的"章鱼"模式，能够利用其发达的触角快捷高效地利用国内外资源，迅速获取整合各种最新信息，提高了创新的效率和成功率。

文化是一个国家持久发展的不竭动力，文化自信是国家兴旺发达的重要支撑。文化因创新而更自信，深圳坚定文化自信、增强文化自觉、强化文化担当，为深圳勇当"四个全面"排头兵提供强大的文化支撑和源源不绝的精神力量。省委常委、市委书记、市长许勤在市委六届五次全会报告中提出，要全面提高经济质量、社会质量、文化质量、生态质量和党委政府服务质量，建立"深圳质量"新优势，打造"深圳质量"新标杆，实现以质量引领发展，以质量成就未来。并强调建设文化强市，进一步提高城市文明水平。

当前，深圳正以《深圳文化创新发展2020（实施方案）》为总抓手，按照"认准一个目标，实施一套方案，构建五大体系，一年干几件实事，坚持数年，必见成效"的总要求，在诸多领域创新发展，着力打造与现代化国际化创新型城市和国际科技、产业创新中心相匹配的文化强市。

二 立体化双创政策体系

在深圳打造具有世界影响力的一流科技创新中心的战略部署下，作为中国改革开放前沿、中国最具有"改革基因"城区以及"深港创新圈"先锋城区，紧紧围绕建设深圳国际科技产业创新中心核心区这一目标，积极探索形成国际化、开放、共享的双创发展模式，努力把深圳打造成国际双创人才离岸创业的最佳平台、环境最佳的创新创业城市、全球著名的国际创客中心。在这一过程中，深圳将深入总结双创发展的一般规律，为全国的双创发展，尤其是面临高新技术产业向新兴产业全面转型发展的地区，提供更多可复制、可推广的发展模式和实践样本。

第一，深圳强化协调联动，推进服务型政府建设。为切实解决双创主体面临的困难，破除双创的制度瓶颈，深圳以改革创新促发展，加快推进政府职能转变，全面优化政府服务，对行政审批、公共服务事项进行全面梳理和全流程再造，打造全国一流政务服务品牌。深圳市出台了《深圳市2015年推进简政放权放管结合转变政府职能工作实施方案》，加快推进行政审批改革、投资审批改革、商事制度改革等七大领域改革，最大限度减少政府对创业创新活动的干预，营造有利于双创发展的市场环境。

第二，以保护促运用，实现知识产权价值化。发挥知识产权创造能力强、前海国际化程度高的优势，加快建立知识产权联合保护机制。鼓励知识产权保护机构建立专门服务于双创的知识产权保护O2O平台。建立政府引导、民间资本参与的专利运营机制，促进科技成果产权化、知识产权产业化。

第三，完善激励机制，加速科研成果产业化。全面落实《中华人民共和国促进科技成果转化法》《深圳市关于促进科技创新的若干措施》等政策文件，提高科研负责人、骨干技术人员等重要贡献人员和团队的收益比例至70%以上。积极落实国家、省市关于高校、科研院所专业及技术人员离岗创新创业政策。

第四，以问题为导向，加大政策支持力度。为更好地鼓励创业创新，切实解决创业者面临的瓶颈问题，深圳市政府先后出台了深圳市中小微企业大众创新万众创业的工作方案等政策，营造了良好双创政策环境。为降低双创主体空间成本，深圳通过政府出资建设、补贴、回购产业用房和实施青年房卡住房保障计划等方式，满足双创主体对低成本空间的需求。为进一步拓宽双创主体融资渠道，推出研发贷、孵化贷、成长贷、集合信贷等多种创新型金融产品，不断丰富企业融资方式。

第五，国际融合互动，全球化链接创新资源。南山区依托三区一基地建设，深化深港创新创业合作，面向全球配置创新创业资源。在深港双创合作方面，深圳积极探索"政策互延、平台共享、载体共建、人才共育"的新型合作模式，依托香港6大高校深圳产学研基地，推进香港青年大学生在"互联网＋""智能制造"领域的研究实习计划，形成两地交流、学习、互访机制。为加强国际合作与交流，深圳市南山区清华—伯克利深圳学院，建设"两湾五创直通车"国际化开放创新中心，密切与硅谷、以色列等国际创新高地合作。依托广东自贸区前海蛇口片区，打造集引才引智、创业孵化、专业服务、政策保障等功能于一身的国际离岸孵化中心，实现双创要素跨境双向流动。

三 高效平等的政府服务

深圳建立特区、实行改革开放近40年来，极力加强服务型政府建设，旨在提升政府服务效率，因此在行政体制、行政审批、法治建设等方面取得了较好的成绩。这为全国提供了以下经验参考：

第一，行政体制改革稳步推进。围绕理顺政府、市场、社会关系，积极探索决策、执行、监督相互制约又相互协调的行政运行机制，以"市场、效率、服务"为导向，不断推进政府职能转变。深圳在历次机构改革中，都将政府职能转变作为改革的重点，按照不同时期经济社会发展要求确定转变的重点领域等。总体上是按照政企分开、政社分开原则，把不应由政府行使的职能逐步转移给市场、社会，将原由政府部门承担的具有竞争性的事务转给市场，将那些事务性、专业性职责交由社会组织承担，不断将政府职能重点由过去的经济建设转向经济与社会管理并重，更加注重社会管理和公共服务，政府的施政手段也从管理为主向服务管理并举、侧重服务为主转变，逐步厘清政府与市场、社会的边界，不断弱化政府管制权。

第二，政府绩效管理全面试行。对全市33个政府部门、10个区政府（新区管委会）的政府绩效情况进行了综合评估，改进工作作风，改善行政管理，对重点工作进行全过程跟踪督办，推动政府工作落实，提高工作绩效，取得了明显的效果。

第三，政府服务方式不断创新。成立统一的深圳行政服务大厅，促进电子政务建设，实现行政审批电话预约服务和延时服务，企业注册逐步实现即来即办。行政电子监察系统实现对主要行政事项的实时监督和市区街道三级联网监察。加强政务公开，认真执行法律法规和人大各项决议，定期向市政协通报、市人大报告工作，主动听取公众对公共政策的意见建议，连续3年"深圳政府在线"荣获全国政府网站绩效评估副省级城市第一名。

第四，民主法治建设继续推进。大力推进依法行政，在全国率先颁布实施《法治政府建设指标体系》，并获中国法治政府奖。加强重点领域立法工作，2013年共向人大提交立法议案8件，建议人大制定政府规章8项，评估梳理规章150项，新制定法规4项、修改15项。认真执行法律法规和人大各项决议，自觉接受人大的工作监督和人民政协、民主党派的民主监督、法律监督及社会各方面的监督。

第五，着力加强和改善民生。深圳作为移民城市，外来人口占的比重大，公共服务面临着特殊任务，深圳在财政上不断加大投入力度，推进基本公共服务均等化，逐步强化基本公共服务对实有人口（户籍人口和来深建设者）的全覆盖和均等化。目前，在公共交通、公共文化体育设施的使用等36项公共服务上做到了"同城人、同待遇"。完善基层医疗服务体系，建设六百多家社区健康服务中心，专门设立了农民工医疗保险，为居民尤其是农民工提供便捷、价廉的基本医疗和公共卫生服务。在全国率先构建了包括非户籍人口在内的多层次、多形式、一体化的社会保障体系，来深建设者养老、工伤、生育、失业和医疗保险参保率继续保持全国领先水平。

四 持续引领的国际平台

经过近40年的发展，深圳已然成为一座设施全面、交通便利、锐意创新的现代化城市，而拓宽发展市场则是深圳近年发展的必然选择，经济全球化与区域一体化仍然是当今世界发展的基本趋势，所以深圳必然也要大力开拓国际市场。

"国际化"是始终不渝的"深圳梦"。以国际市场建设为重点，以落实"一带一路"建设和推动粤港澳大湾区建设上发挥支点和核心引擎作用为契机，深圳在加速国际化进程中也迈上了新台阶。

首先，作为对外开放试验示范窗口，深圳前海"引进来"和"走出去"均成效明显。2016 年 1—10 月，前海蛇口片区合同利用外资占全国自贸区总量的 42.5%，在全国自贸区中排名第一，分别是上海自贸区、天津自贸区、福建自贸区的 1.9 倍、2.6 倍、5.0 倍。实际利用外资位列全国自贸区第二，占全国自贸区 20.9%、全市的 56.9%。共有来自"一带一路"的 64 个国家和地区的投资者在前海蛇口自贸片区投资兴业，设立企业 4596 家，投资总额 3699 亿元，这在外贸层面给全国提供了经验。2017 年，实际利用外资 44.48 亿美元，增长 16.9%。世界 500 强投资设立企业 335 家。

其次，在教育层面，深圳城市国际化，教育要先行。深圳吉大昆士兰大学、深圳国际太空学院、华南理工—罗格斯大学深圳创新学院、深圳墨尔本生命健康工程学院等一批特色学院签约落户。目前，全市共聚集了近 30 所境内外优质高校在深办学，400 多所中小学与国外学校建立友好关系，外籍人员子女学校达到 7 所。

再次，国际化高端人才从四面八方会聚于此。在引进海外人才政策落实方面，市人社局修订发布《深圳市出国留学人员创业前期补贴资金管理办法》，提高海归创业补贴；修订发布《深圳海外高层次人才认定标准（2016 年版）》；开放人才园举办 8 期"海归人才智路演""创业大讲堂"等系列公益活动。据统计，2017 年深圳引进留学人员 18307 人（2016 年 10509 人），同比增长 74.2%，城市人才吸引力不断提升。

最后，始终立足全球发展大格局的原则，深圳正打开一扇扇通往世界的大门，以加快推进高水平对外开放促进城市创新发展，以更为宽广的国际视野，全面构建对外开放新格局，努力探索出一条既具有"深圳特色"又可引领全国城市对外开放合作的新路。

第十一章 新时代先行者

2012年习近平总书记视察深圳时作出了重要批示，要求深圳牢记使命、勇于担当，进一步开动脑筋，解放思想，特别要鼓励广大干部群众大胆探索、勇于创新，在全面建成小康社会、全面深化改革、全面依法治国、全面从严治党中创造新业绩，努力使经济特区建设不断增创新优势、迈向新台阶。尤其指出：深圳作为改革的排头兵要继续发挥示范作用，率先实现"四个全面"将成为新时代赋予经济特区的新使命。中国进入新时代，即将开展新征程，深圳应勇担历史责任，作为新时代的先行者，建设社会主义现代化先行区。

2018年初，深圳市委六届九次全会提出了到21世纪中叶，将深圳建成"竞争力影响力卓著的创新引领型全球城市"的新目标定位，令人振奋。2018年2月，《国务院关于同意深圳市建设国家可持续发展议程创新示范区的批复》同意深圳市以创新引领超大型城市可持续发展为主题，建设国家可持续发展议程创新示范区。未来，深圳将充分发挥科技创新对可持续发展的支撑引领作用，推动科技创新与社会发展深度融合，加快建设现代化国际化创新型城市和国际科技、产业创新中心。

第一节　深圳发展面临的新机遇与新挑战

一　中国特色社会主义进入新时代

十九大报告作出了"中国特色社会主义进入新时代"的重大判断。习近平总书记郑重宣示："经过长期努力，中国特色社会主义进入了新时代，这是我国发展新的历史方位。"新时代中国特色社会主义思想,明确坚持和发展中国特色社会主义,总任务是实现社会主义现代化和中华民族伟大复兴。新时代我国社会主要矛盾是人民日益增长的美好生活需求和不平衡不充分的发展之间的矛盾。十九大报告提出,从 2020 年到 21 世纪中叶可以分为"两个阶段"来安排:第一阶段,从 2020 年到 2035 年,在全面建成小康社会的基础上,再奋斗 15 年,基本实现社会主义现代化;第二阶段,从 2035 年到 21 世纪中叶,在基本实现现代化的基础上,再奋斗 15 年,把我国建成富强、民主、文明、和谐、美丽的社会主义现代化强国。实现伟大梦想,必须进行伟大斗争,必须建设伟大工程,必须推进伟大事业。

正如习近平总书记指出的,"使命呼唤担当,使命引领未来",深圳要不负历史重托、不负党的信任,就应在新时代中国特色社会主义的伟大实践中,落实国家发展战略,承担国家和区域责任,坚持实干兴邦,不断走在前列。

2035 年,深圳将率先在全国起飞。从前面建成小康社会到基本实现现代化,再到全面建成社会主义现代化强国,是新时代中国特色社会主义发展的战略安排。深圳作为中国改革最前沿,在实现中国的现代化强国目标中将率先起飞。从十九大到二十大,是"两个一百年"奋斗目标的历史交会期。既要全面建成小康社会、实现第一个百年奋斗目标,又要乘势而上,开启全面建设社会主义现代化国家新征程,向第二个百年奋斗目标进军。这意味着,从 2020 年到 2035 年,在全面建成小康社会的基础上,再奋斗 15 年,基本实现社会主义现代化。经济实力、科技实力大幅跃升,跻身创新型国家前列;人民平等参与、平等发展权利得到充分保障,法治国家、法治政府、法治社会基本建成,各方面制度更加完善,国家治理体系和治理能力现代化基本实现;社会文明程度达到新高度,国家文化软实力显著增强,中华文化影响更加广泛深入;人民生活更为富裕,中等收入群体比例明显提高,城乡区域发展差距和居民生活水平差距显著缩小,基本公共服务均等化基本实现,全体人民共同富裕迈向坚实步伐;现代社会治理格局基本形成,社会充满活力又和谐有序;生态环境根本好转,美丽中国目标基本实现。2035 年到 21 世纪中叶,在基本实现现代化的基础上,再奋斗 15 年,把我国建成富强民主文明和谐美丽的社会主义现代化强国。届时,我国物质文明、政治文明、精神文明、社会文明、生态文明将全面提升,实现国家治理体系和治理能力现代化,成为综合国力和国际影响力领先的国家,全体人民共同富裕基本实现,我国人民将享有更加幸福安康的生活,中华民族将以更加昂扬的姿态屹立于世界民族之林。

新时代来临,为深圳生产力的发展和社会进步打开了新的广阔空间。新时代下,深圳将在市场经济的纵深领域深入探索,不断缩小与发达城市创新环境、创新能力之间的差距,加快率先实现现代化。

经过 38 年的改革发展,深圳已经成功进入世界科技创新中心的新兴赶超阶段中后期,深圳需要以更大的勇气、信心、智慧不断突破、改革、革新,不断构建和完善国际化创新生态体系,推进国际研发一体化和国际区域一体化,大力塑造城市创新精神和城市品格,让全球所有具有梦想的创新人能够在深圳共享同一个世界,推动深圳跨入世界科技创新中心的高端引领阶段。

根据世界科技创新中心发展规律及深圳经济发展指标,深圳已经进入新兴赶超阶段。使用购买力平价计算的人均 GDP 表明,深圳发展水平已经接近柏林,达到东京的 68%。但深圳与发展水平更高的纽约、洛杉矶还有相当大的差距,人均 GDP 仅为洛杉矶的 42%,纽约的 41%。优化创新系统,保持创新动力,突破当前发展阶段,迈向高端引领阶段,是深圳未来的发展方向。

做到率先和引领,深圳还需要解决三个方面的问题:

一是在面向国际的市场体制机制上,深圳需要解决的核心问题是在全国率先突破固有的利用国内资源和市场的观念,搭建沟通国际产品市场和要素市场的桥梁,建立全球领先的知识创新要素分配体系和知识产权保护体系。

二是在打造科技产业创新体系上,要跟上世界科技革命的步伐,在新兴领域抢占世界制高点,形成竞争优势。深圳虽然已经形成了华为、大疆、华大基因等在通信、无人机、基因等领域的世界级领先技术和产品,但与硅谷、波士顿等世界先进城市的高新技术发展相比,可持续发展的创新体系尚未建立,产业结构水平还跟不上创新发展的需要,知识经济的发展水平相对不足,高技术产业、先进制造业、生产性服务业相互支撑的发展格局尚未形成。

三是在国际一流的营商环境建设上,与世界知名创新中心相比,还有一定的差距,在商事制度改革、负面清单、提升服务效率、降低创新成本、人才安居乐业环境等多个层面,还有较大的改善空间。

二 粤港澳大湾区有望成为世界增长极

2015年"粤港澳大湾区"概念在"一带一路"规划中被首次明确提出,2016年被写入国家"十三五"规划和《关于深化泛珠三角区域合作的指导意见》,2017年3月首次被写入国务院政府工作报告。粤港澳大湾区由"9+2"组成,即广东的广州、深圳、珠海、佛山、中山、东莞、惠州、江门、肇庆,以及香港特别行政区、澳门特别行政区。土地面积占全国的0.6%,经济总量占全国的12.4%,常住人口占全国的4.9%。①

与世界三大湾区相比,粤港澳大湾区有望成为世界经济的新增长极。与东京湾区、纽约湾区和旧金山湾区世界三大湾区相比,粤港澳大湾区在面积、人口、经济规模上都已可等量齐观。截至2015年末,粤港澳大湾区的经济总量已位居四大湾区第三位,按照当前增长速度,粤港澳大湾区有望在5年内超越东京湾区,成为世界经济总量第一的湾区。

粤港澳大湾区将建设更具活力的世界级经济区、粤港澳深度合作示范区、"一带一路"建设重要支撑区、宜居宜业宜游优质生活圈、国际一流湾区和世界级城市群。到2020年基本形成国际一流湾区和世界级城市群的框架,经济总量追平东京湾区。到2030年,成为全球先进制造业中心、全球重要创新中心、国际金融航运和贸易中心,参与全球合作与竞争的能力大幅跃升,跻身世界知名城市群前列,成为世界GDP总量第一的湾区。粤港澳大湾区将在区域协调发展、建设新型开放平台、创新型发展模式探索、建设世界一流产业集群等领域开展先行先试。

落实国家和区域发展战略,承担国家和区域责任。"一带一路""海洋强国"、粤港澳大湾区、创新型国家等战略提出,给深圳带来了重大机遇

---

① 任泽平:《粤港澳大湾区打造一流湾区和世界级城市群》2017年6月20日(http://money.163.com/17/0620/08/CNC1UVIL002580S6.html,2018年2月10日)。

并提出了新的要求。深圳将在创新中心、海洋中心、金融中心和交通枢纽上承担更重要的责任。国家"十三五"规划纲要则第一次将深圳确立为国际科技、产业创新中心，全国海洋经济发展"十三五"规划也提出将深圳建设为全球海洋中心城市。国务院印发《"十三五"现代综合交通运输体系发展规划》，提出将重点打造广州—深圳等四大国际性综合交通枢纽，深圳正式由全国性综合交通枢纽升格为国际性综合交通枢纽。未来，深圳将不仅是经济特区建设的成功典范，更是代表中国参与世界竞争的国际化大都市。

深圳既要打开国际视野找准自己的国际定位，也必须找准在国家的定位。依托粤港澳大湾区建设的重要平台，发挥在引领科技产业创新中的作用，发挥在"一带一路"建设中的作用，发挥在参与国际创新市场规则制定中的作用。

做到引领湾区发展的先行区，深圳还面临两方面的问题：

一是世界级科技创新中心发展需要区域经济一体化支撑。其根本原因在于，一方面，科技创新中心在发展过程中需要通过产业集聚降低综合创新成本，另一方面要求区域内要素自由流动、依照市场规则将其配置到效率最高的部门。当新兴产业快速发展，每个产业领域向专业化方向发展时，更多的空间需求随之而来。因此当国际人才、国际资本进入本地时，会产生不同程度的挤出效应，尤其是对传统资源、低收入人群、传统产业的挤出效应，产业的发展需要腹地扩展。大都市区核心城市往往辐射数十倍于其自身的外围空间，形成产业充分融合、要素充分流动的国际大都会。纽约核心城市面积789平方公里，但纽约大都会面积31815平方公里，核心城市辐射了40.3倍的外围空间。东京都面积2188平方公里，但东京都圈面积高达13368平方公里，东京都辐射倍数为6.1倍。相比而言，深圳对周边区域的辐射能力还比较有限。

二是充分利用世界研发资源，实现研发创新国际化。由于世界级科技创新中心致力于引领全球技术进步，直面科技最前沿，必须在全球视野下调配研发资源。因此，世界级科技创新中心都具有"全球城市"的特点。纽约、东京等世界级科技创新中心，十分强调联合创新、开放创新。1998—2010年，纽约联合研发专利（Co-patent）占专利申请量的比重始终保持在 70% 左右，2004 年之后联合研发专利的比重还在不断上升，到 2010 年高达 76.7%。深圳部分企业，如华为，虽然在全球建立了创新中心，深圳市也建立了十几条海外直通车，并通过"孔雀计划"引进了大量的海外人才，但在企业研发的国际化方面，与跨国公司还有较大差距，产品的国际化能力还存在不足。

三 深圳双重新使命：勇当改革和发展的先锋

党的十九大报告指出，新时代必须明确中国特色社会主义事业总体布局是"五位一体"、战略布局是"四个全面"，强调坚定道路自信、理论自信、制度自信、文化自信；明确全面深化改革总目标是完善和发展中国特色社会主义制度、推进国家治理体系和治理能力现代化。深刻领会、准确贯彻落实新时代中国特色社会主义思想的精神实质和丰富内涵，必须坚持全面深化改革和坚持新发展理念。

2015 年，习近平总书记对深圳工作作出重要批示："要牢记使命，勇于担当，进一步开动脑筋、解放思想，特别是要鼓励广大干部群众大胆探索、勇于创新，在全面建成小康社会、全面深化改革、全面依法治国、全面从严治党中创造新业绩，努力使经济特区建设不断增创新优势、迈上新台阶。"

2018 年 3 月，习近平总书记在参加十三届全国人大一次会议时，赋予广东新时代的使命——"在构建推动经济高质量发展体制机制、建设现代化经济体系、形成全面开放新格局、营造共建共治共享社会治理格局上走在全国前列。"

习近平总书记赋予深圳率先实现"四个全面"的尖兵的新使命，深圳市必须主动担当，勇当改革和发展的先锋，全面开展治理体系和提升治理能力现代化的实践，落实"五位一体"和"四个全面"。坚决破除一切不合时宜的思想观念和体制机制弊端，突破利益固化的藩篱，吸收人类文明的有益成果；坚定不移贯彻创新、协调、绿色、开放、共享的发展理念，完善经济制度和分配制度，鼓励、支持、引导非公有制经济发展，使市场在资源配置中起决定性作用，更好发展政府作用，推动四个现代化同步发展，主动参与推动经济全球化进程，发展更高层次的开放型经济。

深圳要率先建设社会主义现代化先行区，率先基本实现现代化，率先跨入建设社会主义现代化强市的行列，就必须在全面落实习近平新时代中国特色社会主义思想方面走在全国前列。深圳要进一步提高对外开放水平，率先形成符合国际通行规则的制度环境，提高经济的国际化程度；率先深入推动供给侧结构性改革，提升发展的质量、品质和效益；做好五个统筹，促进社会主义物质文明、政治文明、精神文明、生态文明全面协调发展；积极探索政府和市场关系的新模式，让市场在配置资源中起决定性作用，实现政府与市场的良性互动。

深圳市委六届七次全会提出，要着力打造"六个先行区"：始终高举中国特色社会主义伟大旗帜，打造充分彰显"四个自信"的先行区；坚定不移深化供给侧结构性改革，打造更具示范引领作用的改革先行区；扎实推进以科技创新为核心的全面创新，打造具有全球竞争力影响力的创新先行区；加快构建开放型经济新体制，打造在更高层次上参与全球竞争合作的开放先行区；深入推进一流法治城市建设，打造全面落实依法治国基本方略的法治先行区；毫不动摇坚持和完善党的领导，打造全面进步全面过硬的城市基层党建先行区。"六个先行区"是深圳全面贯彻落实习近平总书记重要批示精神的具体方案和有力措施。

第二节　深圳引领现代化的基本特征

一　实力特征：综合质量效益实力强大

引领现代化的基本特征之一就是综合实力的大幅提升。改革开放以来，深圳作为全国的"窗口"和"试验区"，建立和完善市场经济体制，以开放的姿态与世界各地开展贸易和投资活动，经济实现了持续快速增长，创造了"深圳奇迹"。质量型发展领先优势更加凸显，2016年，从国内看，深圳人均GDP水平达到16.74万元，超过北京（11.5万元）和上海（11.36万元），居国内前列；从国际看，深圳人均GDP达2.58万美元，超过中国台湾，逼近韩国，未来10年将超过新加坡。世界知识产权组织（WIPO）的PCT（专利合作协定）专利数据库统计显示，截至2016年底，深圳累计PCT专利69347件。在全球创新能力活跃的城市当中，深圳居第二名,仅落后于日本东京。

根据党的十八大描绘的蓝图要求,到 2020 年,经济持续健康发展,国内生产总值和城乡居民人均收入比 2010 年翻一番,科技进步对经济增长的贡献率大幅上升,进入创新型国家行列,人民民主不断扩大,文化软实力显著增强。① 十九大提出"两步走"发展战略,到 2035 年基本实现现代化,到 2050 年建成富强民主文明和谐美丽的社会主义现代化强国,为中国人在"站起来""富起来"基础上设计了"强起来"的行动纲领。深圳要率先建设社会主义现代化先行区的发展目标,不仅要进一步增强综合实力,更要在发展质量上彰显实力,提升世界影响力。

二 富民特征:人民生活水平显著提高

引领现代化的落脚点是广大人民的幸福生活。国家统计局深圳调查队公布 2016 年深圳居民收入与消费情况显示,从绝对水平上看,2016 年深圳居民人均可支配收入 48695.00 元,人均生活消费支出 36480.61 元,实际增幅比上年提高 0.3 个百分点,恩格尔系数为 30.5%,比上年下降 1.5 个百分点;从构成结构上看,构成居民可支配收入四大项中,工资性收入、经营净收入和财产净收入保持了继续增长的势头;从新增动力上看,交通通信、教育文化娱乐、医疗保健三类发展型消费支出分别增长 20.7%、15.4%、12.2%。②

习近平总书记指出人民对美好生活的向往就是我们的奋斗目标。坚持以人民为中心的发展思想,是落实和实现现代化的基本出发点,不断增强人民的获得感、幸福感、安全感,不断推进全体人民共同富裕。国强和民富是现代化的两个重要方面,人民生活不富裕,现代化的实现就没有根基,就不能推动广大人民群众积极参与现代化建设,参与中国特色社会主义建设,和谐社会就不能实现。实现现代化,切实要求深圳不断保障和改善民生,千方百计促进教育和医疗体制改革,深入推进分配领域改革,大

---

① 《坚定不移沿着中国特色社会主义道路前进 为全面建成小康社会而奋斗》,人民出版社 2012 年版。

② 周世玲:《深圳居民 2016 人均可支配收入达近 5 万元,你拖后腿了吗?》,《南都深圳》2017 年 2 月 19 日(http://gd.qq.com/a/20170219/004927.htm,2018 年 3 月 6 日)。

力提升居民的幸福指数。

三 开放特征：拥抱世界文明交融共生

引领现代化的突出方式是构建开放的利益共同体。海关数据显示，2016年，深圳市进出口总值3982.9亿美元，较1992年增长30.14倍，年均增长15.4%。其中，深圳市出口值由1992年的66亿美元升至2016年的2374亿美元，年均增长16.1%，已连续24年位居全国大中城市第一。贸易结构持续优化，从贸易方式看，一般贸易进出口1.2万亿元，占全市进出口总值的比重已达44.7%。从贸易伙伴上看，对东盟、欧盟、印度等国家和地区的进出口增长加快。

改革开放以来，深圳坚持对外开放，对外开放的深度和广度不断拓展，实现了从封闭型经济向开放型经济的历史性转变；十八大以来，深圳在全方位、多层次、宽领域的对外开放格局进一步完善和巩固；十九大报告指出，推动形成全面开放新格局，要以"一带一路"建设为重点，坚持引进来和走出去并重，遵循共商共建共享原则，加强创新能力开放合作，深圳迎来新的发展机遇。

对外开放是中国文化与世界文化交融的重要实现方式，体现了制度自信、文化自信与道路自信。深圳作为中华民族文化与世界文明大道交会的承载地之一，通过文化流动，深圳锻造了创新型、智慧型、力量型城市文化，形成了创新自觉、自信、自强的文化机制，积极代表中国为世界文明贡献价值。①

四 和谐特征：维护社会主义公平正义

引领现代化的稳定保障是实现和谐社会。市场竞争的公平性，发展机会的公平性等重大问题，广受关注，并影响着现代化的实现。在关注经济发展的企业主体方面，一方面关注全球企业和领先企业的发展，另一方面，给予中小微企业公平竞争的市场机会；在经济发展的最终主体人方面，以最大限度给予每个人公平发展的机会，营造公平的营商环境和生活

---

① 王京生：《什么驱动创新——国家创新战略的文化支撑研究》，中国社会科学出版社2017年版。

环境,让每个人在自由制度中充分发挥个人创造力,实现个人主体价值和社会价值的统一。

著名经济学家苏东斌指出:公正创造和谐。建设稳定社会秩序的法治社会和政府对弱势人的基本保障,是执政者创造和谐社会的两大基本职能;按要素的贡献分配就是社会公正;市场经济制度和民主政治制度的构建是形成和谐社会的根本保障。[1] 国家强盛、人民富裕能提升民族自豪感和幸福感,但要实现社会稳定,必须通过一系列的制度和法治建设,维护社会公平正义。

五 美丽特征:绿水青山就是金山银山

引领现代化的"五位一体"要求实现绿色发展。与我国较早前提出的重大发展战略相比,十九大提出我国两步走重大战略,到21世纪中叶,要实现美丽中国的发展目标。深圳坚持久久为功,建设绿色家园,大力实施大气质量提升40条、治水提质40条等系列政策措施,宜居宜业的环境优势不断彰显,"深圳蓝"成为亮丽名片。深圳市环境质量优越,2016年深圳全市环境空气质量指数(AQI)达到国家一级(优)和二级(良)的天数共354天,占全年监测有效天数(366天)的96.7%,优于国内各大城市;2016年,万元GDP能耗、水耗分别再下降4.1%和8.9%,继续处于国内城市领先水平,实现了经济质量和生态质量"双提升"。

习近平指出,"建设生态文明是关系人民福祉、关系民族未来的大计。我们既要绿水青山,也要金山银山。宁要绿水青山,不要金山银山,而且绿水青山就是金山银山"。生态环境保护与发展生产力,绝不对立,只要敢于探索,敢于创新,就能找到协同发展的思路。深圳市一直是注重生态文明发展的城市,划定了生态红线,是城市公园建设最多的城市之一,高新技术产业的发展为无煤城市建设奠定了基础。未来,深圳绿色发展的示范作用还需进一步提升,并引领辐射区域绿色发展,为全国建设美丽中国做出贡献。

---

[1] 苏东斌:《再论公正创造和谐》,《深圳大学学报》(人文社会科学版)2006年第23卷第6期,第41—51页。

第三节　迈向全球领先的新时代

一　以改革创新精神引领深圳发展新格局

（一）深圳走在新时代最前列必须改革创新走在最前列

习近平总书记对广东工作作出"四个坚持、三个支撑、两个走在前列"的重要批示，希望广东坚持党的领导、坚持中国特色社会主义、坚持新发展理念、坚持改革开放，为全国推进供给侧结构性改革、实施创新驱动发展战略、构建开放型经济新体制提供支撑，努力在全面建成小康社会、加快建设社会主义现代化新征程上走在前列。深圳自觉把总书记的重要批示精神作为工作的根本遵循，主动提出要以特别的担当精神、特别的实干业绩，争当"四个坚持、三个支撑、两个走在前列"的尖兵。

坚持从最广泛、最根本的意义上理解民生改善的含义，把持续推进经济增长、创造充分就业岗位、改善人民福祉，作为经济社会建设的出发点和落脚点，将改革创新落实在各项具体工作举措中，实现"两个走在前列"才具有扎实稳靠的根基。

（二）改革创新是深圳持续走在前列的根本动力和前提保障

改革是深圳的根、广东的魂，创新是深圳新时期崛起的根本动力。1979年2月，深圳蛇口一声炮响，拉开了中国经济特区建设的序幕，同时也揭开了广东乃至全国对外开放的新篇章。自此，深圳发扬敢为人先的改革创新精神，勇于先行先试，大胆实践探索，不断为中国社会主义现代化建设开辟道路、贡献经验。

首先，新时期践行深圳发展的历史使命将比以往任何阶段都更需要改革创新。未来一段时期尤其近几年是中国经济发展具有重要历史意义的承前启后、继往开来的战略机遇期，但同时也是面临重大挑战的经济增长关键期和结构调整的敏感期。一方面，中国经济已经积累了向中高收入阶段迈进的经济基础；另一方面，新旧矛盾交织，发展尚不均衡，中国现代化的任务远未完成。深圳在中国由中等收入阶段迈向中高收入阶段的进程中走在前列，但不可否认的是，新旧矛盾交织、发展不均衡等现实问题依然存在。新时期深圳要继续充当中国社会主义现代化建设的排头兵，就必须早日建成小康社会和加快实现现代化。担此重任，须将改革精神一以贯之。

其次，新时期深圳应对各项挑战的关键路径是改革创新。世界上落后国家或地区赶超先进地区的正反两方面经验表明，一个国家或地区在经历长期的非均衡发展和持续的高速经济增长以后，长期掩盖的经济结构问题、社会问题、环境问题如果得不到切实有效的解决，必将透支或拖累这个国家或地区后续的经济增长潜力。党的十九大报告指出，发展是解决我国一切问题的基础和关键，发展必须是科学发展，必须坚定不移贯彻创新、协调、绿色、开放、共享的发展理念。将单纯的经济增长使命转向内涵更为丰富、涉及面更广的经济发展领域，是深圳改革开放至今政策关注点的巨大转变，推动这一转变的关键路径仍是对传统发展方式的改革创新。

(三) 坚持改革创新的必由之路是贯彻新思想新理念

一是坚定贯彻创新、协调、绿色、开放、共享发展的新理念。贯彻五大发展理念对新时期深圳践行改革创新发展使命的价值与意义在于：创新发展关注的是深圳未来"两个走在前列"的动力问题，协调发展关注的是区域发展不平衡问题，绿色发展将人与自然和谐问题置于改革创新工作的重要位置，开放发展关注内外联动，共享发展关注社会的公平正义。五大发展理念是深圳"两个走在前列"行稳致远的思想指南，共同统一于"两个走在前列"的奋斗目标和发展实践中。

二是抓好创新驱动、供给侧结构性改革和开放型经济体制建设的三大战略支点。"四个坚持、三个支撑、两个走在前列"是有机统一的整体。其中，"三个支撑"是深圳的使命担当和发展路径，是实现"两个走在前列"伟大奋斗目标的关键着力点。而从发展实践的角度来看，"三个支撑"之间本身的交汇点及"三个支撑"与"两个走在前列"的衔接点恰恰就是改革创新。抓好改革创新是创新驱动、供给侧结构性改革和开放型经济体制建设的根本主线。

二 立足粤港澳大湾区，建设国际科技产业创新中心

（一）构建分工协作共享发展的区域协调发展理念

实现现代化需要一个更加开放的深圳，一个更具有区域责任担当和全球发展视野的深圳。粤港澳大湾区建设的一个核心理念是"产业发展分工协作"，根据湾区内各地区的产业资源禀赋与区位特点，以港口为对接需求前端，以香港、澳门、深圳、广州为主轴，依次布局金融业、现代服务业、高端制造业、大众制造业，推动珠江口东岸地区产业转型升级，在保持生态空间的前提下，利用机场、港口、轨道等多种交通方式协同联运，引导大众制造业向珠江口西岸集聚。统一的产业结构布局调整，将使湾区内产业产生高效协同，避免由于同质竞争所带来的产能过剩，实现经济可持续发展。深圳作为区域内的重要经济中心和创新中心，有责任发挥作用带动区域协同发展。

粤港澳大湾区可以借助湾区优势，进一步补齐对外开放短板。区别于国内其他区域发展规划，粤港澳大湾区扩展到了海洋，注定承载了对外开放的重要功能。粤港澳大桥的完成，将使珠江东岸的5个口岸与香港、深圳、广州产生联动；以深圳和广州为中心联通全国的高速铁路网络，正在逐步形成珠三角与东南亚的陆路交通网络；加上大湾区内已经形成三主三辅的国际化机场，以及深圳、广州发达的互联网产业，海港、陆路口岸、空港、信息港四港联动，将极大增强航运、贸易、金融集聚辐射功能，增加对海外投资的吸附能力，促进湾区的产业转型升级。同时深圳借助于"一带一路"，向沿线国家输出部分过剩产能，可以形成对外开放的新格局。

（二）以制度开放加速建设国际科技产业创新中心

向制度开放的纵深发展。对标硅谷，构建都市区创新联合体。打造粤港澳创新圈，在创新体制、政策和体系上进一步融合，从制度上解决深、港、澳跨境人才流动和科研资金跨境使用的难题，加速"深港澳创新同城化"。联合社会力量，共同打造"9+2"创新都市区联合体，充分发挥区域创新分工在促进区域创新体系中的作用。

从创新产业转向创新生态。加强创新体系建设，深化科技体制改革，

建立企业为主体、市场为导向、产学研深度融合的技术创新体系。与周边共建创新集群，形成区域化分工格局。深圳、香港以科技创新和服务创新为大都市区内核，充分结合东莞等地以流程创新和产品创新为大都市区腹地支撑，共同构建科技创新圈，将深圳打造成创新企业的"避风港"。以多元专业化为目标，打造国际创新资源网络。充分发挥深圳在研发创新、科技服务和高新技术企业上的比较优势，结合广东东部在制造业上的成本优势，整合香港的世界级高校和科研机构、创投资金、科技中介及国际产业链资源，形成协同创新效应，打造开放、协调的区域创新资源网。

打造国际创新资本集聚地和国际人才大都会。发展知识型资本，打造国际创新资本集聚地。改革科技金融领域外商投资制度性障碍，研究税收等政策，积极引进国际知名的天使投资、风险投资，鼓励国内知名创新资本与国际知名创新资本合作，支持国际创新资本吸引国际创新项目到深圳发展。构建国际人才集聚区，以点带面推进深圳人才国际化建设。完善外籍人才永居申请和居住制度，建设国际人才永居意向地。发挥自贸区制度创新的优势，在深圳前海探索建立国际领事馆线上网络平台和线下领事馆集聚区，搭建国际交往新平台，提高深圳国际影响力。以"全球城市"为目标，完善基础生活设施。

三 升级创新型特区模式，构建开放发展新局面

（一）"一带一路"背景下的特区发展新思考

"以开放带动改革"是中国改革开放的基本经验。最初的朴素思路是通过开放，吸引外资和国外先进经验，从而实现工业化。这一观念引致了特区建设由"开放"转向"改革"，由经济特区发展到自贸区，由正面清单制度发展到负面清单制度，最终在实践中完成了"改革"与"开放"的逻辑关系自洽。

"先行先试"是保证经济特区成功的独特方式。经济特区作为一种自上而下的强制性制度安排，减少了制度变迁的体制内部阻力，降低了改革风险。制度经济学能够描述经济特区制度变迁特征，但不能完美解释其成功的原因。"由点及面"是"特区经验"全面覆盖经济体的核心路径。以深圳经济特区为起点，中国对外开放走出了"经济特区—沿海港口城市—

经济技术开发区—沿海经济开发区—内地经济开发区"的路径。"由点及面"在空间上体现的是对外开放的不断扩张，在时间上意味着经验的积累和模式的迭代更新，它是一种典型的经济地理变迁方式，与发展经济学所倡导的"经济地理变迁是发展中国家和地区成功发展经济的基本条件"完全暗合。

对于"一带一路"沿线发展中国家而言，"以开放带动改革"是"一带一路"带给它们的战略性发展机会。根据中国的"特区经验"，在基础设施改造先行的情况下，根据"丝绸之路经济带"与"21世纪海上丝绸之路经济带"所创造的贸易经济走廊，沿线发展中国家可依照自身所处的发展阶段，在既能对外对接"一带一路"经济，又能对内辐射区域经济的地区，"先行先试"经济特区或者自贸区，然后在国内逐步构建地方中心等级体系，"由点及面"铺开经济特区，克服"一带一路"由于漫长空间距离所导致的经济扩散难题。未来，深圳经济特区将可能通过跨境自贸区、自由港等新的开放模式，实现经济特区的外溢和辐射，创造新的发展模式和动能。

（二）提升"特区模式"构建具有国际竞争力的特区经济新模式

一方面，加快实现粤港澳大湾区与"一带一路"特区的互联互通。让贸易、资本、产业转移在粤港澳大湾区和"一带一路"国家的物理空间通道中切实流动起来。截至2016年底，中国企业以自身为开发主体，在36个国家建成境外经贸合作区77个，其中，56个合作区分布在20个"一带一路"沿线国家。以开放为主要特征的中国经济特区模式，放在以"开放、合作、共赢"为核心理念的"一带一路"框架下，以经济持续高速发展的中国经验作为背书，能够克服沿线国家在体制、文化、资源禀赋、发展阶段上的差异，在"一带一路"的物理空间通道中建立起可以承接产业转移、激活贸易与资本流通的物理支点，从而有效推进"一带一路"建设。

另一方面，提升模式建设跻身全球领先科技产业创新湾区。充分利用自贸区、国家自主创新示范区等优势，探索顶层设计与基层创新联动的改革模式，从政策供给的特区向制度供给的特区转型，从生产特区向创新特区转型，从物化特区向民本特区转型，围绕创新驱动构建新型特区发展模式，引领全球创新发展新潮流。贯彻共享发展理念，即按照人人参与、人人尽力、人人享有的要求，坚守底线、突出重点、完善制度、引导预期，注重机会公平，保障基本民生，实现全体人民共同迈入全面小康社会，为世界经济发展贡献深圳力量和深圳经验。

（三）深化改革，建立完善的社会主义市场经济体制

新的模式，需要全面制度创新，需要充分发挥市场的作用。让市场在资源配置中起决定性作用，深圳还有很长的路要走。充分发挥经济特区作为体制改革和制度改革的试验田作用，率先建立适应新开放格局的比较完善的市场经济体制。

首先，建立平等的市场。鼓励各类市场主体公平参与市场竞争，放宽市场准入条件，实施"负面清单"管理，推行"法无禁止即可为"的准入政策，进一步深化商事制度改革和"放管服"改革，降低各类主体参与市场竞争的门槛，大力发展非公有制经济和混合所有制经济，提高市场的竞争性。

其次，建立竞争的市场。必须坚持质量第一、效益优先，以供给侧结构性改革为主线，推动经济发展质量变革、效率变革、动力变革，提高全要素生产率，着力加快建设实体经济、科技创新、现代金融、人力资源协同发展的产业体系，着力构建市场机制有效、微观主体有活力、宏观调控有度的经济体制。加快发展战略性新兴产业和未来产业，支撑中国实现科技强国、质量强国、航天强国、网络强国、交通强国、数字中国。

最后，建立法治市场。法治是建立社会主义现代化的重要基石，是市场经济得以存在和发展的前提条件。没有法治的保障，市场主体的产权和人权都难以得到有效保障。建立服务型政府，让制度环境成为生产力成长的核心保障。充分发挥市场主体引致制度变迁的推动作用和政府制定制度的主导作用。建立服务型政府的过程，就是一个政府职能转变和放权的过程。政府单方面的放权并不一定会促进经济发展，只有在与市场互动的过程中，激励市场主体的创新动力，才能有效推动经济发展。必须清醒地认识到，市场的主角是企业而不是政府，正式制度的建立前必然有广泛的社会共识。政府提供制度安全保障，市场的主体推动生产力提质提速发展。

走向现代化，破解发展难题，满足人民日益增长美好生活需要，深圳要走出一条具有特殊和示范引领作用的发展道路，让发展更加平衡更加充分，不断满足人民日益增长的美好生活需要，让人民获得感、幸福感、安全感更加充实、更有保障、更可持续。

走进新时代，深圳要拿出特区新担当、勇担特区新使命、体现特区新作为、做出特区新贡献，在全面建成小康社会、加快建设社会主义现代化新征程上走在最前列、勇当尖兵，奋力谱写新时代中国特色社会主义发展新篇章，为实现中华民族伟大复兴的中国梦不懈奋斗。

附录

1980—2017年深圳市国民经济主要指标增长情况

项目	1980年	2017年	年均增长速度（%）
国内生产总值（亿元）	2.7	22438.39	27.6
人均国内生产总值（元）	835	183127	15.7
工业总产值（亿元）	1.06	29777.1	31.9
第三产业增加值（亿元）	1.22	13153.02	28.5
全社会固定资产投资（亿元）	1.38	5147.32	24.9
社会消费品零售总额（亿元）	1.96	6016.19	24.2
外贸进出口总额（亿美元）	0.18	4148.74	31.2
其中：出口总额（亿美元）	0.11	2448.76	31.1
实际利用外资（亿美元）	0.33	74.01	15.8
地方预算内财政收入（亿元）	0.3	3332.13	28.6
一、二、三次产业比重	28.9:26.0:45.1	0.1:41.3:58.6	—
全市常住人口（万人）	33.29	1252.83	10.3

参考文献

1. 《宝安区城市化转地非农建设用地后续管理暂行办法》（深宝规〔2012〕4号）。
2. 曹普：《谷牧与1978—1988年的中国对外开放》，《百年潮》2001年第11期。
3. 《邓小平文选》第2卷，人民出版社1994年版。
4. 《邓小平文选》第3卷，人民出版社1993年版。
5. 傅高义：《先行一步：改革中的广东》，广东人民出版社2008年版。
6. 《关于加强和改进城市更新实施工作的暂行措施》（深府办〔2012〕45号）。
7. 何加正：《看高新技术怎样托起深圳》，《人民日报》1999年8月22日。
8. 胡鞍钢：《我为什么主张"特区不特"》，香港：《明报》1995年8月23日。
9. 胡嘉莉：《深圳重新定位现代化市委书记解读特区新内涵》，《中华工商时报》2005年8月13日。
10. 《胡锦涛文选》第2卷，人民出版社2016年版。
11. 胡谋：《特区，你如今还"特"吗?》（专访），《人民日报》2003年6月18日第5版。
12. 《江泽民文选》第1卷，人民出版社2006年版。
13. 雷燕：《编制权责清单拟取消转移一批职权事项》，《深圳晚报》2015年1月16日。
14. 李荣根：《八大体系：深圳行政管理体制改革探索》，海天出版社1998年版。

15. 《李铁映在全国城市综合配套改革试点工作会议上指出，抓住机遇加快建立新体制步伐》，《人民日报》1997年5月24日。
16. 李宇嘉：《第三次土地改革为何在深圳发生》，《中国房地产》2012年第8期。
17. 李子彬：《深圳初步形成社会主义市场经济十大体系》，《上海改革》1997年第8期。
18. 刘建强：《蛇口基因——破解平安、中集、招行、万科、华为体内共同的密码》，《中国企业家》2008年第8期。
19. 卢荻：《谷牧与广东改革开放》，《广东党史》2010年第2期。
20. 欧阳：《深交所二十年风雨路——写在深圳经济特区30年华诞之际》，《中国金融家》2010年第9期。
21. 彭璧玉：《提高资源配置能力，构建开放型经济新体制》，《南方经济》2017年第5期。
22. 《前海深港现代服务业合作区土地管理改革创新要点（2013—2015年）》，2013年4月26日。
23. 申勇：《深圳企业"走出去"模式初探》，《特区实践与理论》2010年第6期。
24. 申勇、马忠新：《构建湾区经济引领的对外开放新格局》，《上海行政学院学报》2017年第1期。
25. 《深圳市房屋征收与补偿实施办法（试行）》，市政府令第248号，2013年5月1日。
26. 深圳市计划局，李万寿：《深圳市劳动力市场日趋完善》，《计划经济研究》1989年第4期。
27. 深圳经济特区研究会、深圳市史志办公室：《深圳经济特区三十年》（1980—2010），海天出版社2011年版。
28. 《深圳经济特区建立20周年庆祝大会举行——江泽民强调经济特区要继续当好改革开放和社会主义现代化建设的排头兵》，《人民日报》2000年11月15日。
29. 《深圳经济特区建立30周年庆祝大会举行——胡锦涛讲话》，新华社，2010年9月6日。

30. 深圳市人民政府新闻办公室编：《深圳政府机构改革相关背景材料》2009年9月8日。

31. 《深圳市人民政府关于优化空间资源配置促进产业转型升级的意见（1+6）》（附属文件：产业用地供应空间办法、宗地地价测算规则、产业用房管理办法、工业楼宇转让办法、产业配套住房实施意见、闲置土地处置办法），深府〔2013〕1号，2013年1月23日。

32. 《深圳市讨论特区内部管理体制改革试行方案：从局部改革转向全面系统改革》，《人民日报》1984年10月12日。

33. 深圳市统计局：《深圳统计年鉴（1995）》，中国统计出版社1995年版。

34. 深圳市统计局：《深圳统计年鉴（2003）》，中国统计出版社2003年版。

35. 深圳市统计局、国家统计局深圳调查队：《深圳统计年鉴（2013）》，中国统计出版社2013年版。

36. 深圳市统计局、国家统计局深圳调查队：《深圳统计年鉴（2017）》，中国统计出版社2017年版。

37. 《深圳市土地管理制度改革总体方案》，深发〔2012〕3号，2012年3月30日。

38. 《〈深圳市土地管理制度改革总体方案〉近期实施方案（2012—2015年）》，2012年5月8日。

39. 《深圳市土地交易市场管理规定》，深圳市人民政府令第100号，2001年3月6日。

40. 《深圳市养老服务设施用地供应暂行办法》，《关于促进安居型高品房用地供应暂行规定》，2014年8月4日。

41. 深圳市政协文史资料委员会：《深圳文史》1999年第1辑。

42. 苏东斌：《国有企业产权改革的深圳模式：三级授权经营制——委托代理关系的案例分析及其启示》，《经济研究》1995年第8期。

43. 苏东斌：《再论公正创造和谐》，《深圳大学学报》（人文社会科学版）2006年第23卷第6期。

44. 苏东斌、钟若愚：《曾经沧海——深圳经济体制创新考察》，广东经济出版社 2004 年版。

45. 孙志龙：《我市坪山新区"整村统筹"土地整备改革创新——以南布社区为例》，《土地管理制度改革工作简报》2014 年第 16 期。

46. 陶一桃：《建设前海就是"再造香港"》，《法人》2014 年第 5 期。

47. 陶一桃：《厘清政府与市场的边界是深化改革的关键》，《南方经济》2014 年第 8 期。

48. 陶一桃：《中国湾区肩负以开放促改革的制度创新使命》，《深圳特区报》2017 年 4 月 28 日第 A2 版。

49. 陶一桃、鲁志国：《中国经济特区史论》，社会科学文献出版社 2008 年版。

50. 陶一桃、鲁志国等：《经济特区与中国道路》，社会科学文献出版社 2017 年版。

51. 王京生：《什么驱动创新——国家创新战略的文化支撑研究》，中国社会科学出版社 2017 年版。

52. 涂晟：《"1+6"方案助推一流法治城市建设》，《深圳特区报》2014 年 12 月 4 日。

53. 《土地整备利益统筹试点项目管理办法（试行）》，深规土〔2015〕721 号，2015 年 11 月 12 日。

54. 《土地整备项目实施方案编制指引》及《土地整备项目实施方案审核程序》（暂行）的通知（深规土〔2012〕550 号）。

55. 王红：《深圳行政管理体制改革创新评析》，《经济与社会发展》2008 年第 6 卷第 12 期。

56. 温松、刘剑：《社会治理视阈下和谐劳动关系的构建——以深圳市的政策实践为例》，《广东行政学院学报》2015 年 4 月第 27 卷第 2 期。

57. 吴志菲：《邓小平与撒切尔夫人在香港回归上的较量》，《党史纵横》2013 年第 6 期。

58. 习近平：《决胜全面建成小康社会——夺取新时代中国特色社会主义伟大胜利》，中国共产党第十九次全国代表大会，2017 年 10 月 18 日。

59. 杨广慧：《深圳十年的理论探索》，海天出版社 1990 年版。

60. 中共广东省委党史研究室编：《广东改革开放决策者访谈录》，广东人民出版社 2008 年版。

61. 中共中央党史研究室第三研究部：《中国改革开放史》，辽宁人民出版社 2002 年版。

62. 徐冠华主编：《中国高新技术产业发展报告》，科学出版社 1999 年版。

63. 何传启等：《迎接知识经济时代，建设国家创新体系》，《中国科学院院刊》1998 年第 3 期。

64. 钟坚：《深圳经济特区改革开放的历史进程与经验启示》，《深圳大学学报》（人文社会科学版）2008 年第 4 期。

65. 钟坚、郭茂佳、钟若愚：《中国经济特区文献资料》第 1 辑，社会科学文献出版社 2010 年版。

66. 钟坚、郭茂佳、钟若愚：《中国经济特区文献资料》第 2 辑，社会科学文献出版社 2010 年版。

67. 《朱镕基答记者问》，人民出版社 2009 年版。

后　　记

　　展现在读者面前的《深圳改革创新之路（1978—2018）》，是深圳市委宣传部《中国道路的深圳样本》系列丛书之一。作为系列丛书的组成部分，本书侧重记载、反映改革开放40年来深圳经济特区改革创新的实践历程与成功经验。把作为深圳这座城市特质的"敢闯"精神和勇于创新的品质凝练于40年的脚步里，写进中国改革开放伟大而壮丽的岁月中。

　　本书共分为三篇十一章。第一篇"历史重托与改革历程"着重叙述了深圳改革开放的历史起点以及不同改革时期与发展阶段，国家改革开放的举措及制度安排所赋予深圳经济特区的历史责任。同时沿着历史与逻辑相统一的原则，回顾深圳改革创新的阶段历程及制度演变，展示深圳改革创新的时代意义与发展图景。第二篇"改革实践与历史贡献"，从三大要素市场（劳动、资本、土地）、两大主体（国有企业和创新创业企业）、两大体制（开放型经济和行政体制改革）七个层面出发，深度剖析深圳市改革开放四十年经济领域改革创新的石破天惊的实践探索以及足可以载入史册的历史性贡献。第三篇"继往开来走进新时代"，一方面总结历史，概括深圳市在竞争性市场体制建设方面做出的成绩；另一方面，展望未来，对深圳市提出的建设可持续发展的全球创新型城市发展目标进行深入解剖和思考，并提出可供选择的路径建议。紧扣深圳经济特区的经济发展历程，牢牢把握创新驱动的内在发展原动力，并用创新来诠释、展现深圳发展的历史进程，是本书的一个显著特点。

　　本书的作者团队是一批朝气蓬勃的年轻学者与学生。以教育部人文社科重点基地——深圳大学中国经济特区研究中心研究团队、理论经济学博士点和博士后流动站的研究人员为主，同时得到了一带一路国际合作发展（深圳）研究院和深圳房地产评估发展中心等智库与科研机构的研究人员的大力支持与帮助。第一篇是由张超完成的，他是我的博士研究生，是一个非常勤奋好学的人。第二篇是由朱梦菲、王学龙、李璇、马忠新、陈慧共同完成的。朱梦菲负责第三章和第七章的撰写，她是我的博士研究生，是个扎实聪慧的女孩子。王学龙负责第四章和第六章的撰写，他是特区研究中心的博士后、一带一路国际合作发展（深圳）研究院研究员，他具有很好的学术背景与研究能力。李璇负责第五章的撰写，她是深圳房地产评估发展中心的在站博士后。马忠新负责第八章的撰写，他是我的博士研究生，是个非常勤奋有毅力的年轻人。陈慧负责第九章的撰写，她是深圳大学中国经济特区研究中心在站博士后。第三篇由魏建漳与朱梦菲共同完成。朱梦菲负责第十章的撰写，魏建漳负责第十一章的撰写，他是一带一路国际合作发展（深圳）研究院的研究员，是个有很强独立研发能力的青年学者。

作为纪念中国改革开放40年系列丛书之一，本书仅仅从一个方面展示了深圳经济特区的发展历程、脉络与状况。我们的研究很难全方位展现深圳40年的辉煌与荣耀，但我们相信，我们的研究会在对历史的回顾中给未来以思考与理性。

一个社会不会由于缺少奇迹而枯萎，但会因为缺乏创造奇迹的思想而失去生命力。

陶一桃
2018年3月14日于北京